© 2018
Centre de Traduction Littéraire
Université de Lausanne
Anthropole
CH-1015 Lausanne
www.unil.ch/ctl
ISBN 2-88357-064-7

Couverture : Oxyde
Correction : Mathilde Meyer
Éditrice responsable de la collection : Irene Weber Henking
Impression : OS Druck Schurter, CH-8193 Eglisau

Cet ouvrage a reçu le soutien financier de l'Université de Lausanne et de la Ville de Lausanne.

UNIL | Université de Lausanne
Centre de traduction
littéraire Lausanne (CTL)

FÉMIN|IN|VISIBLE

Women authors of the Enlightenment

Übersetzen, schreiben, vermitteln

Angela Sanmann
Martine Hennard Dutheil de la Rochère
& Valérie Cossy (éds.)

Centre de Traduction Littéraire de Lausanne

Table des matières

Angela Sanmann
    Préface 11

Hilary Brown
    Women Translators in History :
    Towards a « Woman-Interrogated » Approach 27

Alexander Nebrig
    Verdeckte Vermittlung :
    Friederike Helene Unger
    und die Kunst der anonymen Publikation 53

Daniele Vecchiato
    « Wir haben uns große Freyheiten
    mit unserm Original genommen » :
    Benedikte Nauberts Übersetzungen
    und ihre genderspezifische Relevanz 77

Valérie Cossy
    Tolérance et louvoiement
    selon Isabelle de Charrière :
    Traduire Elizabeth Inchbald au village
    quand on est femme des Lumières........................103

Angela Sanmann
>	*Weltbürgerin* (in)visible :
>	Déguisement et diversion chez
>	Fanny de Beauharnais et Sophie von La Roche .. 125

Camille Logoz
>	Pseudo-traductions au féminin :
>	Des femmes de papier aux femmes de lettres
>	Lecture de *Kanor* de Marie-Antoinette Fagnan .. 147

Martine Hennard Dutheil de la Rochère
>	Marie Leprince de Beaumont médiatrice des
>	contes français en Angleterre, ou l'éducation
>	des filles en Lumière(s) 169

Ivana Lohrey
>	« Perdonatemi però, cara amica :
>	io non vi posso ubbidire ».
>	Marie Leprince de Beaumont et ses traductrices
>	en Europe : contraintes et stratégies 199

Gillian Lathey
>	« Unfolding Young Minds » :
>	Mary Wollstonecraft and Sarah Austin
>	as Translators of Children's Literature 219

Justine Roulin & Simone Zurbuchen
>	Métamorphoses de la sympathie :
>	Traduction et commentaire critique de la
>	*Theory of Moral Sentiments* d'Adam Smith par
>	Sophie de Grouchy, Marquise de Condorcet 245

AGNÈS WHITFIELD
>   Émilie du Châtelet as Translator :
>   Reading Sociability and Agency
>   in Contexts of Multiple (In)visibilities 269

GABRIELE BALL
>   Die Arbeitsbibliothek der kulturellen
>   Übersetzerin Luise Gottsched.
>   Englische Literatur im *Catalogue de la*
>   *bibliotheque choisie de feue*
>   *Madame Gottsched, née Kulmus* 301

>   Notes sur les auteurs 329
>   Remerciements 337
>   Publications du CTL 339

Préface

Angela Sanmann

La question de l'(in)visibilité des femmes dans l'histoire en général et dans l'histoire littéraire en particulier[1] se pose de façon cruciale dans le domaine de la traduction littéraire, tant au niveau des réalités sociales, économiques et culturelles qu'au niveau esthétique[2]. Cette (in)visibilité concerne non seulement les différentes pratiques de publication (anonyme, pseudonyme ou orthonyme) résultant de stratégies éditoriales complexes, mais aussi la présence de traductrices dans le champ littéraire et académique, et surtout la visée de leurs

---

1   Nous signalons ici quelques œuvres fondamentales du XXe siècle sur la place des femmes dans la littérature : Virginia Woolf, *A Room of One's Own* (1929) ; Simone de Beauvoir, *Le Deuxième Sexe* (1949) ; Elaine Showalter, *A Literature of their Own : British Women Novelists from Brontë to Lessing* (1977) et Silvia Bovenschen, *Die imaginierte Weiblichkeit. Exemplarische Untersuchungen zu kulturgeschichtlichen und literarischen Präsentationsformen des Weiblichen* (1979). Il est regrettable que cette étude de la seconde vague du féminisme n'ait pas encore été traduite dans d'autres langues.
2   Nous proposons, en annexe à cette préface, une bibliographie sélective des ouvrages portant sur l'histoire des femmes de lettres, sur la question de l'(in)visibilité des traducteurs et traductrices en général et sur l'activité des femmes traductrices. Nous renvoyons également aux bibliographies des articles de ce volume. – Une source importante pour l'activité des traductrices au siècle des Lumières est l'*Oxford History of Literary Translation in English*, notamment les volumes 3 (1660–1790) et 4 (1790–1900) et les chapitres « Women Translators » et « Women » par Sarah Annes Brown (2005) et Susanne Stark (2006).

pratiques traductives elles-mêmes, témoignant de l'approche originale de chacune. Afin de décliner les multiples facettes de la femme traductrice (in)visible au siècle des Lumières, il faut s'interroger sur la signification des rôles attribués ou revendiqués par les traducteurs en général et par les traductrices en particulier à cette époque. Cette signification, qui dépend notamment du contexte politique, social, éditorial et culturel à un moment donné, est construite historiquement (Simon 1996 : 40). Les champs littéraires en Europe au XVIIIe siècle se caractérisent en effet par une relation complexe entre une activité traductive largement stimulée par un marché du livre en plein essor et des rôles sexuels encore rigides mais néanmoins remis en question (notamment en Angleterre à travers le groupe des Bluestockings). Tous ces facteurs ont un impact important sur le statut des traducteurs et des traductrices, leur rôle dans la société et leur image de soi. La plupart des femmes dans les milieux lettrés se voient encore limitées à une position assez marginale – à l'exception de certains cercles privilégiés et de quelques figures singulières.

Or, le siècle des Lumières marque un tournant : la traduction et la médiation littéraire offrent aux femmes de nouvelles possibilités d'accéder à un marché littéraire florissant et de se faire peu à peu une place dans la sphère publique en revendiquant un rôle et un statut social hors de la sphère domestique. En effet, l'activité traductive s'avère elle-même ambiguë : d'un côté, elle est souvent considérée comme un travail précaire, méprisé et de second ordre par rapport à la production littéraire ‹ originale › – et donc peu ou pas rétribuée. En même temps, la traduction qui est souvent déconsidérée et féminisée peut se révéler stratégiquement intéressante. Comme le potentiel créatif et parfois subversif de la traduction ne se voit pas forcément au premier abord, certaines femmes vont le tourner à leur avantage et faire de nécessité vertu. D'où la « double-sidedness » (Stark 2006 : 126) du métier de la traductrice, allant de l'humble service de médiation jusqu'à l'acte créateur revendiqué comme tel, d'une activité littéraire limitée à un cercle privé jusqu'à la traduction comme porte-voix critique et émancipateur.

Mais il faudrait sans doute aller encore plus loin en soulignant que le métier de la traduction au féminin ne se définit pas seulement de deux manières opposées, mais recouvre en fait une multitude de réalités hétérogènes et parfois contradictoires : il est à la fois un gagne-pain, une porte d'entrée dans le champ littéraire ou scientifique, un exercice de style pour devenir auteure, un outil dans l'éducation des enfants et surtout des filles – et même, dans certains cas, un medium privilégié d'une ‹ naissante conscience féministe › que Ruth P. Dawson (1996 : 157) situe à la fin du XVIIIe siècle[3]. Il s'agit donc d'un médium permettant aux femmes de faire valoir leurs compétences linguistiques et culturelles, mais aussi leurs capacités intellectuelles, leur savoir scientifique et littéraire, voire d'exposer leurs ambitions artistiques et sociales ainsi que de réfléchir de façon critique à leur statut au sein de la société. Ainsi, la traduction contribue à un mouvement plus large revendiquant les droits des femmes à l'éducation, à la création littéraire et à la reconnaissance sociale.

---

3   Sigrid Weigel (1983) décrit le travail littéraire des femmes en fonction de trois pôles : l'effort d'émancipation (« Emanzipationsanstrengung »), le gagne-pain (« Erwerbsarbeit ») et l'ambition artistique (« Kunstanspruch »).

La mise en évidence des avancées considérables accomplies par les femmes traductrices dans l'histoire ne doit cependant pas donner lieu à une représentation stéréotypée de la femme opprimée qui surmonte sa marginalisation grâce à la traduction comme activité prétendument innocente mais en réalité subversive. Force est de constater que l'activité traductive féminine ne coïncide pas toujours avec un projet émancipateur : les attitudes individuelles des traductrices sont plus diverses et leurs stratégies traductives plus hétérogènes. On trouve des interventions qui visent clairement à promouvoir une image conservatrice de la féminité et vont parfois à l'encontre de celle de l'ouvrage traduit, ou qui surjouent le topos de la modestie dans les préfaces ; de même, certaines femmes de lettres ont délibérément choisi l'activité de traduire parce qu'elle leur offrait l'opportunité d'un travail intellectuel discret, à l'écart de l'espace public, et soustrait aux regards de la critique et du jugement social. Mais quelle que soit l'image que les traductrices ont d'elles-mêmes, leurs stratégies traductives marquées de leur empreinte personnelle soulignent le fait que la traduction est en soi une activité de création littéraire à part entière (Bassnett 2008 : 174), ancrée dans un moment précis de l'histoire et dans une existence concrète.

Le défi pour les chercheurs et les chercheuses est sans équivoque : reconstruire la réalité complexe des femmes traductrices au siècle des Lumières et leurs projets singuliers grâce à l'analyse des œuvres en contexte et des documents qui en témoignent. Dans ce but, le colloque international *fémin/in/visible. Femmes de lettres à l'époque des Lumières : traduction, écriture, médiation* a initié un échange polyphonique autour de l'(in)visibilité des femmes traductrices dans le domaine littéraire et scientifique. Du 11 au 13 mai 2017, seize chercheuses et chercheurs de cinq pays différents se sont rencontré·e·s à Lausanne afin de présenter leurs recherches consacrées à la pratique traductive féminine au XVIIIe siècle. Ancrées dans diverses disciplines, leurs approches s'éclairent l'une l'autre dans un vaste panorama allant de Luise Gottsched à Mary Wollstonecraft, de la transformation du conte littéraire pseudo-naïf au conte moral pour les enfants et aux réflexions sur les enjeux philosophiques, de l'auto-traduction à la pseudotraduction. Elles mettent en relief les modalités ambivalentes de l'(in)visibilité féminine dans le métier de la traduction, le va-et-vient entre effacement et affirmation de soi, le vaste répertoire des rôles qui ont été volontairement choisis, assumés ou imposés.

En ouverture du volume, Hilary Brown dresse un panorama de trente ans de recherche sur la traduction et les (in)visibilités des traductrices, et nous invite à considérer les perspectives futures. Dans sa réflexion méthodologique, elle trace le développement de ce champ de recherches de Lori Chamberlain à Carol Maier au croisement des *Translation Studies* et des *Gender Studies* en pointant du doigt un piège méthodologique et théorique central : selon elle, les chercheurs et chercheuses doivent se méfier d'une lecture partiale et d'une optique trop restreinte qui ne feraient que reproduire l'image, certes séduisante, de la traductrice marginalisée et en quête d'émancipation, et tendraient ainsi à projeter une lecture idéologique sur des corpus hétérogènes. Brown propose une nouvelle approche plus nuancée qui tient compte de l'interaction de différents facteurs et critères influant sur la pratique du traduire : à part le sexe de la personne qui traduit, c'est aussi son âge, son milieu, son tempérament, les conditions de publication, mais aussi le genre du texte choisi qui conditionnent la traduction comme projet et comme produit.

À travers le cas de la traductrice et romancière Friederike Helene Unger, ALEXANDER NEBRIG met au jour différentes stratégies de publication au XVIIIe siècle, anonyme ou orthonyme, avec ou sans indication du sexe de l'auteur-e. Exceptionnellement, dans sa traduction de *La vie de Marianne* de Marivaux, Unger dévoile non seulement son sexe et une partie de son nom, mais sort de l'ombre de l'auteur en remplaçant la préface originale par une réflexion sur le style de sa propre traduction. Nebrig décline les multiples facettes de cette ‹ médiation secrète › tout en rendant hommage à un véritable projet auctorial.

La complexité du phénomène de l'anonymat largement répandu au siècle des Lumières est également au centre de l'article de DANIELE VECCHIATO qui porte sur la traductrice Benedikte Naubert. Pour elle, l'invisibilité de son métier est moins une malédiction qu'un ‹ voile protecteur › ; ce qui ne l'empêche pourtant pas de créer, au fil des années, des adaptations de romans anglais de plus en plus libres. La visibilité de sa signature dans le texte traduit et le succès de ses œuvres ne coïncident donc pas avec une volonté de révéler son identité, mais plutôt avec une invisibilité stratégique.

Une autre variante de l'(in)visibilité de la traduction au féminin se manifeste dans les traductions à ‹ double-fond › visant à faire passer des messages implicites. Ruses, camouflage, masques et équivoques sont autant de postures à disposition des traductrices pour intervenir dans des débats sociaux et politiques de leur époque en évitant de s'exposer à la critique ou aux accusations d'immodestie.

VALÉRIE COSSY entame une relecture de la traduction qu'Isabelle de Charrière et son élève Isabelle de Gélieu ont faite du roman *Nature & Art* d'Elizabeth Inchbald. L'article de Cossy montre à quel point ce projet ‹ à quatre mains › participe du contexte social de l'époque et dans quelle mesure la traduction a pu servir « d'arme fournie par la pédagogie féminine » afin de promouvoir des idées éclairées en terrain hostile.

Dans le contexte de la première revue féminine allemande éditée par une femme, *Pomona für Teutschlands Töchter*, ANGELA SANMANN explore une stratégie littéraire émancipatrice et politiquement engagée qui fait appel à la traduction comme ‹ cheval de Troie ›. Elle analyse la traduction anonyme d'un conte satirique de Fanny de Beauharnais, éditée par Sophie von La Roche dans sa revue *Pomona* – une traduction prétendument fidèle qui introduit clandestinement un concept politique novateur et controversé : le cosmopolitisme féminin.

Pour sa part, CAMILLE LOGOZ met en avant le potentiel subversif du genre de la pseudo-traduction par des femmes, qui déstabilise non seulement l'opposition binaire entre texte-source et texte traduit mais aussi celle qui est censée régler l'opposition entre féminin et masculin. Dans son article, elle analyse le cas particulier de *Kanor*, une pseudo-traduction réalisée à partir d'un « manuscrit sauvage » par Marie-Antoinette Fagnan.

La médiation et la création d'une littérature à destination des enfants s'avère simultanément un défi et une opportunité pour les traductrices visant à forger des outils pédagogiques adaptés à ce nouveau public. L'œuvre de Marie Leprince de Beaumont, auteure clé de la littérature pour jeunes lecteurs, a été largement diffusée en Europe grâce à ses traducteurs et notamment à ses traductrices.

MARTINE HENNARD DUTHEIL DE LA ROCHÈRE s'attache au travail de réécriture des contes littéraires mondains par Madame de Beaumont dans le cadre de son projet d'éducation des filles à partir de son expérience de gouvernante française à Londres, et montre comment son *Magasin des enfants* met en évidence cette dimension genrée dans la traduction anglaise *The Young Misses Magazine.* Les contes moraux du *Magazine* s'adressent désormais à un public plus jeune et plus large, et l'analyse de la version de *La Belle et la Bête* révèle des modifications (clarification, effacement de l'ironie, virginité de l'héroïne) et des véritables glissements de sens qui marquent une évolution du projet pédagogique et une réorientation du genre du conte en Angleterre.

IVANA LOHREY élargit la recherche sur la circulation et la réception de l'ouvrage de Beaumont en retraçant la médiation de ses écrits pédagogiques en Allemagne, en Italie et en Espagne à partir des projets qui négocient différemment les contraintes propres aux contextes culturels, sociaux et religieux des langues-cultures cibles. Elle aborde notamment les adaptations au niveau socioculturel jugées nécessaires par les traductrices afin de répondre aux attentes du public, et l'importance des préfaces comme une sorte d'auto-portrait de la traductrice. Les médiatrices de Beaumont sont en outre confrontées à un autre défi majeur de leur métier : la concurrence ardue caractérisant le marché du livre.

Grâce à la comparaison de deux traductrices célèbres, Mary Wollstonecraft et Sarah Austin, GILLIAN LATHEY met en lumière un tournant important dans le domaine du livre pour enfant entre 1790 et 1834, passant d'une littérature édifiante à une littérature plus divertissante. Tandis que Wollstonecraft crée des adaptations-naturalisations visant à transmettre des valeurs morales, Austin s'engage dans la traduction des contes de fées afin de promouvoir une littérature qui s'adresse moins à la raison qu'à l'imagination des jeunes lecteurs dans le sillage du romantisme.

En plus d'être un outil pédagogique, la traduction a également tenu un rôle fondamental dans la transmission et la diffusion des idées philosophiques. Les œuvres des traductrices Sophie de Grouchy et Émilie du Châtelet montrent combien la médiation de textes philosophiques et scientifiques a incité les femmes érudites à articuler leur propre point de vue intellectuel. Les traductrices deviennent visibles à travers les paratextes et leurs interventions dans le texte traduit.

SIMONE ZURBUCHEN et JUSTINE ROULIN montrent comment Sophie de Grouchy n'a pas seulement traduit, mais véritablement réinterprété la *Theory of Moral Sentiments* d'Adam Smith dans le contexte du sensualisme français. Grâce à une analyse du concept de la sympathie, Simone Zurbuchen et Justine Roulin documentent l'approche originale de la traductrice-philosophe qui consiste à explorer l'origine de cette « disposition que nous avons à sentir d'une manière semblable à celle d'autrui ». Dans ses *Lettres sur la sympathie* en annexe de sa traduction, de Grouchy met à l'épreuve les opinions du philosophe écossais en les reconfigurant dans une autre tradition philosophique.

Le double rôle de la traductrice-chercheuse s'applique aussi à Émilie du Châtelet qui s'appuie sur la traduction comme outil de médiation afin d'introduire les théories newtoniennes dans l'espace francophone. En retraçant la réception de l'œuvre d'Émilie du Châtelet durant ces trente dernières années, AGNÈS WHITFIELD montre à quel point les idées reçues et les lectures biographiques sur l'amie et compagne de Voltaire continuent à obscurcir sa réputation et empêchent une véritable appréciation de son rôle au sein de la communauté intellectuelle des Lumières.

Les actes du colloque *fémin/in/visible* se terminent avec un regard sur les coulisses du métier de la traduction. L'ambition de l'article de GABRIELE BALL sur la bibliothèque de Luise Gottsched est de donner un aperçu de l'atelier de la traductrice et de rendre visible un instrument indispensable à la réalisation de son travail. Le *Catalogue de la Bibliothèque choisie de feue Madame Gottsched née Kulmus*, un des rares catalogues mis aux enchères attribués à une femme de lettres, reflète l'anglophilie propre à cette pionnière de la médiation littéraire entre l'Angleterre et l'Allemagne au début du XVIIIe siècle.

En parcourant près d'un siècle d'activité par des traductrices-médiatrices à partir d'éclairages singuliers, les contributions rassemblées ici mettent en valeur la diversité de leurs approches, de leurs champs d'intérêt et de l'image que chacune projette d'elle-même dans ses livres. Ce qui lie ces femmes de lettres entre elles, c'est leur volonté de dialoguer avec les textes d'une langue et d'une culture étrangère, de négocier le va-et-vient entre production et reproduction qui caractérise l'acte de traduire, et de s'y impliquer entièrement en négociant avec intelligence les diverses contraintes sociales, économiques et intellectuelles de leur époque. Ainsi, leurs œuvres ne contribuent pas seulement aux riches échanges culturels dans l'Europe des Lumières, mais laissent transparaître en filigrane les tensions, évolutions et défis qui marquent leur siècle.

Bibliographie Sélective

ADAMO, Sergia, « Übersetzungsgeschichte als Geschichte der Frauen. Überlegungen zur Rolle der Frauen als Leserinnen und Übersetzerinnen im 18. Jahrhundert », in Sabine Messner & Michaela Wolf (Hg.), *Übersetzung aus aller Frauen Länder. Beiträge zu Theorie und Praxis weiblicher Realität in der Translation*, Graz, Leykam, 2001, pp. 77–87.

BACHLEITNER, Norbert, « Striving for a Position in the Literary Field : German Women Translators from the 18th to the 19th Century », in Norbert Bachleitner & Murray G. Hall (Hg.), *« Die Bienen fremder Literaturen ». Der literarische Transfer zwischen Großbritannien, Frankreich und dem deutschsprachigen Raum im Zeitalter der Weltliteratur (1770–1850)*, Wiesbaden, Harrassowitz Verlag, 2012, pp. 213–228.

BASSNETT, Susan & BUSH, Peter (eds.), *The Translator as Writer*, London, Continuum, 2008.

BEAUVOIR, Simone de, *Le Deuxième Sexe*, Paris, Gallimard, 1973 [1949].

BOREK, Johanna, « Der Übersetzer ist weiblich und damit unsichtbar. Übersetzen als ein Herrschaftsverhältnis, unter anderen », in *Quo vadis Romania ? Zeitschrift für eine aktuelle Romanistik*, Nr. 7 (1996), pp. 27–33.

BOVENSCHEN, Silvia, *Die imaginierte Weiblichkeit. Exemplarische Untersuchungen zu kulturgeschichtlichen und literarischen Präsentationsformen des Weiblichen*, Frankfurt am Main, Suhrkamp, 2003 [1979].

Brown, Hilary, *Luise Gottsched the Translator*, Rochester, Camden House, 2012.

Brown, Hilary & Wehinger, Brunhilde (Hg.), *Übersetzungskultur im 18. Jahrhundert. Übersetzerinnen in Deutschland, Frankreich und der Schweiz*, Hannover, Wehrhahn Verlag, 2008.

Brown, Sarah Annes, « Women Translators », in Stuart Gillespie & David Hopkins (eds.), *The Oxford History of Literary Translation in English*, Volume 3 (1660–1790), Oxford, Oxford University Press, 2005, pp. 111–120.

Chamberlain, Lori, « Gender and the Metaphorics of Translation », in *Signs,* vol. 13, no. 3, 1988, pp. 454–472.

Dawson, Ruth P., « ‹ And this shield is called self-reliance ›. Emerging Feminist Consciousness in the late Eighteenth Century », in Ruth-Ellen B. Joeres & Mary Jo Maynes (eds.), *German Women in the Eighteenth and Nineteenth Centuries. A Social and Literary History*, Bloomington, Indiana University press, 1996, pp. 157–174.

Dow, Gillian (ed.), *Translators, Interpreters, Mediators : Women Writers 1700–1900*, Oxford et al, Lang, 2007.

Flotow, Luise von, *Translation and Gender. Translating in the ‹ Era of Feminism ›*, Manchester/Ottawa, St Jerome Publishing, 1997.

Gillespie, Stuart & Hopkins, David (eds.), *The Oxford History of Literary Translation in English*, Volume 3 (1660–1790) ; Volume 4 (1790–1900), Oxford, Oxford University Press, 2005/2006.

GOODMAN, Katherine R., *Amazons and Apprentices : Women and the German Parnassus in the early Enlightenment*, Rochester, Camden House, 1999.

FIDECARO, Agnese & VAN DIJK, Susan & COSSY, Valérie et al. (éds.), *Femmes écrivains / Women Writers : At the Crossroads of Languages, 1700–2000*, Genève, MétisPresses, 2009.

GRBIĆ, Nadja (Hg.), *Grenzgängerinnen. Zur Geschlechterdifferenz in der Übersetzung*, Graz, Institut für Theoretische und Angewandte Translationswissenschaften, 2002.

HANNEMANN, Britta, *Weltliteratur für Bürgertöchter : die Übersetzerin Sophie Mereau-Brentano*, Göttingen, Wallstein, 2005.

KORD, Susanne, *Sich einen Namen machen. Anonymität und weibliche Autorschaft 1700–1900*, Stuttgart, Metzler, 1996.

KULESSA, Rotraud von, *Entre la reconnaissance et l'exclusion : la position de l'autrice dans le champ littéraire en France et en Italie à l'époque 1900*, Paris, Champion, 2011.

LATHEY, Gillian, *The Role of Translators in Children's Literature : Invisible Storytellers*, London/New York, Routledge, 2010.

LEROUSSEAU, Andrée (éd.), *Des femmes traductrices, entre altérité et affirmation de soi*, Paris, L'Harmattan, 2013.

MESSNER, Sabine & WOLF, Michaela (Hg.), *Übersetzung aus aller Frauen Länder. Beiträge zu Theorie und Praxis weiblicher Realität in der Translation*, Graz, Leykam, 2001.

SHOWALTER, Elaine, *A Literature of their Own : British Women Novelists from Brontë to Lessing*, Princeton, Princeton University Press, 1977.

SCHERL, Sophia, *Die deutsche Übersetzungskultur in der zweiten Hälfte des 18. Jahrhunderts : Meta Forkel-Liebeskind und ihre Übersetzung der ‹ Rights of Man ›*, Berlin, Frank & Timme, 2014.

SIMON, Sherry, *Gender in Translation : Cultural Identity and the Politics of Transmission*, London/New York, Routledge, 1996.

STARK, Susanne, « Women », in Stuart Gillespie & David Hopkins (eds.), *The Oxford History of Literary Translation in English*, Volume 4 (1790–1900), Oxford, Oxford University Press, 2006, pp. 125–131.

— *Behind Inverted Commas. Translation and Anglo-German Cultural Relations in the Nineteenth Century*, Clevedon, Multilingual Matters, 1999.

VENUTI, Lawrence, *The Translator's Invisibility : A History of Translation*, London/New York, Routledge, 2008 [1995].

WEIGEL, Sigrid, « ‹ ... führen jetzt die Feder statt der Nadel ›. Vom Dreifachcharakter weiblicher Schreibarbeit — Emanzipation, Erwerb, Kunstanspruch », in Ilse Brehmer & Juliane Jacobi-Dittrich & Elke Kleinau et al. (Hg.), *Frauen in der Geschichte IV*, « Wissen heißt leben ... », Beiträge zur Bildungsgeschichte von Frauen im 18. und 19. Jahrhundert, Düsseldorf, Schwann, 1983, pp. 347–367.

WOOLF, Virginia, *A Room of One's Own*, London, Hogarth Press, 1974 [1929].

Women Translators in History:
Towards a « Woman-Interrogated » Approach

HILARY BROWN[1]

Abstract

This article proposes a new theoretical/methodological framework for the study of women translators in the past, taking the example of the Enlightenment as its starting-point. It identifies main trends in research on women translators over the last thirty years. Since the pioneering feminist work of the late 1980s and early 1990s, critics have been concerned with excavating a tradition of forgotten female translators and have often drawn similar conclusions in their studies: women were expected to be silent and invisible in patriarchal society, but saw in translation an acceptable way of participating in intellectual life, and sometimes used this opportunity to assert their agency in surprising and even subversive ways. However, such accounts do not take into consideration more recent thinking about the unstable and contingent nature of ‹ gender ›. This article argues that we should adopt what Carol Maier has termed a « woman-interrogated » approach, i. e. we should not always automatically privilege gender as a category of analysis but be sensitive to its complexities and to other factors which influence textual production such as genre, social class, age, and religious confession. This should lead us towards a more nuanced understanding of the history of translation.

---

1   I am grateful to the conference participants for discussions of the ideas in this paper. I would also like to thank my Birmingham colleagues Dr Sofia Malamatidou and Dr Gaby Saldanha for their comments.

The typical eighteenth-century woman translator is well-educated, keen to engage in intellectual pursuits, and aware of the limits imposed on her by patriarchal society. She turns to translation because it is a lowly and therefore appropriately feminine undertaking. There is Elizabeth Carter in England, dutifully carrying out a commission to translate Algarotti and opting for bowdlerisation so that she cannot be accused of overstepping the bounds of female propriety (Agorni 1998). There is Émilie du Châtelet in France, restricting herself to work on Newton because she had « a profound sense of her own limitations and was uncertain of her ability – even her right – to make original contributions to science » (Schiebinger 1989 : 64). And there is Luise Gottsched in Germany, forced by her domineering professor-husband to undertake menial translation tasks when she could have been pursuing her career as a dramatist :

> [Johann Christoph Gottsched] utilized his wife's considerable talents and erudition to avail himself of the French and English philosophical and dramatic literature of his day. [...] Her own production of poems, some articles and plays was spread out over three decades and quite obviously had to fit into the rare periods when she was not occupied with her husband's work. [...] This woman, who might have been an important playwright, [...] instead spent most of her active life doing literary drudgery work for her husband. (Lerner 1993 : 224–25)

But it is surely time to revisit these accounts of the humble, subservient female translator. The Gottsched « horror story » (*Ibid.* 224), for one, surely implies a view of translation which is out-of-date and ahistorical. On the one hand, it ignores developments in Translation Studies since the ‹ cultural turn › in the 1990s. Translation is no longer to be understood as

« literary drudgery work » but as a significant force in shaping literary and cultural traditions ; translators are not inferior to so-called original writers but can assert their creativity and visibility and become « powerful agent[s] for cultural change » (Bassnett 2014 : 10). On the other hand, Gottsched was active in a historical moment when translation was a high-status activity (see e. g. Tgahrt 1982) and there is no reason to believe that she would have viewed her work in this area to be in any way menial or less important than penning ‹ original › plays. In fact, on closer inspection, Gottsched does not display much humility or subservience at all. She seems eagerly to have embraced the intellectual life offered to her through her association with her husband and worked together with him in an egalitarian, productive partnership, just as convinced as he was of the need to spread enlightened ideas and elevate German culture. Like her contemporaries, she seems to have valued translation as a serious and useful undertaking which would underpin the early Enlighteners' ambitious and progressive cultural programme. Collaboration did not deny her autonomy : she appears to have been given the freedom to develop her own intellectual interests (see e. g. Ball 2006). At the end of the day there was nothing particularly ‹ feminine › about her undertakings ; her activities were closely aligned to those of others in her circle (see Brown 2012).

This raises some important questions about how to approach women translators in the past. If it is hard to read the work of a translator such as Gottsched through the lens of gender, does this call into question the validity of gender as an analytical category for our research ? If it is hard to separate the activities of translators along gender lines, how can we justify focusing on the women? And in what position does this put those of us who identify as feminist critics : would we be betraying the sisterhood if we said Gottsched worked merrily alongside her husband, largely sharing his concerns, and was just as interested in Leibniz-Wolffian rationalist philosophy as in any kind of proto-feminism, i. e. if we move away from the idea that women are always marginalised and made invisible by patriarchal society, that they are always defined by their biological sex, where does this leave the feminist literary project ? This article offers some reflections on the theory and methodology which underpin historical research on women translators and proposes a framework for future work in the field. It seems like a timely moment to take stock and encourage collective reflection on where we might be heading – not least because our institutional contexts increasingly seem to be having an impact on the research that we do and the way that we talk about it, and many of us are finding ourselves coming under pressure to justify the value of our research (or indeed the value of literary studies or the humanities in general) as neo-liberalism strengthens its grip on higher education.

Current Trends

One of the potentially fruitful features of research on women translators in history is that scholars come from a range of disciplines – Literature Departments, Modern Languages Departments, Classics, Translation Studies, Comparative Literature, History, History of Science, Philosophy. However, this also has the disadvantage that research has largely taken the form of disparate case-studies. For better or worse, there is also a tendency for scholars to pass through the field rather quickly, writing perhaps one or two studies before moving on to something else. In terms of an overarching theory or methodology, it is likely that we are not always reading each other's publications, talking to each other, or asking the same big questions.

The main theoretical text for historical work on women and translation is probably Lori Chamberlain's *Gender and the Metaphorics of Translation* (1988/2012), an article which has set the tone for much research in the field. In the article, Chamberlain shows how ideas about translation have been linked to gender throughout history, i. e. she identifies a sexualised discourse about translation which makes a distinction between the superior original and inferior translation, between production and reproduction, between the male and the female. Her article concludes with a call-to-arms for feminist critics. Among other things, feminist critics could usefully explore « the historical role of translation in women's writing in different periods and cultures » and « the role of ‹ silent › forms of writing such as translation in articulating woman's speech and subverting hegemonic forms of expression » (Chamberlain 1988/2012 : 267). And feminist critics have responded : since the late 1980s there have of course been numerous studies dedicated to the task of unearthing ‹ invisible › female translators from different historical periods.

These studies often proceed along similar lines : critics emphasise the disadvantages women have faced on account of their sex and the remarkable ways in which women translators have nonetheless been creative, progressive and influential. Critics typically reiterate the correlation between the second-rate status of translation (as compared to original writing) and the second-rate status of women in society (as compared to men), and argue that translation was one of the few literary or intellectual activities open to women in the past. They find examples of translators who were not content merely to accept their role as a humble mediator of someone else's words. They demonstrate how women have appropriated the modest mask of translator – for example through paratexts or interventions in the source texts – to assert their own agency and to express ideas which resist or subvert dominant discourses (and they have been especially eager to uncover translators who have challenged patriarchal discourses).

The classic example is the English Renaissance. Two early studies in particular (Hannay 1985 ; Krontiris 1992) have helped to shape research in this area ; their conclusions have found their way into the standard Translation Studies literature (e. g. Simon 1996 : 39–58 ; Flotow 1997 : 66–70 ; Woodsworth and Delisle 2012 : 143–44) and are repeated to some extent in more recent work on the sixteenth and early seventeenth centuries (e. g. Goodrich 2014). Following Chamberlain, critics point out that translation was invested with supposedly feminine qualities in this period – translations were untrustworthy, inferior, flawed – and quote the now-famous words from eminent sixteenth-century translator John Florio : translations being always « defective » are « reputed females » (e. g. Simon 1996 : 1). We read that the female sex was generally expected to be silent, but as translation was a « degraded activity » (Hannay 1985 : 8) it constituted a rare opportunity for women to engage in intellectual pursuits, provided they restricted themselves to religious works. Women typically chose to translate literally as this was less « assertive » than a freer approach (Krontiris 1992 : 68 ; Goodrich 2014). They produced their translations of religious works chiefly for their immediate circle : « perhaps the most noticeable difference between the male and female translator », concludes Goodrich, « is the overwhelming tendency for women's translations to be characterized as private works based in the domestic sphere » (*Ibid.* 21). Nonetheless, even when undertaking religious translations, women occasionally choose surprising source texts or subvert their source texts « in order to insert personal or political statements » (Hannay 1985 : 4). And a few women transgress the boundaries usually imposed on their sex to produce non-religious translations which convey unorthodox ideas about gender roles, the much-discussed example here being Margaret Tyler and her translation of Diego Ortúñez de Calahorra's chivalric romance *Espejo de príncipes y cavalleros* (1555), which propagates unconventional images of women and thus contains « direct and indirect expressions of opposition to the sixteenth-century dominant ideology and social practice » (Krontiris 1992 : 61).

We are still in the midst of Chamberlain-inspired feminist literary historiography. Critics in Translation Studies are still calling for archaeological work on women translators (e. g. Godayol 2013 : 188), and are particularly interested in the subversive voices, as made clear for example in a handbook article on gender by Luise von Flotow in the subsection ‹ *Future Perspectives* › :

> How has gender affected the work of translators in the past ? Have they resisted or undermined the dominant norms and orthodoxies of the societies they lived in, and if so, how did they do this ? Does their work provide any non-

> canonical views of the cultural ‹ truths › and assumptions propagated by dominant cultural systems? (Flotow 2007 : 90)

This approach is reminiscent of the so-called ‹ gynocriticism › pioneered by first- and second-wave feminist literary critics, with its emphasis on the social and historical conditions of women's writing and on women's difference : there will be a separate female tradition because women produced literature in different circumstances to men, and their circumstances affected what they wrote (see e. g. Showalter 1977/1982). In feminist literary studies there have been tireless efforts since the 1970s to reclaim forgotten women writers, and for an era such as the Enlightenment there is now a wealth of information available about women writing in all sorts of genres, leading some critics – in English Studies at least – to suggest that research should move into the post-recovery phase (e. g. Marsden 2002); as for women translators, though, we are still very much concerned with recovery. To an extent, this is unsurprising as the excavation of women translators began in earnest much later than that of novelists and poets, and there is doubtless still much to be dug out of libraries and archives; we do not yet have resources available for all language areas equivalent to the *Orlando : Women's Writing in the British Isles* database, for example, which includes details of numerous eighteenth-century English women translators. Moreover, this type of approach – reclaiming the lives and works of those marginalised by grand historical narratives – has been popular among translation scholars at least since Anthony Pym outlined a methodology for translation history focusing on translators and their social contexts (Pym 1998), and has received renewed impetus recently, with Jeremy Munday and others calling for the creation of microhistories of translators by returning to the archive (Munday 2014)[2].

New Developments

And yet we cannot ignore more recent thinking about gender. Since the work of poststructuralist theorists such as Judith Butler, we are all too aware that gender is not a stable, universal category but is something which is constructed by being performed, and that there are a range of gender identities beyond the traditional notions of ‹ man › and ‹ woman ›. These ideas have influenced Translation Studies – but largely with respect to the study and practice of translation today. Thus, for example, Carol Maier has rethought what it means to translate women's fiction in the late twentieth century, and describes how she has moved on from her early feminism to advocate a « woman-interrogated » approach, by which she means :

> an endeavour to work less from confidently held definitions than from a will to participate in re-definitions, to counter the restrictions of a gender-based identity by questioning gender as the most effective or most appropriate point of departure for a translator's practice. (Maier 1998 : 102; see also Flotow 2011, Castro and Ergun 2017)

It is less clear how poststructuralist ideas about gender can or should be applied to the study of women translators in the

---

[2] See also the recent conference on « The Translator made Corporeal : Translation History in the Archive » at the British Library, London, 8 May 2017 : https://www.bl.uk/events/the-translator-made-corporeal-translation-history-and-the-archive (last consulted on 9 June 2017).

past; this is a subject about which there appears to have been very little sustained reflection.

The same cannot be said for the study of eighteenth-century women's writing generally. There has been – as Cora Kaplan defines it – a « seismic shift in critical and feminist thinking », i. e. a move away from regarding women and women's writing as separate, and from emphasising « difference » and not « sameness ». Instead, critics acknowledge that the discourses and practices around gender in the pre-modern period were multifarious and fluid, and they are increasingly willing to see women in relation to their male contemporaries (Kaplan 2016 : 230 ; see also Knoppers 2009).

That said, there are a handful of scholars working on women translators who have questioned the widely accepted feminist narrative. Let us return for a moment to the example of Renaissance England, where there has been the odd dissenting voice since the late 90s, and where huge expansion of the source base – databases and other digital resources as well as physical reprints – cannot help but cast doubt on some long-held assumptions. In the first place, scholars are beginning to understand the crucial role translation played in shaping the literary and cultural traditions of early modern Europe. Translation may sometimes have been figured as feminine but there was a slipperiness about these discourses – Florio for one is usually quoted out of context, with scholars not taking note of Florio's writing style or what he writes elsewhere in his prefaces about translation (on this, see e. g. Trill 1996) – and the metaphors do not reflect the reality : « translation may have been gendered female, but it was primarily a masculine activity of scholarship, and literary, political, and intellectual display. Indeed, translation was highly valued, even central to early modern culture and knowledge formation » (Boro 2014 : 27; see also Hosington 2011). It is no longer accepted that translation was a « degraded activity » or an inferior art to so-called original writing, nor that translation was a specifically feminine activity, as borne out by evidence from the new online *Renaissance Cultural Crossroads Catalogue*, which indicates for example that in the first half of the sixteenth century, women translated around forty books but men around one thousand (Hosington 2014 : 248).

Moreover, translating religious works cannot be presumed to be an innocent enterprise particularly appropriate to women. Krontiris begins her study by observing that women « wrote, translated and published many religious works » but adds in a footnote that because of a lack of quantitative data she does not know whether this holds true for men as well (Krontiris 1992 : 149). But clearly men were involved in the production of religious works too : religion has been described as the « grand animating force » for writers in early modern England and it has been estimated that at least half of all published books were of a religious nature (Shell 2010 : 419). And producing religious texts could be highly political and polemical in this age of reformation, characterised as it so often was by bitter conflicts between different religious confessions. We need only think here of the Bible translator William Tyndale (c.1494–1536), motivated by the cause of Protestant reform, who was tried for heresy and executed. By the same token, it is becoming clear that women's output was just as diverse as that of their male counterparts : « Translations by early modern women can be found in virtually all genres and modes : poetry, prose, drama, romance, history, theology » (Clarke 2009 : 175).

Ultimately, it seems that there are factors other than gender which need to be taken into account when considering women translators in Renaissance England. For instance, women may have chosen a word-for-word approach for their translations of religious texts but this was likely to have been a question of genre rather than gender : literalness was common when translating texts of a high status and translators risked controversy (or worse) if seen to be meddling with ancient, sacred wording or indeed the Word of God. Similarly, it may appear that women's translations are characterised by being private works intended for their immediate circle but many men produced translations in family settings too and here the age factor may be just as significant as gender :

> Particularly striking is the number of translations [of spiritual and devotional prose] which were undertaken by very young authors, as exercises which could complement the rest of the scholarly curriculum – or even, perhaps, act as a corrective to it. [...] translations made suitable presents for senior members of the family or other benefactors because of their edifying nature, because they embodied the fruits of an education someone had paid for, and because they displayed precocity. (Shell 2010 : 419)

It is no longer credible to talk of straightforward male/female, public/private dichotomies : the reality was more fluid, both in terms of the spaces occupied by men and women (for example, men and women working side-by-side in the same « household academies » and social or confessional networks) (see e. g. Ross 2009 ; White 1999) and in terms of publication (for example, the circulation of manuscripts sometimes called « scribal publication » – is now acknowledged to have been a public enterprise and one viewed at the time as more « noble » than printing) (Ross 2009 : 352–53).

And it is surely possible to suggest that Renaissance England is not an isolated example. The central paradox which critics have been grappling with here – « that a culturally authoritative form of literary production was seemingly an accepted activity for women » (Clarke 2009 : 168) – surely pertains throughout much of the European Renaissance and the European Enlightenment, perhaps at least until the mid-eighteenth century. Critics who broaden their perspective and, in particular, bring men into the frame, inevitably find themselves questioning old certainties about our ‹ invisible › translating sisters. Michelle Healy makes steps in this direction when she explores women translators of science in eighteenth-century England alongside their male counterparts and argues against assumptions that their work will be invisible because they are (a) women, (b) translators (rather than authors), and (c) translating scientific texts (rather than literary ones). She points out that scientific translation was undertaken as a matter of course by many men scientists in this period to keep abreast of their fields and that their translations were widely read by peers and a general public hungry for the latest scientific ideas in these years following the Scientific Revolution ; in certain circumstances women could be just as visible and influential, and gender was just one of a number of factors at play :

> For the period [1650–1850], nonetheless, the fluid boundaries of scientific and intellectual circles toward the scientific amateur did help create opportunities for women to translate specialized texts, provided they had the education and social status to enter these circles at all. Thus, while their numbers were considerably restricted by such factors as education and class, as well as gender, the particular circumstances of the scientific milieu offered some women a

chance for visibility, both in the process and the product of translation. (Healy 2004 : 48)

Moving beyond England, we certainly find that translation was a culturally authoritative activity in Luise Gottsched's Germany. And this may well be the case in Émilie du Châtelet's France too : Agnès Whitfield shows in this volume how Châtelet participated in a « community of practice » on the same terms as her fellow (men) scientists, and has argued elsewhere that Châtelet would have regarded her translation of Newton not as a ‹ mere › translation but as an important part of her scientific work which was meant to confirm her reputation as a scientist (Whitfield 2002 ; see also Winter 2008).

Future Directions

It is clear, then, that research in the field should take heed of third-wave thinking about gender. We need to explore the activities of women translators in the past with an awareness of our own preconceived ideas and agendas. We could start, for example, by unpacking the appeal of the subversive and asking whether our desire to privilege and celebrate proto-feminists too neatly legitimises our own position as researchers and risks giving us a version of the past which is hagiographic and lopsided[3]. We need to be willing to adopt a Maier-

---

3   Incidentally, James St André identifies a trend towards hagiography more generally in current writing about translation history : « In a curious way, the history of translation today resembles early twentieth-century American history, which uncritically celebrated the founding fathers. [...] The history of translation is inevitably bound up with ethical considerations and must ultimately address questions such as why we are writing the history of trans-

esque « woman-interrogated » approach, i.e. a heightened sensitivity to the complexities of gender as an analytical category. This means recognising that gender is just one of the categories which structures the literary field alongside others such as genre, social class, age and religious confession.

A « woman-interrogated » account of the past can surely be achieved only on the basis of archival, contextualising research. We need to grow the source base, which means that the valuable recovery work must continue. As already indicated, research on the sources is at different stages for different countries, but we are not going to be able to draw valid conclusions about women's literary activities without taking into account the broadest possible range of material. We have seen how new sources are beginning to lead to a re-evaluation of the English Renaissance (and the *Renaissance Cultural Crossroads* project, for one, is edging closer to the Enlightenment, with a catalogue for 1641–1660 in development)[4], and there are indications that forgotten primary documents will necessitate similar re-evaluations of other contexts – including, strikingly, the late eighteenth century. Helen Fronius's archival research has given us a startling view of women writing and translating in Germany in the period 1770–1820 and put the significance of gender in a new perspective : documents such as women's letters to publishers reveal that wom-

---

lation, who the intended audience of this history is, and what possible impact our research might have, both on the past actions of other people and on our future plans » (St André 2009 : 136).

[4] « Cultural Crosscurrents in Stuart and Commonwealth Britain: An Online Analytical Catalogue of Translations, 1641–1660 »: https://www.translationandprint.com/catalogue (last consulted on 12 June 2017).

en were not held back categorically on account of their sex, as the ideology of the Goethe era might lead us to suppose and feminist critics had usually assumed, but were able to participate in the literary market in diverse and complex ways, and Fronius urges other scholars to pursue this line by returning to the copious unexploited primary data that exists for the period (Fronius 2007 : 44; see also Fronius 2011).

After more spadework in the archives, we will be able to consider the productions of women more legitimately alongside those of their male contemporaries. One productive approach in English Renaissance Studies has come from book history. Brenda Hosington, in particular, has advocated looking at the place of translations within the early print trade which has become easier for sixteenth-century England thanks of course to the *Renaissance Cultural Crossroads* project. This means not treating individual translations in isolation but as « one of a range of works published at the same time on the same subject and in similar socio-historical circumstances » and taking into account factors such as « the ideological motivations of both translator and printer » (Hosington 2014 : 248; see also Belle and Hosington 2017). Hosington's research underlines how women produced translations as part of a nexus of patrons, colleagues and printers, and how they became active agents in the religious and political upheavals of the sixteenth century, just like their male counterparts (see e. g. Hosington 2014 ; for an application of this methodology to Germany, see Brown 2017).

Indeed, when we look more closely at socio-historical conditions, we may well find that collaboration is a crucial concept. For it seems that collaboration was a defining feature of literary culture in seventeenth- and eighteenth-century Europe and was widely accepted as a valid means of creative production. In the case of seventeenth-century Germany, for instance, one finds a number of privileged women pursuing intellectual activities, including translation, which they undertook (like their male colleagues) more often than not in collaboration with others (Brown 2017). They appear to have been treated as intellectual equals in these configurations, accepted within their own networks as equals even if the wider environment was more hostile towards women intellectuals; the fact that they worked together with others should not be seen in any way as limiting their agency. On the contrary, their links to others – particularly men – enabled them to embark on translation work in the first place, eased its way into print, and led them to make significant contributions to the national programme of revitalising and promoting German culture. It seems that we need to acknowledge the nature of collaborative practice at the time and recognise that collaborative partnerships could be egalitarian and productive regardless of the gender of the agents involved, thus forcing us to rethink assumptions about women's marginalisation or distinctiveness[5].

5   A new book on early modern England looks set to approach collaboration in a similarly « woman-interrogated » fashion, fully recognising that if we acknowledge women's involvement in collaborative practices we will have to address some current methodological dilemmas – e. g. how the fact of collaboration challenges our understanding of authorship and « seems to threaten the hard-won legitimacy of the authors we have already recovered » – and therefore has significant implications for our interpretations of women's literary history (Pender, forthcoming 2017). It must be time to revisit the claim made by Andrée Sirois, and taken up by Jean Delisle, that the only difference between men and women translators in the period between the Renais-

Let us heed the critical voices who say that we do not always need to frame our questions around gender. We can move away from an always defensive, negative critique of patriarchy towards a more positive discourse about women's opportunities; we do not need to start from a priori assumptions about women's marginalisation and invisibility but can embrace evidence of agency and indeed of complicity. If we stop privileging gender as an analytical category, we will surely be able to construct a more nuanced account of the past. Thus when we read Gottsched's most famous text, *Die Pietisterey im Fischbein-Rocke*, an adaptation of Guillaume-Hyacinthe Bougeant's *La femme docteur ou la théologie tombée en quenouille*, we do not always have to focus on the play's portrayal of a group of (pseudo-)intellectual women but can view the translation in the context of the early Enlighteners' bold and dangerous attacks on organised religion (Brown 2012 : 60–72).

This type of research is of course not without its difficulties. In the first place, it is daunting for the individual researcher. Historical work is challenging enough anyway : it has been recognised that the translation history scholar is likely to fall either into the paratexts/contexts camp or the linguistically competent philological camp, but it is hard to combine analysis both of texts and contexts, and then to make sure that these contexts are as broad as possible. Moreover, do we need to worry that the feminist literary project will lose its impetus ? For what happens if differences between men translators and women translators become hard to

sance and the nineteenth century was that women can be found in the supporting role of « soutien au conjoint » (Delisle 2002 : 7–8).

discern ? Will we be ghettoising women translators if we continue to view them alongside other women translators ? Where will this leave us as feminist critics ?

Will the time ever come when we can leave gender to one side altogether and abandon the collective project of writing women back into history ? There are no signs that this will be any time soon. We can end for the moment by looking across to our colleagues working on eighteenth-century women's writing, who argue that research in the field can be revitalised through a renewed commitment to feminist politics and by clearly articulating its relevance for the present. In this field, too, there has been a tendency in recent years for research to focus on individuals – the safer « micro-histories of micro-moments », which seem easier to justify methodologically than grand narratives – but Katherine Binhammer for one has argued that scholars need to risk « big thinking synthetical work » (Binhammer 2016 : 67 and 70). Her vision for the future involves embracing the possibilities of big data, i. e. « working with contemporary gender theory to pose big questions, like critics did in the 1980s, that are crucial to a current feminist politics and to explore answers in literary history with the help of new digital resources » (*Ibid.*). We are still a way off for women translators but future research will surely be transformed as online resources grow and we learn not just to synthesize but to evaluate data in increasingly sophisticated ways. As Binhammer and others argue, the feminist project remains vital and it will do so as long as we live in a world where sexual difference matters.

Bibliography

Agorni, Mirella, « The Voice of the ‹ Translatress › : From Aphra Behn to Elizabeth Carter », in *Yearbook of English Studies*, 28, 1998, pp. 181–95.

Ball, Gabriele, « Die Büchersammlungen der beiden Gottscheds: Annäherungen mit Blick auf die *livres philosophiques* L. A. V. Gottscheds, geb. Kulmus », in Gabriele Ball, Helga Brandes & Katherine R. Goodman (eds.), *Diskurse der Aufklärung: Luise Adelgunde Victorie und Johann Christoph Gottsched*, Wiesbaden, Harrassowitz, 2006, pp. 213–60.

Bassnett, Susan, *Translation Studies*, 4th edition, London, Routledge, 2014.

Belle, Marie-Alice & Hosington, Brenda M., « Translation, History and Print : A Model for the Study of Printed Translations in Early Modern Britain », in *Translation Studies*, 10.1, 2017, pp. 2–21.

Binhammer, Katherine, « Feminist Literary History : How Do We Know We've Won ? », in Jennie Batchelor & Gillian Dow (eds.), *Women's Writing, 1660–1830 : Feminisms and Futures*, London, Palgrave Macmillan, 2016, pp. 61–78.

Boro, Joyce (ed.), *Margaret Tyler: Mirror of Princely Deeds and Knighthood*, London, MHRA, 2014.

Brown, Hilary, « Women Translators and Print Culture in Sixteenth-Century Germany », in Andrea Rizzi (ed.), *Trust and Proof: Translators in Renaissance Print Culture*, Leiden, Brill, 2017, pp. 229–50.

- « Rethinking Agency and Creativity: Translation, Collaboration and Gender in Early Modern Germany », in *Translation Studies*, 10, 2017 :

  http://dx.doi.org/10.1080/14781700.2017.1300103.

- *Luise Gottsched the Translator*, Rochester, NY, Camden House, 2012.

CASTRO, Olga & ERGUN, Emek (eds.), *Feminist Translation Studies : Local and Transnational Perspectives*, New York, Routledge, 2017.

CHAMBERLAIN, Lori, « Gender and the Metaphorics of Translation », in Lawrence Venuti (ed.), *The Translation Studies Reader*, New York, Routledge, 2012, pp. 254–268.

CLARKE, Danielle, « Translation », in Laura Lunger Knoppers (ed.), *The Cambridge Companion to Early Modern Women's Writing*, Cambridge, Cambridge University Press, 2009, pp. 167–80.

DELISLE, Jean, « Présentation », in Jean Delisle (éd.), *Portraits de traductrices*, Ottawa, Presses de l'Université d'Ottawa, 2002, pp. 1–11.

FLOTOW, Luise von, *Translation and Gender: Translating in the Era of Feminism*, Manchester, St Jerome, 1997.

- « Gender and Translation », in Piotr Kuhiwczak & Karin Littau (eds.), *A Companion to Translation Studies*, Clevedon, Multilingual Matters, 2007, pp. 92–105.

- (ed.), *Translating Women*, Ottawa, University of Ottawa Press, 2011.

FRONIUS, Helen, *Women and Literature in the Goethe Era, 1770–1820 : Determined Dilettantes*, Oxford, Clarendon Press, 2007.

— « Chasing the Cloudy Woman : In Praise of a Historical Approach to Women Writers », in Helen Fronius & Anna Richards (eds.), *German Women's Writing of the Eighteenth and Nineteenth Centuries : Future Directions in Feminist Criticism*, London, Legenda, 2011, pp. 42–56.

GODAYOL, Pilar, « Gender and Translation », in Carmen Millán & Francesca Bartrina (eds.), *The Routledge Handbook of Translation Studies*, London and New York, Routledge, 2013, pp. 181–192.

GOODRICH, Jaime, *Faithful Translators : Authorship, Gender, and Religion in Early Modern England*, Evanson, IL, Northwestern University Press, 2014.

HANNAY, Margaret P. (ed.), *Silent but for the Word : Tudor Women as Patrons, Translators and Writers of Religious Works*, Kent, OH, The Kent State University Press, 1985.

HEALY, Michelle, *The Cachet of the ‹ Invisible › Translator: Englishwomen Translating Science (1650–1850)*, PhD, Ottawa, 2004.

HOSINGTON, Brenda M., « The ‹ Renaissance Cultural Crossroads Catalogue › : A Witness to the Importance of Translation in Early Modern Britain », in Malcolm Walsby & Graeme Kemp (eds.), *The Book Triumphant : Print in Transition in the Sixteenth and Seventeenth Centuries*, Leiden, Brill, 2011, pp. 253–69.

—   « Women Translators and the Early Printed Book », in Vincent Gillespie & Susan Powell (eds.), *A Companion to the Early Printed Book in Britain 1476–1558*, Cambridge, Brewer, 2014, pp. 248–71.

KAPLAN, Cora, « Postscript », in Jennie Batchelor & Gillian Dow (eds.), *Women's Writing, 1660–1830 : Feminisms and Futures*, London, Palgrave Macmillan, 2016, pp. 225–33.

KNOPPERS, Laura Lunger, « Introduction : Critical Framework and Issues », in Laura Lunger Knoppers (ed.), *The Cambridge Companion to Early Modern Women's Writing*, Cambridge, Cambridge University Press, 2009, pp. 1–18.

KRONTIRIS, Tina, *Oppositional Voices : Women as Writers and Translators in the English Renaissance*, London and New York, Routledge, 1992.

LERNER, Gerda, *The Creation of Feminist Consciousness : From the Middle Ages to Eighteen-Seventy*, Oxford, Oxford University Press, 1993.

MARSDEN, Jean I., « Beyond Recovery : Feminism and the Future of Eighteenth-Century Literary Studies », in *Feminist Studies*, 28.3, 2002, pp. 657–62.

MUNDAY, Jeremy, « Using Primary Sources to Produce a Microhistory of Translation and Translators : Theoretical and Methodological Concerns », in *The Translator*, 20.1, 2014, pp. 64–80.

PENDER, Patricia (ed.), *Gender, Authorship, and Early Modern Women's Collaboration*, London, Palgrave Macmillan, forthcoming 2017.

PYM, Anthony, *Method in Translation History*, Manchester, St Jerome, 1998.

ROSS, Sarah Gwyneth, *The Birth of Feminism : Woman as Intellect in Renaissance Italy and England*, Cambridge MA, Harvard University Press, 2009.

SCHIEBINGER, Londa, *The Mind Has No Sex ? Women and the Origins of Modern Science*, Cambridge, MA, Harvard University Press, 1989.

SHOWALTER, Elaine, *A Literature of Their Own: British Women Novelists from Brontë to Lessing*, Princeton, Princeton University Press, 1977, revised edition, London, Virago, 1982.

SHELL, Alison, « Spiritual and Devotional Prose », in Gordon Braden et al (eds.), *The Oxford History of Literary Translation in English, vol. 2: 1550–1660*, Oxford, Oxford University Press, 2010, pp. 418–30.

SIMON, Sherry, *Gender in Translation : Cultural Identity and the Politics of Transmission*, London and New York, Routledge, 1996.

ST ANDRE, James, « History », in Mona Baker & Gabriela Saldanha (eds.), *The Routledge Encyclopedia of Translation Studies*, 2nd edition, London, Routledge, 2009, pp. 133–36.

TGAHRT, Reinhard, et al (eds.), *Weltliteratur : Die Lust am Übersetzen im Jahrhundert Goethes*, Munich, Kösel, 1982.

TRILL, Suzanne, « Sixteenth-Century Women's Writing: Mary Sidney's Psalms and the ‹ Femininity › of Translation », in William Zunder & Suzanne Trill (eds.), *Writing and the English Renaissance*, London, Longman, 1996, pp. 140–58.

WHITFIELD, Agnès, « Émilie du Châtelet, traductrice de Newton, ou la ‹ traduction-confirmation › », in Jean Delisle (éd.), *Portraits de traductrices*, Ottawa, Presses de l'Université d'Ottawa, 2002, pp. 87–115.

WINTER, Ursula, « Übersetzungsdiskurse der französischen Aufklärung : Die Newton-Übersetzung Émilie du Châtelets (1706–1749) », in Brunhilde Wehinger & Hilary Brown (eds.), *Übersetzungskultur im 18. Jahrhundert : Übersetzerinnen in Deutschland, Frankreich und der Schweiz*, Hannover, Wehrhahn, 2008, pp. 19–36.

WOODSWORTH, Judith & DELISLE, Jean, *Translators through History*, 2nd edition, Amsterdam, Benjamins, 2012.

Verdeckte Vermittlung:
Friederike Helene Unger
und die Kunst der anonymen Publikation

ALEXANDER NEBRIG

Abstract

Friederike Helene Unger, born von Rothenburg (1741–1813), published all her translations (French, English) and original writings (novels, essays) anonymously. This was no exception in eighteenth-century publishing practice. Becoming the owners of manuscripts, German publishers could decide whether to reveal or keep secret the author's name. Furthermore, Unger was part of the publishing house of her husband Johann Friedrich Unger, which she inherited and ran after his death (1804). For Friederike Helene Unger, translating, writing and publishing were forms of mediation which followed different economic principles. The article first discusses the economic reasons for revealing or omitting the name of the author as well as for marking her gender or not. There is, however, an exception. In her translation of Marivaux's *La vie de Marianne*, Friederike Helene Unger not only reveals her gender but also a part of her name. This extraordinary case breaches the economic principles ruling the book market for foreign-language literature in favour of the recognition of female authorship.

Friederike Helene Ungers Name ist mit einer Publikation verknüpft, die 1806 anonym unter dem Titel *Bekenntnisse einer schönen Seele* in ihrem eigenen Verlag erschien. Die strittige Frage ihrer Autorschaft soll hier nicht nochmals aufgegriffen werden (Nebrig 2008 : 107–119). Dagegen möchte ich die Unklarheit sowohl über das Geschlecht als auch über den Verfassernamen zum Ausgangspunkt nehmen für eine Analyse beider Elemente als Teil der Publikationsökonomie auf dem deutschen Buchmarkt der Spätaufklärung und Romantik. Gerade das Erscheinen weiblicher Bekenntnisse kennzeichnet sich um 1800 durch diese Unklarheit[1].

Der Unger-Verlag, dessen Geschichte mit der Übersetzung von Jean-Jacques Rousseaus *Confessions* (1782) durch die anonym gebliebene Friederike Helene begonnen hatte, publizierte auffällig viele Titel, die sich als fiktive oder reale Lebensbeschreibungen von Frauen erweisen. Da wären zu allererst *Wilhelm Meisters Lehrjahre* (1795) zu nennen. In dem Roman, « [h]erausgegeben von Goethe », – so steht es auf der Titelei – finden sich im sechsten Buch die von Goethe bearbeiteten *Bekenntnisse einer schönen Seele*. Im Jahre 1803 erschienen bei Unger anonym die *Bekenntnisse einer Giftmischerin*. Ihr Verfasser war Friedrich Buchholz, also ein Mann, der auch an den *Bekenntnissen einer schönen Seele* von 1806 mitgearbeitet hat. Auch Karoline Woltmanns *Heloise* erschien im Unger-Verlag. Ihr Mann, der Historiker Woltmann,

---

[1] Unter den weiblichen Schriftstellern und Übersetzern um 1800 ist F. H. Unger ohne Zweifel privilegiert, da sie als Verlagsgattin Zugang zu den Produktionsmitteln von Literatur hatte und später als Verlegerin sogar in ihrem Besitz war. Ein sinnvoller Vergleich wäre der mit anderen Verlegerinnen, die literarisch tätig waren. Doch ist diese Dopplung selten anzutreffen, und zwar nicht nur bei weiblichen, sondern auch bei männlichen Akteuren des Literaturbetriebs. So ist beispielsweise die Tatsache, dass Anna Vandenhoeck (1698–1787, seit 1750 Verlagsleitung in Göttingen) keine Schriftstellerin war, nicht erstaunlich. – Wenngleich Unger hier eine Sonderstellung einnimmt, sind die an ihr vorgestellten ökonomischen Regeln des Publizierens sowie die Mitbestimmungspraxis des Verlags über die Autorschaft sowohl auf andere weibliche als auch auf männliche Autoren übertragbar. Im vorliegenden Fall, so die These, ist zum Teil auch die Gattung des fiktiven Bekenntnisses verantwortlich für die Ökonomie des anonymen Publizierens.

überarbeitete das weibliche Bekenntnis, das 1804 anonym zunächst in einem anderen Verlag erschienen war, und gab es 1809 bei Unger ohne Nennung des Namens seiner Frau neu heraus. Friederike Helene Ungers eigene Romane, die allesamt anonym erschienen, lassen sich, insofern sie weibliche Bildungsgeschichten sind und die Rolle der Frau in der Öffentlichkeit Ende des 18. Jahrhunderts reflektieren, gleichfalls als autobiographisch inspirierte Texte im Sinne des weiblichen Bekenntnisses lesen – zumindest stand die Wiederentdeckung Friederike Helene Ungers im 20. Jahrhundert unter *confessio*-logischen Vorzeichen. Schließlich sei Marivaux' La vie de Marianne genannt: das fiktive weibliche Bekenntnis aus der Feder eines Mannes, das 1791 in Friederike Helene Ungers Übersetzung erschien. Marivaux' Roman aus der ersten Hälfte des 18. Jahrhunderts ist der Prätext für die vielen weiblichen Bekenntnisse, die vor und nach 1800, oft in männlich-weiblicher Koproduktion, auf den literarischen Markt kamen. Von Marivaux lernte Unger, dass das Spiel mit der Autorschaft und die Spekulation auf das Geschlecht für die Vermittlungs- und Aufmerksamkeitsökonomie bekenntnishafter Literatur vorteilhaft sind.

1. Befund eines weiblichen Publikationsverhaltens um 1800

Als Verlegerin, Autorin und Übersetzerin ist Friederike Helene Unger[2], geborene von Rothenburg (*1741), eine Vermittle-

---

2   Jeder Beschäftigung mit F. H. Unger sollte das Studium der Arbeiten von Lehmstedt 1996 und Giesler 2003 vorausgehen. Die verlagsgeschichtliche Studie von Lehmstedt versucht das Scheitern der Verlegerin Unger (ab 1804) zu erklären aus der Komplexität

rin, die sowohl in erster als auch in den beiden anderen Rollen nicht sichtbar in Erscheinung trat. Auch nach Übernahme der Verlagsgeschäfte mit dem Tod ihres Ehemanns Ende 1804 führte die Witwe den Verlag unter dem Namen ‹Johann Friedrich Unger› bis zum Konkurs von 1812 weiter, und sowohl ihre zahlreichen Übersetzungen als auch ihre Originalwerke erschienen bis zu ihrem Tod 1813 anonym. Weder das Übersetzungswerk, das zwischen 1782 und 1798 erschien, noch das seit 1784 publizierte Originalwerk ist mit ihrem Mädchennamen von Rothenburg oder mit ihrem Ehenamen Unger versehen. Fragt man nach dem Geschlecht, so begegnet in der Regel die neutrale männliche Form: der ‹Übersetzer› oder der ‹Herausgeber›. Einige der Romane operieren jedoch bewusst mit dem weiblichen Geschlecht: die ‹Verfasserin›, bisweilen findet sich der Hinweis auf die ‹Übersetzerin›.

Autorschaft ist im 18. Jahrhundert zwar ein männliches Privileg, zumindest im deutschen Sprachraum, aber keineswegs ist umgekehrt Anonymität ausschließlich auf weibliche Verfasser beschränkt (Pabst 2011: 14–17, mit Blick auf Unger vgl. Lehmstedt 1996: 138, Anm. 94). Ob ein Text ano-

---

des wirtschaftlichen Unternehmens, das über Kredite finanziert und mit den Staatsfinanzen verzahnt war. Hinderlich seien weiter die Krise von 1806 (Lehmstedt 1996: 130) sowie die frauenfeindliche Geschäftswelt (131) gewesen. Darüber hinaus zeichnet Lehmstedt aufgrund der Briefe ein genaues Bild der Beziehungen Ungers und ihres Mannes zu den Vertretern der Berliner Romantik und Klassik. – Das Verlagsarchiv ist verschollen. Giesler (321–325) erschließt u. a. den Inhalt der von Unger herausgegebenen, nicht digitalisierten und nur in der UB Augsburg vollständig erhaltenen Zeitschrift *Vermischte Erzählungen und Einfälle zur allgemeinen Unterhaltung* (1784f.). Eine dringliche Aufgabe künftiger Beschäftigung mit F. H. Unger wäre es, unter den zahlreichen darin versammelten originalen und übersetzten Texten diejenigen Ungers bzw. (v. Rothenburgs) zu identifizieren.

nym oder pseudonym erschien, sagt nichts über das Geschlecht des Übersetzers oder Originalschriftstellers aus. Um überhaupt Verallgemeinerungen treffen zu können, müsste man jede Schrift des 18. Jahrhunderts hinsichtlich der Frage prüfen, in welcher Form sie unterzeichnet wurde. Werke der sogenannten schönen Literatur und auch übersetzte Werke waren nichts, was notwendig mit dem eigenen Namen versehen wurde. Goethes Erstlinge von 1773 (*Götz von Berlichingen*) und 1774 (*Die Leiden des jungen Werthers*) erschienen namenlos. Sicherlich gab es einen kleinen Kreis, der den Namen wusste, aber im Moment, in dem der Text aus der Manuskriptzirkulation in die gedruckte Kommunikation überführt wurde, im Moment, in dem Kommunikation nicht mehr über räumliche Nähe, Bekanntschaft und den Freundeskreis funktionierte, im Moment, in dem sich der Text in eine Ware auf dem Literaturmarkt verwandelte, wurde die ökonomische Notwendigkeit des Namens geprüft. Nicht nur die Bescheidenheit des Verfassers oder die Angst vor der Öffentlichkeit, sondern auch die Ökonomie der Vermittlung entschied über die Preisgabe der Autorschaft. Anonymität ist nicht nur eine Schutzfunktion für die Privatperson, sondern dient wie Onymität der Wertschöpfung.

Im kleinen Kreis des literarischen Berlin wusste man, wer die anonymen Texte von Unger geschrieben hatte. Es gibt also auch hier einen doppelten Rezeptionsraum. Wie ihr *Naturkalender zur Unterhaltung der heranwachsenden Jugend* von 1789 belegt, kann die Übersetzung aus dem Englischen für den deutschsprachigen Raum mit der Angabe « von der Verfasserin des Julchen Grünthal » erfolgen, die Übersetzung wiederum ins Französische als Schrift von ‹ Madame Unger › ausgegeben werden (Schindel 1825 : 379). Das ist außergewöhnlich, weil Unger in ihren deutschen Schriften niemals auf der Titelei erscheint. Das größere deutschsprachige Publikum Berlins wird nicht von der Verlegergattin belehrt, sondern von der Verfasserin des *Julchen Grünthal*. Das kleine französischsprachige Hugenottenpublikum erkannte in ‹ Madame Unger › unter Umständen ein Gütesiegel.

Für Unger, die auf verschiedenen Ebenen der Buchvermittlung aktiv war, stellte Vermittlung mehr eine ökonomische und weniger eine ästhetisch-ethische Herausforderung dar. Wird die Vermittlung von der Ökonomie beherrscht, so gilt : Der beste Vermittler ist unsichtbar. Die Sichtbarmachung der Vermittlung, des Vermittlungsprozesses sowie der Vermittlerpersonen ist dem Gegenstand der Vermittlung abträglich. Vermittlung findet idealerweise verdeckt und im Hintergrund statt.

Sichtbarkeit des Übersetzers, die Venuti als Zeichen der Wertschätzung polemisch postuliert (Venuti 2008), war für einen Verleger des 18. Jahrhunderts erst relational zum ökonomischen Zweck erstrebenswert. Sobald der Akzent stärker auf dem Medium liegt, erfolgt eine Marginalisierung des vermittelten Gegenstandes. Innerhalb der internen Vermittlungsökonomie kommt es zu einem Zuwachs an symbolischem Kapital auf Seiten des Vermittlers. Das kann unter Umständen vorteilhaft für die Ökonomie des Vermittlungsvorgangs auf dem Buchmarkt sein : August Wilhelm Schlegels Shakespeare (1797–1810) und Ludwig Tiecks *Don Quijote* (1799–1801) erschienen bei Unger folglich mit den Namen der Übersetzer.

Aber es kann sich auch als riskant erweisen, so dass es bisweilen ökonomisch ratsamer ist, den Vermittler und seine Vermittlung symbolisch nicht allzu stark zu belasten. Verlage vermitteln Literatur gewöhnlich, ohne ihr eigenes Verlagswesen zu problematisieren. Nur als Markenzeichen zeigen sie, dass sie professionelle Vermittlungsorgane sind.

Leitende Überlegung zum Verständnis von Friederike Helene Ungers auf Anonymität basierender Vermittlungspraxis ist, dass sie primär keine Autorin im emphatischen und urheberrechtlichen Sinn war, sondern eine Vermittlerin von Literatur im Dienst eines Verlagsunternehmens. Ihr Name blieb aus verlagsökonomischer Sicht unsichtbar, genauso wie ihr Geschlecht aus ökonomischen Gründen sichtbar werden konnte.

Werke waren im 18. Jahrhundert nicht urheberrechtlich geschützt, d.h., die Verfasser konnten die Verwertung und Nutzung ihres Werks nicht kontrollieren. Die Kontrolle oblag dem Verleger. Die von Heinrich Bosse formulierte Gleichung ‹Autorschaft ist Werkherrschaft› (Bosse 1981) wurde erst gültig, als die Verlagsmacht über den Autor gebrochen war. Bis dahin aber konnte der Verleger über die Form der Autorschaft mitbestimmen. Spannungen entstanden dann, wenn Autor und Verleger jeweils verschiedene Interessen mit Anonymität und Onymität verfolgten. Konvergenzen waren deshalb aber nicht ausgeschlossen. Dies gilt gerade mit Blick auf den Versuch sowohl von Autoren als auch von Verlegern, die Gunst eines Publikums bzw. der Kundschaft zu gewinnen.

Gerade Produzenten (Autoren), die eine enge Beziehung zu ihren Vermittlern (Verleger) haben, reagieren sensibel auf neue Leserschichten. Frauen stellten eine neue Leserschaft ab der Mitte des 18. Jahrhunderts dar, und ihre Partizipation am Publikum veränderte den Geschmack der Gesamtleserschaft und damit auch die Lesebedürfnisse der Männer. Dies sei gesagt, um den Kurzschluss zu vermeiden, das weibliche Bekenntnis sei ausschließlich für Frauen bestimmt gewesen.

Ungers Übersetzung des Romans *Caroline de Lichtfield* – verfasst von der anonym gebliebenen Lausanner Autorin Isabelle de Montolieu – ist an eine weibliche Leserschaft adressiert, und die Männer werden in der *Nacherinnerung* der Übersetzung nur als Rezensenten angesprochen (Anonym 1787 : n. p.). Es handelt sich nicht um empirisch belegbares Leseverhalten, sondern um ein geschlechtscodiertes Muster der Leserlenkung, wie es beispielsweise auch von Wilhelm Heinse für seine Vorrede der anonym erschienenen Petron-Übersetzung *Begebenheiten des Enkolp* (1773) bedient worden war.

Verleger und Schriftsteller haben versucht, auf die Nachfrage weiblicher Leser auf dem Buchmarkt zu reagieren, wobei das Weibliche, ja vielleicht sogar die Geschlechtskategorie überhaupt zentral für die ökonomische Spekulation wurde. Der 1768 gestorbene Marivaux hat schon früh auf das Bedürfnis weiblicher Lebensbeschreibungen reagiert, und es ist kein Zufall, dass die Erstübersetzerin von Rousseaus *Confessions* und von Marivaux' Pseudo-Autobiographie *Vie de Marianne* auf dem Gebiet weiblicher Romanbekenntnisse und Bekenntnisromane besonders umtriebig war[3].

---

3   Es handelt sich bei den Pseudo-Autobiographien und fiktiven Bekenntnissen in England, Deutschland, Frankreich und Spanien (in der Nachfolge des *Don Quijote* [1605/15], einschließlich von Charlotte Lennox' *The Female Quixote* [1752]) um ein transnationales Phänomen. Die bekanntesten sind Daniel Defoes *Roxana* (1724) und *Moll Flanders* (1722), Samuel Richardsons *Pamela, or Virtue Rewarded* (1740) und John Clelands *Memoirs of Fanny Hill* (1748).

2. Übersetzen als Verlegen

Ungers Publikationsverhalten ist vor allem indirekt und implizit über die Bücher des Verlags sowie über die von ihr übersetzten Werke beschreibbar. Eine Autorschaft, die als Label die verschiedenen Texte zusammenführt, entstand erst nach ihrem Tod (Schindel 1825 : 376–381; Giesler 2003), wobei die postume Autorschaft von Schindel bis zur Buchreihe *Frühe Frauenliteratur in Deutschland* (1991, Bd. 9, 11, 14) auf das Geschlecht festgelegt wurde. Diese Fokussierung setzte stillschweigend voraus, Unger sei aufgrund ihres Geschlechts anonym geblieben, und lenkte von ihrer besonderen Position im buchökonomischen Feld ab. Unger vermittelte im Rahmen eines Wirtschaftsunternehmens ihre Schriften nachfrageorientiert. Mir geht es nicht darum zu fragen, wer oder was Unger davon abhielt, öffentlich in Erscheinung zu treten, sondern worin der ökonomische Zweck lag, im deutschsprachigen Literaturbetrieb der Spätaufklärung, der Klassik und der Romantik anonym zu bleiben. Ungers auf Anonymität beruhendes Publikationsverhalten ändert nichts daran, dass sie eine anerkannte und bekannte Akteurin des klassisch-romantischen Literaturbetriebs gewesen ist : Goethe kannte sie, die Schlegels im Besonderen und die Berliner Romantiker im Allgemeinen.

Die als uneheliches Kind geborene von Rothenburg war zweisprachig (deutsch und französisch) bei Pflegeeltern großgeworden; ab den 1770er Jahren hat sie im Hause der Ungers wohl als Mädchenerzieherin gearbeitet (Schindel 1825 : 376). Aufgrund einer recht hohen Rente ihres verstorbenen Vaters und mit guten Beziehungen zum Preußischen Hof finanzierte sie dem jungen Unger bereits 1779 eine Druckerei

(Lehmstedt 1996 : 94). Ihre Übersetzung von Rousseaus *Confessions* bildete wiederum eines der geistigen Fundamente des bald darauf gegründeten Verlages.

Die ersten Jahre nach Verlagsgründung blieb ihr Name trotz materieller und geistiger Beteiligung unbekannt. Mit den 1787 in Leipzig erschienenen *Büsten Berlinischer Gelehrten* wurde Unger als Romanautorin und Übersetzerin Rousseaus bekannt (Giesler 2003 : 52). Da sie erst 1785 den Verleger Unger heiratete, müsste man korrekterweise ihre Rousseau-Übersetzung und ihr erfolgreichstes Buch, den 1784 erschienenen Roman *Julchen Grünthal*, unter dem Mädchennamen Friederike von Rothenburg verzeichnen. Doch wäre auch dies eine anachronistische Zuschreibung, die die interne Text- und externe Verlagsökonomie ignorierte. Die paratextuelle Leerstelle gehörte zur Logik der Publikation, und das Operieren mit einem emphatischen Begriff von Autorschaft verzerrte den Sinn dieser Genre-Literatur für Frauen (und Männer, die gern lesen, was an Frauen adressiert ist). Die Frage, wie sich die Verfasserin des *Julchen Grünthal* selbst genannt haben würde, ist von ihr beantwortet worden. Wie erwähnt, lautet ihr Pseudonym für ihre weibliche Leserschaft ‹ Verfasserin des *Julchen Grünthal* › – der Rückbezug auf zuvor « veröffentlichte Werke » (Kord 1996 : 14) ist ein im 18. Jahrhundert übliches Verfahren der richtigen Produktplatzierung. Es soll keinesfalls bestritten werden, dass Orthonymie ein Wagnis (Kord 1996 : 110) für bürgerliche Frauen darstellte – obgleich sich die geborene von Rothenburg nach der Heirat mit Unger eher auf der sozialen Grenze bewegte. Aber die Genres der Übersetzung und des Frauenromans, in denen Unger hauptsächlich publizierte, funktionierten auch oder sogar gerade anonym und pseudonym.

Ungers *Briefe einer reisenden Dame* (1798), die in einer Zeitschrift erschienen, zeigen, dass es ihr um die Geschlechtskonstruktion ihrer Zeit, aber nicht um ihre Autorschaft ging. Erstaunlich ist an dieser Schrift weniger ihre Anonymität, die auch Friedrich Schleiermachers ein Jahr später ebenfalls in einem Periodikum publizierte *Theorie des geselligen Betragens* (1799) kennzeichnet, sondern der Hinweis auf das Geschlecht des Verfassers im Titel. ‹ Dame › deutet an, dass nicht sie, Friederike Helene Unger spricht, sondern eine Repräsentantin des weiblichen Geschlechts.

Auch ihre Übersetzertätigkeit, die 1798 endete, kennzeichnet eher einen geschickten Umgang mit der Geschlechtskategorie. Zugleich ist davon auszugehen, dass ihr Mann das letzte Wort hatte. Für die Originalschriften, die nach seinem Tod von ihr, nunmehr selbst Verlegerin, erschienen, hielt sie an der anonymen Strategie fest. Hinsichtlich der Erscheinungsweise der Schrift als Buch entschied im 18. Jahrhundert, wie gesagt, der Verlag, und angesichts der engen Beziehung der Übersetzerin zum Verlag darf man annehmen, dass sie die Verlagsökonomie internalisiert hatte.

3. Das Kapital des Namens

Drei Beispiele mögen den ökonomischen Umgang des Unger-Verlags mit dem Verfassernamen verdeutlichen : Friederike Helene Ungers Übersetzung von Rousseaus *Confessions* (1782), ihre Übersetzung von Merciers *Bonnet de nuit* (1786) sowie der aus dem Englischen übersetzte Roman *Maria* (1786) der nicht genannten Elizabeth Blower.

1. Ungers literarische Anfänge sind mit den Anfängen des Unger-Verlags auf das Engste verwoben. Bezeichnender-

weise heißt es über die Rousseau-Ausgabe in dem von Unger verlegten *Berlinischen Magazin der Wissenschaften und Künste* (1782) : « Indeß konnte der Uebersetzer […] entweder die Presse zum besten fördern, oder die Presse konnte ihn zum besten fördern » (zitiert nach Nebrig 2008 : 88). Im Mai 1782 war in Genf die lang erwartete Autobiographie erschienen, Raubdrucke im zu Preußen gehörenden Neuchâtel machten das Buch europaweit schnell bekannt. Unger und seine Braut v. Rothenburg hatten auf das richtige Pferd gesetzt. In der *Vorerinnerung des Uebersezzers* heißt es : « Selten ist ein Buch, seit man erfuhr, daß es erscheinen würde, mit so vieler Begierde erwartet worden, und selten hat eines diese Sehnsucht des Publikums mehr verdient » (Anonym 1782 : n. p.). Die Übersetzung aus dem jungen Verlagshause Unger erschien bereits im Juli 1782, also mehrere Monate vor der Konkurrenz aus dem Hause Hartknoch (*Geständnisse*, Riga 1782). Zwar war nur diese privilegiert, auf den Messen in Leipzig gehandelt zu werden, aber die Nachfrage – jene Begierde und Sehnsucht, von denen die anonyme Übersetzerin spricht – dürfte auf der Michaelismesse bereits einigermaßen gedeckt bzw. gestillt gewesen sein.

Wie der Holzschneider Unger Friederike v. Rothenburg bezahlte, ist nicht bekannt. Geld wird er wohl keines gehabt haben, denn sie selbst hatte, wie gesagt, Unger 1779 die Druckerei von einer Art Alimente-Rente ermöglicht.

Die Nennung der Übersetzerin zu diesem Zeitpunkt hätte nicht nur eine unbekannte Autorin in Verbindung mit Rousseau gebracht, sondern auch noch eine unverheiratete. Die Nennung einer unehelich geborenen ‹ von Rothenburg › hätte unnötige Aufmerksamkeit auf die Übersetzerin gelenkt. Daher spricht auch die Vorrede neutral vom ‹ Übersetzer ›.

Als 1789 die Fortsetzung erschien, lagen die Dinge anders. Der Verleger Unger ließ die Übersetzung durch einen bekannten Autor aufwerten. Er verzichtete auf die Hilfe seiner Frau zugunsten des berühmten Freiherrn von Knigge. Knigge war, ohne dass mit Friederike Rücksprache gehalten worden wäre, engagiert worden. Die Verlegergattin äußerte gegenüber Gustav Friedrich Wilhelm Großmann ihren Unmut (12.3.1790) :

> Indes bin ich für meine Person etwas böse auf ihn [Knigge] : im Februar sahe ich bei der Oberhofmeisterin einer unsrer Prinzeßinnen, der Baroneße Bielfeld eine Anzeige, dieses Rousseauschen Produktes ; sie laß mir Auszüge daraus, die mir so gefielen, daß ich mich so gleich zu einer Uebersetzung entschloß, um so mehr, da ich die Ersten Confessions übersezt habe. Als ich meinem Mann in der Freude meines Herzens diesen Vorschlag that, erfuhr ich, daß er schon bei den Hn : von Knigge versagt sei. Je nun : er wird ja wahrscheinlich seine Vorgängerin weit hinter sich lassen. (Brief zitiert nach Lehmstedt 1996 : 140, Anm. 111)

Knigge, der Ungers Frau als Übersetzerin der ersten Bände nur vermutete, hatte sich selbst beim Verleger Unger beworben. Dieser lässt sich das ‹ Übersetzt von Adolph Freiherrn von Knigge › immerhin 4 rh. pro Bogen kosten (vgl. Knigges Brief an Friedrich Nicolai vom 29.5.1790 in : Raabe 2004, Nr. 58). Ob es ökonomisch sinnvoller gewesen wäre, die kostenlose Arbeitskraft seiner Frau in Anspruch zu nehmen, kann nicht gesagt werden. Aber der Verleger erhoffte sich womöglich mit Knigges Namen nicht nur den Absatz der Auflage zu steigern, sondern auch das Spektrum seiner Autoren zu erweitern und das symbolische Kapital seines Verlages zu erhöhen.

2. Für die Mercier-Übersetzung, die 1784 bis 1786 erschien, hatte der Verleger Unger das oben erwähnte, für den deutschen Buchmarkt lukrative Privileg erhalten. Mercier saß im preußischen Neuchâtel und publizierte für die Société Typographique de Neuchâtel eine Essay-Sammlung unter dem Titel *Mon bonnet de nuit*. Der Berliner Verleger hatte Heinrich August Ottokar Reichard, den Theatermann und bekannten Übersetzer französischer Reiseliteratur ausgewählt. Doch Reichard verabschiedete sich nach Band 2 und verlangte, dass Band 3 darauf hinweise. Unger kam dieser Bitte nach und übertrug die weitere Übersetzung seiner im Unterschied zu Reichard nicht erwähnten Frau (vgl. Anmerkung in Mercier 1786 : 3). Aus Unternehmersicht war der Name des Übersetzers nur relevant, wenn er denn einen Namen hatte, und Unger hatte keinen bzw. wollte oder sollte sich keinen machen. Das hätte ihre Autorschaft zu stark eingeengt und für andere Projekte unter Umständen unmöglich gemacht.

3. Das Beispiel des englischen Romans *Maria* zeigt, dass eine anonyme Übersetzung ihren Wert allein dadurch steigern kann, dass sie mit dem Namen eines bekannten Schriftstellers verbunden wird. In der von Karl Philipp Moritz gezeichneten Vorrede behauptet der Autor des *Anton Reiser* (1785f.), er habe ursprünglich den Text übersetzen wollen :

> Die innere Güte dieses Romans, der sich sowohl durch interessante Situationen, als treffende Charakterschilderungen auszeichnet, bewog mich, vor einiger Zeit, selbst die Verdeutschung desselben zu übernehmen. Da ich aber durch verschiedene Umstände verhindert worden bin, dieß Versprechen zu erfüllen, so habe ich diese Uebersetzung, welche von einer andern Hand ist, vor dem Druck durch gesehen, und mit dem Original verglichen, welches in dieser Uebersetzung nicht verlohren sondern gewonnen hat, weil manches zu Weitschweifige und Ermüdende weggelassen,

und das Interessante näher zusammengestellt ist. (Moritz 1786)

In allen drei Beispielen setzt der Verlag den Autornamen zur Wertsteigerung des Buches ein. Im Fall von Ungers Rousseau-Übersetzung aus dem Jahre 1782 wird darüber hinaus ein männlicher Übersetzer suggeriert. In anderen Fällen dagegen kann Wert daraufgelegt werden, dass eine ‹ Übersetzerin › am Werk gewesen ist. Ein solcher Fall ist Ungers Marivaux-Übersetzung. Sie ist zugleich die einzige Schrift von Friederike Helene Unger, die sie namentlich (wenngleich zum Teil weiterhin verdeckt) vorstellt. Dieser außergewöhnliche Schritt geht über die ökonomische Funktion hinaus, indem sich die partielle Preisgabe des Namens und die Markierung des Geschlechts in die Inszenierungspraxis des übersetzten Werkes einschreiben.

4. Ungers halber Auftritt : « Friederike U. geb. R. »

Unter den Übersetzungen gibt es eine Ausnahme, die die personale Identität der Übersetzerin zu erkennen gibt. Es handelt sich um die Marivaux-Übersetzung (1791), die Unger mit « Friederike U. geb. R. » unterzeichnet. Da es sich um eine Abbreviatur des Eigennamens handelt, kann dies auch als ein Hinweis auf das Geschlecht der Übersetzerin verstanden werden : Seht her, hier hat eine Frau übersetzt. Die Angabe « geb. R. » erinnert daran, dass diese Frau verheiratet ist. Um eine Autorisierung der Übersetzung handelt es sich nicht, da der Familienname nicht genannt wird. Vielmehr muss von einer raffinierten Strategie ausgegangen werden, die Fiktion zu plausibilisieren. Bereits der Originalautor, dessen Werk 1731 bis 1742 erschien und unvollendet geblieben ist, hatte für seine literarische Unternehmung eine komplexe Bescheidenheitsrhetorik entworfen.

Marivaux' Bescheidenheitsrhetorik (*captatio benevolentiae*) ist dreistufig und bezieht ihre Kraft aus der Spannung zwischen Autor, Herausgeber und Protagonistin. Sie besitzt eine zweifache Funktion : Zum einen soll der Fall wahrscheinlich gemacht werden, dass ein Mann ein weibliches Bekenntnis schreibt. Männliche Autoren lieben es, Frauenschicksale zu erfinden, sich in weibliche Helden hineinzuversetzen, um aus ihrer Perspektive zu erzählen. Eine Möglichkeit, diesen unwahrscheinlichen Fall zu motivieren, besteht darin, Textgeschichten der eigentlichen Erzählung voranzustellen. Mit dem Versuch, literarische Schwächen zu antizipieren, immunisiert sich ein Autor gegen Kritik.

Zum anderen aber muss Marivaux seinen literarisch ungewohnten mündlichen und lockeren Stil rechtfertigen. Die angeblich weibliche Art zu schreiben, verschafft dem Autor ungeahnte stilistische Lizenzen (vgl. Graeber 1995 : 71).

Der Autor erfindet einen literarisch inkompetenten Herausgeber, der das literarische Bekenntnis einer Frau vorfindet, die meint, nicht schreiben zu können (Marivaux 1791 : 3–6). Mehr noch : Diese Frau sagt von sich, sie habe einst zu jenen Frauen gehört, die die Leere ihrer Aussage durch Schönheit ihrer Jugend in mündlicher Konversation überblenden. Die Schrift könne auf diese Schönheit nicht mehr rechnen. Nun erst werde deutlich, dass die Verfasserin ihrer Lebensgeschichte keinen Stil habe. Der Stil aber garantiere den « Verstand » (Marivaux 1791 : 3 [im Original *esprit*]). Marianne fragt : « wo in aller Welt soll ich einen Styl hernehmen ? » (Marivaux 1791 : 3) Und am Schluss ihrer Überlegung heißt es erneut :

> Ich sprach doch vom *Styl.* So recht eigentlich weiß ich nicht, was das ist. Wie fängt man es an, um einen zu haben? Ist der gut, den ich in den Büchern finde? Warum mißfällt er mir oft so sehr? Gefällt Ihnen die Art, wie ich meine Briefe schreibe? Die will ich auch jetzt beibehalten. (Marivaux 1791 : 5)

> Au reste, je parlois tout à l'heure de style, je ne sais pas seulement ce que c'est. Comment fait-on pour en avoir un? Celui que je vois dans les livres, est-ce le bon? Pourquoi donc est-ce qu'il me déplaît tant le plus souvent? Celui de mes lettres vous paroît-il passable? J'écrirai ceci de même. (Marivaux 1882 : 4)

Die Rede der Frauen hänge von der Sichtweise des Mannes ab, der sie hört. Je nachdem, ob er die Sprecherin für schön oder für nicht schön hält, steige oder falle ihr *esprit*-Quotient :

> Es ist wahr, meine Liebe, im Umgange fand man immer, daß ich viel Verstand hätte; ich denke aber, daß diese Art von Verstand sich besser anhört, als lesen läßt.
> Wir hübschen Weiber – ich war hübsch – haben immer mehr Verstand, als sonst jemand. Sind wir nur nicht ganz einfältig, so denken die Männer immer nicht daran, das, was wir sagen, nach seinem wahren Werthe zu schätzen; sie hören, und sehen uns dabey ins Gesicht : so gewinnt das, was wir sprechen, auf Rechnung dessen, was sie sehen. (Marivaux 1791 : 3)

> Il est vrai que dans le monde on m'a trouvé de l'esprit; mais, ma chère, je crois que cet esprit-là n'est bon qu'à être dit, et qu'il ne vaudra rien à être lu.
> Nous autres jolies femmes (car j'ai été de ce nombre), personne n'a plus d'esprit que nous quand nous en avons un peu; les hommes ne savent plus alors la valeur de ce que nous disons : en nous écoutant parler, ils nous regardent, et ce que nous disons profite de ce qu'ils voient. (Marivaux 1882 : 3)

Betrachtet man das Originalwerk von Unger, wird man sagen dürfen, dass Fragen des öffentlichen Redens der Frau – das ein Reden in einer von Männern beherrschten Öffentlichkeit darstellt – von hoher Dringlichkeit gewesen sind. Das drückende Problem, als redende Frau zugleich gefallen zu müssen, reflektiert Unger beispielsweise in den *Briefen einer reiſenden Dame* (Anonym 1798 : 290). Marivaux formuliert die Hauptschwierigkeit weiblichen Schreibens im 18. Jahrhundert : die autonome, d. h. vom Vorurteil des Mannes freie Rede. Es ist kaum zu glauben, dass die Übersetzerin diese Passage überlesen haben könnte. Auch ihr Umgang mit Marivaux' Inszenierung des Textes deutet auf eine Auseinandersetzung hin : Sie ersetzt Marivaux' fiktiven Herausgeber durch ihren eigenen *Vorbericht*. Dieser Vorbericht aber ist eine Reflexion über den eigenen Stil.

Nun gehört freilich die Reflexion des Übersetzungsstils zur Topik der Übersetzungsvorrede. Bereits in der *Vorerinnerung deſ Ueberſezzerſ* (1782) von Rousseaus *Confeſſionſ* hatte Unger über den Stil reflektiert, jedoch recht kritisch. Die männlich-neutrale Übersetzer-Instanz habe die « Eigenheiten des Rousseauschen Stils » durchschimmern lassen :

> Ich würde fehlerhaft zu übersezzen geglaubt haben, wenn ich einem Buche von dieser Art, das charakteristische in dem Stil des Verfassers durch mehr Leichtigkeit des Ausdruks und Periodenbaus übertüncht hätte. (Anonym 1782 : n. p.)

Zum Ausdruck gebracht wird ein Vorbehalt gegen Rousseaus Stil. Marivaux' Stil hingegen wird bejaht. Im *Vorbericht* der Marivaux-Übersetzung von 1791 spricht Unger ebenfalls von den «Schwierigkeiten und Eigenheiten des Marivauxschen Styls». Aber nunmehr fürchtet sie, ihn «durch gar zu auffallende Steifheit verunstaltet» (U. geb. R. 1791 : III) zu haben. Bei jenem hätte sie verbessern müssen, diesem aber könne sie nicht das Wasser reichen.

Ungers Stilkritik schafft wie schon in der *Vorerinnerung* zu Rousseaus *Bekenntnissen* eine Differenz zwischen Original und Übersetzung. Aber die Stoßrichtung hat gewechselt. Rousseaus Stil würde sie am liebsten verbessert haben. Ihre ‹Leichtigkeit› des Ausdrucks steht Rousseaus ‹Eigenheiten› gegenüber. Aber gegen die Leichtigkeit Marivaux' wirke ihre nur steif. Man darf daraus schließen, dass Leichtigkeit ihr eigenes, leider verfehltes Stilideal und die Stiltugend von Marivaux sei, dagegen Steifheit Rousseaus stilistisches *vitium*. Zumindest im *Vorbericht* bekennt die Übersetzerin, Marivaux' Leichtigkeit, die literaturwissenschaftlich gesprochen in der speziellen Form der erlebten Rede in erster Person besteht, immer erfasst zu haben.

Handelt es sich in der *Vorerinnerung des Uebersezzers* (von Rousseau) um einen Gemeinplatz, mit dem sich die stilistische Verfassung der Übersetzung rechtfertigen lässt (alle Schwächen der Übersetzung gehen auf das Original zurück), so liegen die Dinge im *Vorbericht* zur Marivaux-Übersetzung anders : nicht Rechtfertigung, sondern Selbstbezichtigung. Mit anderen Worten lässt sich die Übersetzerin von Marivaux' Bescheidenheitsrhetorik affizieren.

Durch die Einstimmung in die Bescheidenheitsrhetorik und die Ersetzung der originalen Herausgeberrede durch den *Vorbericht* der Übersetzerin aber fügt sich der *Vorbericht* in die Struktur der Originalpublikation ein. Der Paratext kommuniziert mit dem Anfang des übersetzten Textes. Statt

Marivaux, Herausgeber und Marianne liegt nunmehr eine Beziehung vor zwischen Marivaux, der Übersetzerin und Marianne.

In dieser Dreiecksbeziehung wagt es Unger, hinter ihrem Paravent hervorzutreten, sich zu zeigen und schließlich das Original, das in ihrer Sache zu sprechen scheint, sich anzueignen. Tatsächlich versteht sich die Übersetzerin als Schauspielerin, wenn sie sagt : « ich gebe die liebenswürdige geschwätzige Französin, wie sie aus ihres Schöpfers Händen kam » (U. geb. R. 1791 : III). Durch die Ersetzung des fiktiven Herausgebers mit der realen Übersetzerin und der Übernahme der Marianne-Rolle wird Unger zur Figur von Marivaux. Ihre Übersetzung ist damit ein Bekenntnis zu einer Bekenntnisliteratur, die um ihren literarischen und fiktionalen Charakter weiß. Die Übersetzerin durchschaut das Spiel und wird gleichzeitig zur Mitspielerin. Die Außergewöhnlichkeit dieser Bühnenszene besteht, wie gesagt, in ihrer Einmaligkeit. Nirgends zeigt sich Friederike Helene Unger deutlicher als in dieser Publikation.

Der Lehrsatz aus Marivaux' Stilschule, dass man den Stil am freiesten ausbilde, wenn man vorgibt, keinen zu haben, wirkt rezeptionssteuernd. Im *Nachtrag zu den Büsten Berlinischer Gelehrten, Schriftsteller und Künstler* von 1792 schlägt Ungers Stilreflexion umgehend zu Buche. « Die Frau Buchdrukker » Unger habe – heißt es unmittelbar vor Erwähnung der Marivaux-Übersetzung in einer ansonsten sexistischen Darstellung – « einen guten *Styl* » (zitiert nach Giesler 2003 : 33). Das Urteil bedeutet angesichts der phallischen Implikationen des Stilbegriffs und seiner damaligen Begrenzung auf das männliche Schreiben eine Aufwertung von Ungers weiblicher Autorschaft.

Bibliographie

Anonym [Friederike Helene Unger], « Vorerinnerung des Uebersezzers », in *Karoline von Lichtfeld. Eine Geschichte in zwei Theilen*, Berlin, Johann Friedrich Unger, 1787, n. p.

Anonym [Friederike Helene Unger], « Über Berlin. Aus den Briefen einer reisenden Dame », in *Jahrbücher der Preußischen Monarchie unter der Regierung Friedrich Wilhelms des Dritten* 2, 1798, pp. 17–33, 133–143, 287–302.

Anonym [Friederike Helene Unger], « Vorerinnerung des Uebersezzers », in *J. J. Rousseau's Bekenntnisse*, Erster Theil, Berlin, Johann Friedrich Unger, 1782, n. p.

BOSSE, Heinrich, *Autorschaft ist Werkherrschaft. Über die Entstehung des Urheberrechts aus dem Geist der Goethezeit*, Paderborn, Schöningh, 1981.

GIESLER, Birte, *Literatursprünge. Das erzählerische Werk von Friederike Helene Unger*, Göttingen, Wallstein, 2003.

GRAEBER, Wilhelm, « Subjektive Welterfahrung und perspektivisches Erzählen : Marivaux, *La Vie de Marianne* », in Dorothea Kullmann (Hg.), *Erlebte Rede und impressionistischer Stil. Europäische Erzählprosa im Vergleich mit ihren deutschen Übersetzungen*, Göttingen, Wallstein, 1995, pp. 71–87.

KORD, Susanne, *Sich einen Namen machen. Anonymität und weibliche Autorschaft 1700–1900*, Stuttgart, Metzler, 1996.

LEHMSTEDT, Mark, « ‹ Ich bin nun vollends zur Kaufmannsfrau verdorben ›. Zur Rolle der Frau in der Geschichte des Buchwesens am Beispiel von Friederike Helene Unger (1751–1813) », in *Leipziger Jahrbuch zur Buchgeschichte*, 6, 1996, pp. 81–154.

MARIVAUX, [Pierre Carlet de], *La vie de Marianne*, précédée d'une notice par M. de Lescure, Vol. 1, Paris, Librairie des Bibliophiles, 1882.

MARIVAUX, [Pierre Carlet de], *Marianens Begebenheiten. Aus dem Französischen des Marivaux, Erster Theil*, Berlin, Johann Friedrich Unger, 1791. (Universitätsbibliothek Heidelberg)

MORITZ, [Karl Philipp], « Vorrede », in *Maria. Eine Geschichte in zwei Bänden. Aus dem Englischen übersetzt*, 2 Bde., Berlin, Johann Friedrich Unger, 1786, n. p.

NEBRIG, Alexander, « Helene Ungers Übersetzung des ersten Teils von Rousseaus ‹ Confessions › im Kontext der deutschen Bekenntnisliteratur um 1800 », in Brunhilde Wehinger & Hilary Brown (Hg.), *Übersetzungskultur im 18. Jahrhundert. Übersetzerinnen in Deutschland, Frankreich und der Schweiz*, Hannover, Wehrhahn, 2008, pp. 87–119.

PABST, Stephan, « Anonymität und Autorschaft. Ein Problemaufriss », in Stephan Pabst (Hg.), *Anonymität und Autorschaft. Zur Literatur- und Rechtsgeschichte der Namenlosigkeit*, Berlin, De Gruyter, 2011, pp. 1–34.

RAABE, Paul & Mechthild (Hg.), Adolph Freiherr von Knigge, Friedrich Nicolai, *Briefwechsel 1779–1795*, Göttingen, Wallstein, 2004.

SCHINDEL, August von, *Die deutschen Schriftstellerinnen des neunzehnten Jahrhunderts*, Bd. 2, Leipzig, Brockhaus, 1825.

U[nger]. GEB. R[othenburg]., Friederike, « Vorbericht », in *Marianen's Begebenheiten. Aus dem Französischen des Marivaux, Erster Theil*, Berlin, Johann Friedrich Unger, 1791, pp. 3–4.

VENUTI, Lawrence, *The Translator's Invisibility. A History of Translation*, London, Routledge, 2008.

« Wir haben uns große Freyheiten mit unserm Original genommen » :

Benedikte Nauberts Übersetzungen und ihre genderspezifische Relevanz[*]

Daniele Vecchiato

Abstract

This article offers an overview on Benedikte Naubert's translation practice and the way it evolved through the years : while in her first translations the author tended to adhere closely to the originals, her later production presents a growing number of creative traits, which testify to her increased sensibility as a mediator as well as her confidence as a writer. In translation Naubert found a means not only to earn money, but also to hone her literary skills and actively participate in the European cultural exchanges circa 1800. Especially in her later translations Naubert seems to express her will for emancipation as a writer. However, she does not exploit her role as a translator of ‹ female fiction › in order to spread a progressive view on women's role in society. On the contrary, she occasionally inserts passages or short remarks that confirm the gender stereotypes of her time, instead of promoting alternative concepts of femininity. Naubert's translations may thus be innovative regarding her approach to foreign texts, but they are quite conservative in the portrayal of women and the elaboration of gendered clichés.

---

[*] Der vorliegende Beitrag entstand im Rahmen eines durch ein Stipendium der Fritz Thyssen Stiftung geförderten Forschungsprojekts.

Die bekannte Unbekannte

Benedikte Naubert, eine der ersten professionellen Schriftstellerinnen im deutschsprachigen Raum, ist heute vor allem als Begründerin oder Pionierin des modernen historischen Romans bekannt, da ihre Werke laut Forschung das Modell für Walter Scotts Romane geliefert haben (vgl. zuletzt Reitemeier 2001). 1752 in Leipzig geboren, genoss die Autorin eine für damalige Verhältnisse herausragende Bildung: Durch ihre älteren Brüder, die als Universitätsprofessoren tätig waren und über eine reichlich ausgestattete Bibliothek verfügten, wurde sie in die klassischen Sprachen, in Geschichte und Philosophie eingeführt und erlernte selbstständig Französisch, Englisch und vermutlich auch Italienisch (vgl. Schindel 1825 : II, 32f.). Von 1779 bis zu ihrem Tod im Jahr 1819 veröffentlichte sie rund vierzig Romane, zwei Märchensammlungen und zahlreiche Erzählungen, wodurch sie zu den produktivsten und meistgelesenen Autorinnen der sogenannten Goethezeit zählt.

Naubert, die sich der Benachteiligung der weiblichen Intellektuellen ihrer Zeit bewusst war, veröffentlichte ihre Werke anonym oder unter männlichem Titlonym, weil sie in der Geheimhaltung ihrer Schriftstellerexistenz eine «sichrere Hülle», einen «vestalische[n] Schleyer vor Lob und Tadel» sah (Naubert 1986 : 22). Gerade durch ihre Anonymität führte sie ihre männlichen Kollegen in die Irre und gewann nicht selten ihre Anerkennung : In einem Brief an Friedrich Schiller vom November 1788 lobte zum Beispiel Christian Gottfried Körner drei Naubertsche Romane und vermutete, dass sie die «Produkte [...] von einem Manne, und von keinem mittelmäßigen Kopfe » sein mussten (NA XXXIII/I, 243). Als Nauberts Identität ein paar Jahre vor ihrem Tod gegen ihren Willen enttarnt wurde, hatte die Autorin das Gefühl, man habe ihr « das Weyhrauchsfaß so unbarmherzig an den Kopf geworfen, daß [sie] es wohl eine Weile fühlen werde » (Naubert 1986 : 99). Vielleicht auch aufgrund ihrer Bescheidenheit blieb Nauberts Position im öffentlichen Geistesleben der Zeit eher marginal : Ihre Werke wurden breit rezipiert, nachgedruckt und in mehrere Sprachen übersetzt, als Person blieb sie jedoch in Literatenkreisen so gut wie unbekannt.

Die Figur und das Opus Benedikte Nauberts, deren Erforschung bereits Anfang des 20. Jahrhunderts einsetzte (vgl. Touaillon 1918 ; Schreinert 1941), haben besonders in den letzten Jahren wachsende Beachtung seitens der Literaturwissenschaft erhalten (vgl. u. a. Scheibler 1997 ; Martin 2006 ; Oerke 2006 ; Hareter-Kroiss 2010). Während aber Nauberts Erzählwerk mittlerweile gewinnbringend erforscht wurde, ist ihre überaus fruchtbare Tätigkeit als Übersetzerin weitgehend unberücksichtigt geblieben. Diesem vernachlässigten Aspekt ihrer schriftstellerischen Produktion hat Hilary Brown ein wertvolles Kapitel ihrer Studie über Nauberts Beziehungen zur englischen Kultur gewidmet, das den Ausgangspunkt für die vorliegende Untersuchung bildet (Brown 2005 : 22–50).

Nach einem Überblick über die wichtigsten Züge der Naubertschen Übersetzungspraxis, die zwischen absoluter Texttreue und eher adaptierenden Verfahren schwankt, wird das Augenmerk vor allem auf jene Werke gerichtet, die einen freien Umgang mit fremden Texten erkennen lassen. Anhand repräsentativer Vergleiche der Translate mit den Originalen wird sich zeigen, dass Naubert besonders in ihren späteren

Übersetzungen keineswegs unsichtbar bleibt[1], sondern ihre Kreativität und ihr auktoriales Selbstbewusstsein exponiert. Zum Schluss wird der Frage nachgegangen, ob ein solches bearbeitendes oder « manipulatives » Verfahren (Hermans 1985) Naubert zu einer « feministischen Übersetzerin » *avant la lettre* macht, d. h. zu einer untreuen und unbescheidenen Übersetzerin, die nach der Definition von Barbara Godard ihre kritische Distanz zum Text markiert, ihre Vermittlungsrolle reflektiert und ihre aktive Teilnahme an der Wissens- und Bedeutungsproduktion geltend macht (Godard 1995 : 94).

Benedikte Naubert als Übersetzerin

Nach aktuellem Forschungsstand hat Naubert 14 Romanübersetzungen aus dem Englischen und eine aus dem Französischen angefertigt (vgl. Brown 2005 : 28–31). Letztere gilt allerdings als verschollen, genauso wie die unvollendete metrische Übersetzung der *Night Thoughts* (1742–1745) von Edward Young, die nach dem Tod der Autorin angeblich unter ihren Papieren gefunden wurde[2]. Lange Zeit wurde Naubert auch eine Prosa-Adaption der epischen Dichtung *Orlando innamorato* (1483–1495) von Boiardo zugeschrieben, die allerdings von Wilhelmine Schmidt, der Frau und ‹ Gehülfin › eines Berliner Romanisten, stammt (vgl. Tully 2013 : 132f.).

---

1   Zur Frage der (Un-)Sichtbarkeit des Übersetzers vgl. Venuti 1995.
2   Nauberts Beschäftigung mit Young könnte durch die Arbeit an *Narcisse*, der Übersetzung eines noch nicht ermittelten englischen Romans, angeregt worden sein. Am Romanende werden nämlich vier Verse aus den *Night Thoughts* zitiert, die Naubert jedoch in englischer Sprache wiedergibt, weil sie ihr als « unübersetzbar » erscheinen (Naubert 1793 : 384).

Es ist anzunehmen, dass Naubert hauptsächlich aus ökonomischen Gründen übersetzte, da die meisten Translate in jene Phase ihres Lebens fallen, in der sie mit ihrer verwitweten Mutter zusammenlebte und mit ihren Publikationen entscheidend zum Haushaltseinkommen beitrug[3]. Doch wie sich zeigen wird, fand die Autorin im Übersetzen nicht nur eine Möglichkeit, Geld zu verdienen, sondern auch eine Gelegenheit, sich künstlerisch zu entfalten und die kulturellen Austauschprozesse ihrer Zeit aktiv mitzuprägen.

In den Jahren ihrer intensivsten übersetzerischen Tätigkeit (1786–1794) lebte Naubert noch in Leipzig, dem Mittelpunkt des damaligen deutschen Buchhandels. Mit aller Wahrscheinlichkeit war sie durch die Kataloge der Buchmesse, die zahlreichen Leihbibliotheken und Lesezirkel der Stadt sowie die Lektüre internationaler Zeitschriften und Rezensionsorgane über die zeitgenössischen Neuerscheinungen in anderen Ländern gut informiert[4]. Aufgrund der dürftigen Informationen zu ihren Kontakten mit den Verlegern[5] ist es leider nicht möglich zu ermitteln, ob es sich bei den Übersetzungen um Auftragsarbeiten handelt oder ob sie die Originale selbst wählen durfte. Die meisten von Naubert übersetzten Bücher sind Familien- bzw. empfindsame Romane in Richardsonscher Manier, ein Genre, das in der sonstigen Produktion

---

[3] Zur Übersetzung als Erwerbstätigkeit für Frauen um 1800 vgl. Walter 2002. Für Überblicke über die Arbeitsbedingungen und die Rolle deutscher Übersetzerinnen in der Goethezeit vgl. auch Piper 2006 und Bachleitner 2012.

[4] Zu den Wegen der Distribution englischen Schrifttums im deutschen Buchhandel des 18. Jahrhunderts vgl. Willenberg 2008: 95–156.

[5] Die meisten überlieferten Briefe der Autorin datieren auf die Zeit ab 1805, als Naubert bereits aufgehört hatte zu übersetzen.

der deutschen Schriftstellerin wenig Raum findet. Außerdem übersetzte sie *gothic novels* und historisch gefärbte Romane, die ihrer literarischen Neugierde und ihrem Stil deutlicher entsprechen, darunter Sophia Lees Werk *The Recess* (1783–1785), das Naubert zur Entfaltung der sogenannten ‹Zweischichtentechnik›, der Integration historisch belegter Referenzen in eine fiktive Haupthandlung, inspiriert haben könnte (vgl. Brown 2005 : 67–70).

Auffällig ist darüber hinaus die Tatsache, dass alle von Naubert übersetzten Romane – soweit bekannt – von Auto*rinnen* stammen, mit denen sie in eine Art Dialog eintritt. Sie verweist in ihren Translaten nämlich oft auf die «Urschreiberinnen» der Texte und kommentiert – mal wohlwollend, mal vorwurfsvoll – die Leistung der britischen Kolleginnen. Zugleich deutet sie explizit auf die weibliche Leserschaft der Texte hin, indem sie die «Leserinnen» direkt anspricht. Es ist schwer zu bestimmen, bis zu welchem Grad Naubert ihre Tätigkeit als Übersetzerin von Frauen für Frauen mit dem Ziel betrieb, eine weibliche Tradition in der deutschen Populärliteratur zu etablieren; sicher ist jedenfalls, dass sie in ihren Translaten gleichsam ein weibliches Kommunikationsdreieck zwischen Autorin, Übersetzerin und Rezipientinnen etabliert, das aufgrund des gemeinsamen Erfahrungshintergrundes als Frau in einer männlich geprägten Gesellschaft die Identifikation und die reziproke Sympathie fördern musste.

Nauberts Übersetzungspraxis zwischen Texttreue und Innovation

Wie bereits angedeutet, arbeitete Naubert bei der Transponierung englischer Romane ins Deutsche sowohl textnah als auch frei[6]. Eine übersetzungsgeschichtliche Erklärung für diese widersprüchlich erscheinende Arbeitsweise könnte in dem gerade Ende des 18. Jahrhunderts stattfindenden Übergang von der traditionsreichen Auffassung der Übersetzung als *belle et infidèle* hin zu einer philologisch präziseren Übersetzung liegen, die das ganze 19. Jahrhundert prägen wird. Ebenso plausibel ist die Hypothese, dass sehr konkrete Bedingungen Nauberts Übersetzungspraxis beeinflusst haben können: die unterschiedlichen Vereinbarungen mit den Verlegern, die zur Verfügung stehende Zeit und nicht zuletzt ihre wachsende auktoriale Reife, die sich in der raffinierten Arbeitsweise der späteren Übersetzungen immer deutlicher manifestiert. In diesem Sinne kann im Hinblick auf Nauberts anfängliche Übersetzertätigkeit von einer Phase der ‹ naiven Treue › gesprochen werden, in der das Übersetzen als ein eher handwerklich-pragmatisches Problem aufgefasst wird, während in den späteren Texten diese Art der unselbstständigen, mehr oder weniger bewusst verfremdenden Übersetzung allmählich durch eine Arbeitsweise ersetzt wird, die den Ansprüchen der Zielkultur mehr Tribut zollt[7]. Das beste Beispiel hierfür bietet der Schauerroman *Corelia* (1803), in welchem bereits auf der Titelseite ausdrücklich betont wird, er sei «[n]ach dem Englischen frey bearbeitet» und nicht – wie in anderen Fällen – schlicht «aus dem Englischen übersetzt» worden[8].

6   Grundsätzliches zum englisch-deutschen Kulturtransfer um 1800 findet sich bei Stark 1999 und Fabian 2003.
7   Zu den Stufen der Fremdwahrnehmung in deutschen Übersetzungen des 18. Jahrhunderts vgl. Graeber 1992 : 83f.
8   Für eine theoretische Differenzierung der Begriffe «Übersetzung» und «Bearbeitung» vgl. Schreiber 1993.

So neigt Naubert vor allem in den frühen Übersetzungen dazu, die Ausgangstexte wortwörtlich oder mit nur geringfügigen Retuschen ins Deutsche zu übertragen. Diese mimetisch-mechanische Arbeitsweise bestärkt die These, dass die Autorin zumindest am Anfang aus rein finanziellen Gründen übersetzt hat. Manchmal sind ihre Versionen so stark an den englischen Vorlagen orientiert, dass sie syntaktische und lexikalische Irritationen enthalten. Dies ist etwa der Fall bei dem atemlosen Incipit des Romans *Miß Louise Fox* (1792), das sich fast wie eine Interlinearübersetzung liest (vgl. Brown 2005 : 33), oder bei den gelegentlichen Anglizismen und Lehnprägungen, wie « Traktamente » (Naubert 1791a : 255) oder « delicat » (Naubert 1803 : I, 136), die auf eine schnelle, unüberlegte Arbeitsmethode hindeuten. In anderen Fällen nimmt Naubert mehr Rücksicht auf das Zielpublikum und bevorzugt domestizierende Übersetzungstechniken, zum Beispiel wenn sie die Namen der Romanfiguren verdeutscht, kulturfremde Realia paraphrasiert[9] oder englische Wörter mit einer kurzen Erklärung auf Deutsch in die Übersetzung aufnimmt[10].

Im Allgemeinen bedient sich Naubert keiner Vorworte oder sonstigen Paratexte, um über ihre Arbeitsmethode Auskunft zu geben oder sich innerhalb der lebendigen überset-

---

9   Zum Beispiel im Roman *Sitten und Launen der Grossen*, wenn Naubert erklärt, dass Newmarket ein beliebter Ort für Pferderennen ist, was nicht jedem Deutschen geläufig gewesen sein dürfte (vgl. Brown 2005 : 38).
10 Etwa in *Lord Heinrich Holland*, der Übersetzung des anonymen Romans *The Duke of Exeter. An Historical Romance* (1789) : « Sprechen sie Nonsense, albernes unzusammenhängendes Zeug, so verlaßt euch drauf, es sind ehrliche, biederherzige Geschöpfe » (Naubert 1791a : 313).

zungstheoretischen Debatten um 1800 zu positionieren. Eine Ausnahme bildet jedoch die Vorrede zum galanten Roman *Lord Heinrich Holland* (1791), in welche Naubert eingreift, um ihre Entscheidung zu rechtfertigen, das englische Personalpronomen *you* mit der älteren Höflichkeitsform « Ihr » anstatt « Sie » zu übersetzen, damit das historische Kolorit der Handlung stärker hervortreten kann. Und im selben Roman setzt Naubert eine Fußnote, in der sie über die Schwierigkeit einer adäquaten Übersetzung des Adjektivs *profligate* reflektiert, das sie zunächst mit der Wendung « berüchtigter Wollüstling » umschreibt und später mit « lüderlich » übersetzt (Naubert 1791a : 332 ; 369). Solche Überlegungen hinsichtlich der Sprache und der eigenen übersetzerischen Entscheidungen zeugen nicht nur von einer ausgeprägten sprachlichen Sensibilität der Übersetzerin, sondern zeigen gleichzeitig, dass Naubert ihre Rolle als Vermittlerin zwischen zwei Sprach- und Kultursystemen sehr ernst nahm.

Als selbstbewusste Akteurin des kulturellen Transfers erweist sich Naubert vor allem in ihrer mittleren und späteren übersetzerischen Schaffensphase (ca. 1791–1803), in der die Autorin für eine weniger wortgetreue Wiedergabe der Texte optiert. Hier verletzt sie durch Kommentare, Bearbeitungen, Kürzungen oder Bereicherungen der Originale das Gebot der Unsichtbarkeit des Übersetzers und unterstreicht dadurch ihre eigene Autori(ali)tät. So greift sie beispielsweise in die Texte ein, um kühne Passagen oder Schimpfwörter zu zensieren, etwa wenn sie im Roman *Corelia* die Verwünschungen eines Vaters gegenüber seiner Tochter erheblich kürzt und mildert :

> Look up, base wretch, and prepare to listen ! [...] May misery, want, and every mental anguish be your everlasting pun-

> ishment, while I here banish you from my sight forever! The honour of the family, for whose disgrace you were born, cannot by you be more grossly stained than it is by your conduct! [...] Go then, wander forth a vile prostitute, the scorn and contempt of society – a dreadful example of the efficacy of a parent's curse! (Sheriffe 1802 : III, 33f.)

> Dies ist *Dein* Werk, Elende! schrie er, gehe nun hin, verschmachte in Mangel, Schande und Kummer Dein verbrecherisches Leben! Verbannt bist Du auf ewig! verbannt aus meinen Augen! mir ewig fremd! Ein Denkmahl von dem väterlichen Fluche! (Naubert 1803 : II, 103f.)

An anderen Stellen lässt Naubert Nebenfiguren weg oder kondensiert aus ihrer Sicht entbehrliche Episoden – und betont dabei ihre eigene Präsenz im Text : In *Sitten und Launen der Grossen* (1794), einer gekürzten Übersetzung des fünfbändigen Romans *Anecdotes of the Delborough Family* (1792) von Susannah Gunning, kommen zum Beispiel Begleitsätze vor wie « Wir wollen diese [Liebes-]Scene ins Kurze ziehen » oder « der Uebersetzer [!] hat [diese lange Episode] möglichst abgekürzt » (Naubert 1794 : 208 ; 209).

Um die Ausgangstexte an den Geschmack des Zielpublikums anzupassen, bereicherte sie Naubert – möglicherweise in Absprache mit den jeweiligen Verlegern – manchmal um Elemente, die für dieses attraktiv zu sein versprachen. Das zeigt sich zum Beispiel an der verkaufsstrategischen Veränderung der Titel mancher Romane, die den deutschen Leser ansprechen mussten, auch wenn sie dem Inhalt des Buchs nicht immer entsprachen. So wird dem Briefroman *Narcisse* (1793) der Untertitel *Eine englische Wertheriade* hinzugefügt, obwohl der Text nur wenige Parallelen mit Goethes Bestseller aufweist, während sich die Protagonistin des bereits erwähnten Romans *Miß Louise Fox oder Reise einer jungen Engländerin durch einige Gegenden von Deutschland eigentlich die meiste Zeit in England und den Niederlanden aufhält (vgl. Brown 2005 : 34).

Weitreichendere Anpassungen erlaubt sich Naubert, wenn sie einzelne inhaltliche Aspekte der Originale verändert, um dem Erwartungshorizont des Zielpublikums gerecht zu werden. Ein gutes Beispiel hierfür liefert die Übersetzung des Schauerromans *Rosenberg. A Legendary Tale* (1789) von Ann Hilditch, die unter dem Titel *Graf Rosenberg, oder das enthüllte Verbrechen* (1791) veröffentlicht wurde. Bereits bei einer kontrastiven Lektüre der Anfänge der beiden Texte fällt auf, dass Naubert für ihre Version einen historischen Rahmen schafft, der in der englischen Fassung nicht gegeben ist:

> Two hundred winters have disrobed the wide forests of Bohemia, and as many vernal suns renewed their verdure, since the disconsolate Lothair [...] took from the castle of Borlaslaw his unconcerted journey. (Hilditch 1789 : 1f.)

> Bald nach Endigung des dreyßigjährigen Krieges (mehr als hundert Winter haben seitdem die böhmischen Wälder entblättert) trat der unglückliche Lothar die traurige Wanderung an, mit welcher wir die Legende von ihm beginnen. (Naubert 1791b : 3)

Während der Roman von Hilditch keine bestimmten Zeitkoordinaten aufweist, verortet Naubert ihre Geschichte in der Epoche des Dreißigjährigen Kriegs und verweist im Incipit sowie in einzelnen Passagen im Laufe des Romans deutlich auf den traumatischen Konflikt des 17. Jahrhunderts (vgl. Vecchiato 2015 : 146–150). Auch der Untertitel der Übersetzung betont ausdrücklich, dass wir es mit einer *Geschichte aus der letzten Zeit des dreyßigjährigen Krieges* zu tun haben. Der Grund für diese Veränderung ist, dass das Thema des

Dreißigjährigen Kriegs in der deutschsprachigen Literatur des späten 18. Jahrhunderts Konjunktur hatte: Naubert, die Erfinderin des historischen Romans, verfolgt mit ihrer *Rosenberg*-Übersetzung wohl die Absicht, das literarische Potenzial des beliebten historischen Themas auszunutzen und produktiv zu machen. In diesem Fall beschränkt sie sich also nicht nur auf die sprachliche Vermittlung zwischen zwei Kulturen, sondern bewirkt zugleich eine Domestizierung der Alterität durch geschickte Veränderungen des Originals, die den Tendenzen des Buchmarkts und den Vorlieben des Publikums gerecht werden sollten.

Die radikalste Bearbeitung einer englischen Vorlage legt Naubert mit dem bereits erwähnten Werk *Corelia, oder die Geheimnisse des Grabes* vor, der Übersetzung von Sarah Sheriffes Schauerroman *Correlia, or The Mystic Tomb* (1802). Bei Sheriffe beginnt die Handlung *in medias res* und die Erzählinstanz rekonstruiert die Vorgeschichte analeptisch im Verlaufe des Romans: Es treten zwei Corelien und zwei Friederiken in Erscheinung und die Zeit- und Erzählebenen sind wegen der vielen Rückblenden schwer überschaubar. Aus diesem Grund ordnet Naubert die gesamte Geschichte nach einem deutlicheren chronologischen Schema und verflüssigt die Informationsdichte, um die Lektüre zu vereinfachen. So antizipiert bzw. retardiert sie einige Entwicklungen, betreibt eine Art Patchwork-Arbeit mit den verschiedenen narrativen Segmenten und fügt dem ursprünglichen Text sogar beliebte literarische Kunstgriffe – wie das Wiederfinden alter Briefe – hinzu, um die langwierige Erzählung abwechslungsreicher zu gestalten:

Sheriffe	Naubert	Sheriffe	Naubert
Vol. I	Erster Theil	Vol. I, pp. 1–55	Erster Theil, S. 3–124 : freie Bearbeitung der ersten Kapitel, Erzählrahmen, Ordnung nach einem chronologischen Schema
		Vol. I, pp. 55–324	Erster Theil, S. 124–287 : (z.T. freie) Übersetzung
Vol. II (ch. I–XII)		Vol. II, pp. 1–260	Erster Theil, S. 287–494 : (z.T. freie) Übersetzung
Vol. II (ch. XIII–XV)		Vol. II, pp. 260–335	Zweyter Theil, S. 3–70 : (z.T. freie) Übersetzung
Vol. III + Vol. IV	Zweyter Theil	Vol. III, pp. 1–182	Zweyter Theil, S. 70–247 : freie Übersetzung mit vielen Kürzungen und Bearbeitungen
		Vol. III, pp. 182–252	Zweyter Theil, S. 247–405 : freie Bearbeitung + Erfindung (z. B. Briefe, S. 255–298)
		Vol. IV, pp. 1–363	+ Zusammenfassung der wichtigsten Ereignisse des IV. Bandes
		Vol. III, pp. 252–350	Zweyter Theil, S. 405–534 : (z. T. freie) Übersetzung

Die Übersetzerin, die sich über die « Geschwätzigkeit [der] Urschrift » (Naubert 1803 : II, 210) beschwert, komprimiert den Inhalt der vier Bände des Originals auf zwei Bücher, indem sie weniger relevante Passagen zusammenfasst und zweitrangige Episoden komplett streicht, sodass sie gegen Ende des zweiten Buchs zugeben muss :

> Wir haben uns große Freyheiten mit unserm Original genommen. Während die Feder der Verfasserin uns kein Wort vorenthielt, welches in der verwickelten, fast hätten wir gesagt verwirrten Geschichte des geheimnißvollen Grabes aus irgend einem Munde fiel, faßten wir nun einzelne Züge der Entwicklung auf, so wie sie war, oder seyn konnte, und nun – stehen wir plötzlich am Ende [...]. (*Ibid.* II, 393)

Ein Beispiel dieser Freiheiten betrifft die Figur des Montbeillard, eines adligen Freiers der jungen Corelia, der im englischen Original in den Krieg gegen die Türken geschickt wird, um am Ende zur Protagonistin zurückzukehren. Naubert erspart ihm dieses turbulente Schicksal und belässt ihn an der Seite seiner Geliebten. Sie kommentiert ihre Entscheidung folgendermaßen: « [I]ch glaube, die mitleidigen Leserinnen werden mir es danken, daß ich ihn von der Reise nach dem Erbfeind zurückrief, wohin ihn die grausame Urschreiberin [!] gesandt hatte, um Loorbeern zu holen, die er zu den Myrthen der Liebe nicht nöthig hatte » (*Ibid.* II, 398).

Sichtbarkeit als Kennzeichen einer *traduction féminine* ?

Als feinfühlige und engagierte Vermittlerin zwischen dem englischen und dem deutschen Sprachraum leistete Naubert mit ihren zahlreichen Romanübersetzungen einen bedeutenden Beitrag zur transkulturellen Kommunikation in der Zeit zwischen Spätaufklärung und Frühromantik. In einzelnen Fällen pflegte sie selbstbewusst einen schöpferischen Umgang mit den fremden Texten, sodass ihre freien Translate nicht nur einen Einblick in die Dynamiken des verkaufsorientierten deutschen Buchmarktes der Goethezeit gewähren, sondern darüber hinaus von ihrer Kreativität und Lebendigkeit als Schriftstellerin zeugen, die in der Übersetzung ebenfalls eine Möglichkeit fand, sich literarisch zu behaupten. Obgleich Nauberts Übersetzertätigkeit am Anfang nur finanziell motiviert zu sein scheint, wächst mit der Zeit die Leidenschaft der Autorin für die Transponierung fremder Texte ins Deutsche, bis Verfahren origineller Schreibproduktion zum festen Bestandteil ihrer übersetzerischen Praxis werden: Während sie in den frühen Proben als Übersetzerin ganz und gar unsichtbar bleibt, markiert sie in den späteren Werken ihre stolze Präsenz.

Wie aber ist die Sichtbarkeit der Übersetzerin in den freieren Translaten zu bewerten? Und inwiefern sind diese aus genderspezifischer Perspektive interessant? Um diese Fragen zu beantworten, seien hier kurz die Grundannahmen der feministischen bzw. genderinformierten Übersetzungswissenschaft resümiert, die seit den 1990er Jahren zum wichtigen Bestandteil der kulturalistischen Translatologie geworden ist. Der Ausgangspunkt der feministischen *Translation Studies* ist der Konnex zwischen der Disparität der Geschlechter auf sozialer Ebene und dem ungleichen, hierarchischen Verhältnis von Original und Übersetzung: Genauso wie die Rolle der Frau in der männlich dominierten Gesellschaft als eine sekundäre aufgefasst wird, so wird die Übersetzung traditionell als ein abgeleiteter, bloß reproduktiver und daher weniger wertvoller Text betrachtet, der nur im Dienste des Ausgangstextes steht, dessen Einzigartigkeit und Genialität er niemals erreichen kann (vgl. Chamberlain 1992). In den Worten von Sherry Simon:

> Both feminism and translation are concerned by the way secondariness comes to be defined and canonized; both are tools for a critical understanding of difference as it is represented in language. The most compelling questions for both fields remain: how are social, sexual and historical differences expressed in language and how can these differences be transferred across languages? What kind of fidelities are expected of women and translators – in relation to the more powerful terms of their respective hierarchies? (Simon 1996: 8)

Vor dem Hintergrund dieser Fragestellungen wurden Übersetzungen von Frauen auf ihre Strategien hin untersucht und gedeutet : Wenn sich die im Verborgenen arbeitende Übersetzerin dem Originaltext unterordnet, bejaht sie ihre marginalisierte Position im Literaturbetrieb wie in der Gesellschaft; wenn sie im Gegenteil aber einen Text bewusst manipuliert bzw. untreu wiedergibt, so bringt sie gewisse emanzipatorische Bestrebungen zum Ausdruck und beansprucht für sich selbst eine « politische » Rolle (vgl. Spivak 1993). Subversive Übersetzungsstrategien, die mit dem Axiom des ‹ heiligen Originals › brechen und die Arbeit der Übersetzerin sichtbar machen, werden somit als Signaturen einer « typisch weiblichen » oder gar « feministischen » Arbeitsweise angesehen (vgl. Flotow 1997 ; Massardier-Kenny 1997 : 58–65 ; Maier 1998 : 98–102).

Doch selbst wenn die Beschreibung und theoretische Eingrenzung einer möglichen *traduction féminine* ausgehend von der komparatistischen Analyse bestimmter Übersetzungspraktiken durchaus legitim ist und zu äußerst interessanten Ergebnissen führen kann, greift sie in einigen Fällen zu kurz. Als ein « powerful agent for cultural change » (Bassnett 2002 : 9), der die eigene Arbeit als einen Akt der bewussten Selektion, Aufarbeitung und Strukturierung von Wissen – und potenziell auch als Instrument des Verschweigens, Verfälschens und der Verweigerung von Information – versteht, kann sich nämlich jeder Übersetzer dieser oder jener Technik bedienen, um den Originaltext zu verändern, ohne unbedingt feministische Ideale vertreten zu wollen. Maßgebend für eine « feministische Übersetzung » ist also nicht so sehr eine bestimmte translatorische Praxis, sondern vielmehr der ideologische Metadiskurs, der hinter den einzelnen übersetzerischen Entscheidungen steht und diese motiviert (vgl. Wallmach 2006).

Im Falle Nauberts ist dieser Metadiskurs auf keinen Fall durch eine protofeministische Gesinnung gekennzeichnet. Folgte man der Vermutung, jede innovative, selbstständige Übersetzung von Frauen sei durch ideologisch-politische Ziele motiviert, so ließen Nauberts freiere Translate quasi auf eine militante Übersetzerin schließen, die ein modernes Weiblichkeitsbild propagieren will. Wenn man sich jedoch ihre Eingriffe in die englischen Vorlagen aufmerksamer anschaut, dann stellt man fest, dass die ‹Rebellion› der Übersetzerin gegen die Originale, die durchaus von ihrem persönlichen Wunsch nach Anerkennung als Akteurin im literarischen Feld zu zeugen scheint, nicht notwendigerweise auch ein Engagement für die Gleichstellung und Unabhängigkeit der Frau in der Gesellschaft bedeutet.

Nauberts Konservatisierung des Frauenbildes in der Übersetzung

Bei Naubert ist die Antwort auf die Frage nach der Emanzipation der Frau im literarischen Medium ambivalent. Bereits in ihren eigenen schriftstellerischen Werken scheint die Autorin nämlich die goethezeitliche Polarisierung der Geschlechtercharaktere wie auch die damals herrschende Auffassung zu bestätigen, dass geschlechtsspezifische Differenzen naturgegeben seien[11]. Obwohl sie in ihren Romanen die Möglichkeit hat, die Mann-Frau-Hierarchie zu sprengen, etwa durch die

---

11 Zum Geschlechterdiskurs um 1800 vgl. u. a. Bovenschen 1979: 24–43.

Erfindung von starken Frauenfiguren oder Crossdressing-Szenen, nutzt sie diese Gelegenheit nicht, sondern präsentiert ihre Heldinnen oft innerhalb des herkömmlichen binären Geschlechterrollenschemas (vgl. etwa Maierhofer 2005 : 79–83).

Dieser Konservativismus scheint ebenfalls in Nauberts Übersetzungen durch. Im *Corelia*-Roman zum Beispiel, in dem unkonventionelle Frauengestalten noch unkonventionellere Liebesbeziehungen führen[12], streut Naubert hier und da Kommentare ein, die den Leserinnen ein präskriptives Weiblichkeitsbild vor Augen führen und jede Abweichung von der gesellschaftlich akzeptierten Norm anprangern. So heißt es etwa : « Die Natur, welche frühzeitig ihre Anlagen macht, bildet schon in diesem zarten Alter das Mädchen zur Mutter, zur Versorgerin, und die junge Seele bequemt sich gern nach diesem süßen Rufe » (Naubert 1803 : I, 12). Und als Corelia, die dazu erzogen wird, « in stiller Häuslichkeit zu leben » (*Ibid.* I, 176), ihrer Adoptivmutter im Haushalt hilft, wird sie als eine « Göttin der Reinlichkeit und Ordnung » vorgestellt, die sich Mühe gibt, « die Kinder zu waschen und reinlich zu kleiden », sie zu bekochen und mit ihnen zu spielen (*Ibid.* I, 30f.). Im Gegensatz dazu wird die Baronin Friederike – Corelias Antagonistin – als eine Megäre karikiert, « die der Himmel nicht gebildet hatte Mutter zu seyn » und deren Eifersucht gegenüber dem Baron « schreckliche, der zarten Weiblichkeit ganz unwürdige Scenen [...] veranlaßt[e] » (ebd. I, 134). Solche lapidaren Einschübe, die das goethezeitliche Idealbild der Frau affirmieren, sind im englischen Original nirgends zu finden.

---

12 Die junge Corelia wird beinahe Opfer eines Inzests. Vgl. hierzu Shaffer 1999 : 87–93.

Um die Terminologie der feministischen Translationswissenschaft aufzugreifen, haben wir es hier mit einem *hijacking*-Verfahren zu tun (Flotow 1991 : 78–80), mit einer ‹ Entführung › und Aneignung des Originals, die allerdings nicht zur Propagierung eines fortschrittlichen Frauenbildes, sondern ganz im Gegenteil zu einer ‹ Konservatisierung › des britischen Modells dient.

Diese Übersetzungspraxis erscheint umso bemerkenswerter, wenn man an einen viel zitierten Brief Nauberts an die Dichterfreundin Louise Brachmann denkt, in dem sie über die Position der Frau in der damaligen Gesellschaft reflektiert, um zu dem bittern Schluss zu kommen, dass sich Autorinnen nach den bestehenden gesellschaftlichen Konventionen ihrer Tätigkeit nicht uneingeschränkt widmen können, sondern erst nach der alltäglichen Erfüllung häuslicher Pflichten :

> Wir Dienerinnen am Altar der Musen tragen das Kleid unsrer Weihe nicht wie ein Alltagskleid, sind in unserm Hause gute Mädchen, stille häusliche Frauen, gefällige ergebene Ehegattinnen, geduldige Mütter, Köchinnen, Nätherinnen, Spinnerinnen beiher. (Naubert 1986 : 35f.)

Naubert klagt also einerseits im Privaten über die missliche Lage der Frau; andererseits nutzt sie weder in ihren eigenen Romanen noch in den von ihr übersetzten, *in puncto* Frauenbild teilweise recht modern anmutenden Werken die Gelegenheit, das Streben nach Selbstbehauptung zu thematisieren oder zumindest die Rolle der Frau als Engel des *òikos* zu hinterfragen.

Es bleibt offen, ob Naubert im Zuge besonderer Vereinbarungen mit den Verlegern oder aus reiner Konvention antiemanzipatorische Bemerkungen in ihre Translate einbaute: Schließlich mussten Frauenromane gleichzeitig unterhaltsam sein und zur Tugend erziehen, um sich auf dem deutschen Buchmarkt der Spätaufklärung zu legitimieren. Dadurch aber scheint das Bild des Schwankens zwischen Konservatismus und Innovation, das bei der Beschäftigung mit ihren Übersetzungen entsteht, nicht nur aus textkritischer, sondern auch aus gesellschaftlicher Sicht bedeutsam zu sein. Die Sichtbarkeit der Autorin, die Markierung ihrer Präsenz in den deutschen Textfassungen durch den Rekurs auf adaptierende – und manchmal invasive – Übersetzungsstrategien mag also im Fall Nauberts einen emanzipatorischen Anspruch der Autorin gegenüber dem Original implizieren. Diesem entspricht jedoch kein protofeministisches Anliegen, denn gerade in jenen Texten, in denen Naubert ihre Stimme als kreative, selbstbewusste Übersetzerin erhebt, scheint sie das konservative Frauenbild ihrer Zeit gutzuheißen und zu verbreiten, statt mit literarischen Mitteln zu bekämpfen.

Bibliographie

BACHLEITNER, Norbert, « Striving for a Position in the Literary Field. German Women Translators from the 18th to the 19th Century », in Norbert Bachleitner & Murray G. Hall (Hg.), *« Die Bienen fremder Literaturen ». Der literarische Transfer zwischen Großbritannien, Frankreich und dem deutschsprachigen Raum im Zeitalter der Weltliteratur (1770–1850)*, Wiesbaden, Harrassowitz, 2012, pp. 213–228.

BASSNETT, Susan, *Translation Studies*, third edition, London, Routledge, 2002.

BOVENSCHEN, Silvia, *Die imaginierte Weiblichkeit. Exemplarische Untersuchungen zu kulturgeschichtlichen und literarischen Präsentationsformen des Weiblichen*, Frankfurt am Main, Suhrkamp, 1979.

BROWN, Hilary, *Benedikte Naubert (1756–1819) and her Relations to the English Culture*, Leeds, Maney, 2005.

CHAMBERLAIN, Lori, « Gender and the Metaphorics of Translation », in Lawrence Venuti (ed.), *Rethinking Translation. Discourse, Subjectivity, Ideology*, London & New York, Routledge, 1992, pp. 57–74.

FABIAN, Bernhard, « Englisch-deutsche Kulturbeziehungen im achtzehnten Jahrhundert », in Barbara Schmidt-Haberkamp, Uwe Steiner & Brunhilde Wehinger (Hg.), *Europäischer Kulturtransfer im 18. Jahrhundert. Literaturen in Europa – Europäische Literaturen ?*, Berlin, Berliner Wissenschaftsverlag, 2003, pp. 13–30.

FLOTOW, Luise von, « Feminist Translation. Contexts, Practices and Theories », in *Traduction, Terminologie, Rédaction*, 4.2, 1991, pp. 69–84.

– *Translation and Gender. Translating in the « Era of Feminism »*, Manchester, St Jerome, 1997.

GODARD, Barbara, « Theorizing Feminist Discourse/Translation », in Susan Bassnett & André Lefevere (eds.), *Translation, History and Culture*, London, Cassell, 1995, pp. 87–96.

GRAEBER, Wilhelm, « Wandel in der kulturellen Fremderfahrung », in Fred Lönker (Hg.), *Die literarische Übersetzung als Medium der Fremderfahrung*, Berlin, Schmidt, 1992, pp. 71–86.

HARETER-KROISS, Claudia, *Benedikte Naubert. Eine Untersuchung der Lage einer Schriftstellerin in der Goethezeit*, Saarbrücken, VDM, 2010.

HERMAN, Theo (ed.), *The Manipulation of Literature. Studies in Literary Translation*, New York, St. Martin's, 1985.

[HILDITCH, ANN], *Rosenberg: A Legendary Tale in Two Volumes*, London, Lane, 1789.

MAIER, Carol, « Issues in the Practice of Translating Women's Fiction », in *Bulletin of Hispanic Studies*, 75, 1998, pp. 95–108.

MAIERHOFER, Waltraut, *Hexen – Huren – Heldenweiber. Bilder des Weiblichen in Erzähltexten über den Dreißigjährigen Krieg*, Köln, Böhlau, 2005.

MARTIN, Laura, *Benedikte Nauberts ‹ Neue Volksmärchen der Deutschen ›. Strukturen des Wandels*, Würzburg, Königshausen & Neumann, 2006.

MASSARDIER-KENNY, Françoise, « Towards a Redefinition of Feminist Translation Practice », in *The Translator*, 3.1, 1997, pp. 55–69.

[NAUBERT, Benedikte], *Lord Heinrich Holland Herzog von Exeter oder irre geleitete Grosmuth : Eine Begebenheit aus dem Mittelalter von England*, Leipzig, Weygand, 1791(a).

– *Graf Rosenberg oder das enthüllte Verbrechen : Eine Geschichte aus der letzten Zeit des dreyßigjährigen Kriegs*, Leipzig, Weygand, 1791(b).

– *Narcisse. Eine englische Wertheriade*, Leipzig, Weygand, 1793.

– *Sitten und Launen der Grossen : Ein Kabinet von Familienbildern*, Leipzig, Weygand, 1794.

– *Corelia oder die Geheimnisse des Grabes*, Leipzig, Beygang, 1803.

– *« Sich rettend aus der kalten Würklichkeit ». Die Briefe Benedikte Nauberts*. Edition – Kritik – Kommentar, Nikolaus Dorsch (Hg.), Frankfurt am Main, Peter Lang, 1986.

OERKE, Catharina, *Gattungsexperiment und Ägyptenkonstruktion. Benedikte Nauberts Alme oder Egyptische Märchen (1793–1797)*, Göttingen, Universitätsverlag Göttingen, 2006.

PIPER, Andrew, « The Making of Transnational Communities. German Women Translators, 1800–1850 », in *Women in German Yearbook*, 22, 2006, pp. 119–144.

REITEMEIER, Frauke, *Deutsch-englische Literaturbeziehungen. Der historische Roman Sir Walter Scotts und seine deutschen Vorläufer*, Paderborn, Schöningh, 2001.

SCHEIBLER, Victoria, *Phantasie und Wirklichkeit. Benedikte Naubert im Spiegel ihrer späten Romane und Erzählungen (1802–1820)*, Frankfurt am Main, Lang, 1997.

SCHINDEL, Carl Wilhelm Otto August von, *Die deutschen Schriftstellerinnen des neunzehnten Jahrhunderts*, 2 vol., Leipzig, Brockhaus, 1823ff.

SCHREINERT, Kurt, *Benedikte Naubert. Ein Beitrag zur Entstehungsgeschichte des historischen Romans in Deutschland*, Berlin, Ebering, 1941.

SHAFFER, Julie, «Familial Love, Incest, and Female Desire in Late Eighteenth- and Early Nineteenth-Century British Women's Novels», in *Criticism*, 41.1, 1999, pp. 67–99.

[SHERIFFE, Sarah], *Correlia; or, The Mystic Tomb. A Romance*, 4 vol., London, Lane and Newman, 1802.

SIMON, Sherry, *Gender in Translation. Cultural Identity and the Politics of Transmission*, London, Routledge, 1996.

SPIVAK, Gayatri Chakravorty, «The Politics of Translation», in dies. (Hg.), *Outside in the Teaching Machine*, New York & London, Routledge, 1993, pp. 179–200.

STARK, Susanne, *«Behind Inverted Commas». Translation and Anglo-German Cultural Relations in the Nineteenth Century*, Clevedon, Multilingual Matters, 1999.

TOUAILLON, Christine, *Der deutsche Frauenroman des 18. Jahrhunderts*, Wien & Leipzig, Braumüller, 1919.

TULLY, Carol, «Cultural Hierarchies and the Global Canon. German Hispanism, Translation and Gender in the Nineteenth Century», in *Oxford German Studies*, 42.2, 2013, pp. 119–138.

VECCHIATO, Daniele, *Verhandlungen mit Schiller. Historische Reflexion und literarische Verarbeitung des Dreißigjährigen Kriegs im ausgehenden 18. Jahrhundert*, Hannover, Wehrhahn, 2015.

VENUTI, Lawrence, *The Translator's Invisibility. A History of Translation*, London, Routledge, 1995.

WALLMACH, Kim, « Feminist Translation Strategies : Different or Derived ? », in *Journal of Literary Studies*, 22.1/2, 2006, pp. 1–26.

WALTER, Ulrike, « Die Anfänge weiblicher übersetzerischer Erwerbsarbeit um 1800 », in Nadja Grbić & Michaela Wolf (Hg.), *Grenzgängerinnen. Zur Geschlechterdifferenz in der Übersetzung*, Graz, Institut für Theoretische und Angewandte Translationswissenschaft, 2002, pp. 17–30.

Tolérance et louvoiement selon Isabelle de Charrière :

Traduire Elizabeth Inchbald au village quand on est femme des Lumières

VALÉRIE COSSY

Abstract

This paper interrogates the role translation could play in enabling women to address problematic customs and taboo issues specifically relevant to women and yet ignored as matters of human rights and human justice. This article focuses specifically on the translation of Elizabeth Inchbald's novel *Nature and Art* (1796) by Isabelle de Charrière and her pupil in the village of Colombier, Isabelle de Gélieu, in the local context of the heated debates raised by the two pregnancies of Charrière's servant Henriette Monachon. This article contends that, in this particular case, the invisibility of translation understood as a mere teaching exercise enabled Charrière to create a space where she and the young Gélieu could consider the plight of single mothers within terms specific to the Enlightenment and relevant to women, while such a debate had simply no chance of being heard in public.

La traduction du roman d'Elizabeth Inchbald, *Nature and Art* (1796), par Isabelle de Charrière (1740–1805) et Isabelle de Gélieu (1779–1834) est révélatrice du potentiel subversif voire féministe de l'acte traducteur. Au sein d'un contexte patriarcal traditionnel, la traduction s'avère une entreprise littéraire autorisée aux femmes car dotée de vertus pédagogiques, alors que, dans le même temps, certains enjeux de société abordés par le texte traduit relevaient du scandale dans l'espace social, ou carrément du tabou. La traduction à Colombier de *Nature and Art* illustre comment Isabelle de Charrière est parvenue à contourner la censure des mentalités pour évoquer auprès de celle qui est alors son élève les préjugés sexistes du monde ancien tout en inscrivant le sort des mères célibataires dans le contexte philosophique des Lumières, ce qui est le sens du roman en anglais d'Elizabeth Inchbald consacré à Hanna Primrose. Cet article porte donc sur la manière dont la traduction peut permettre à des femmes d'aborder un débat de société, alors même que la réception des Lumières au XIXe et au XXe siècle a rendu généralement invisibles les enjeux de justice propres à la vie des mères et des enfants tels que soulevés de manière romanesque par Inchbald et de manière concrète par la servante d'Isabelle de Charrière, Henriette Monachon, au village de Colombier.

Le roman d'Inchbald avait été publié en anglais au début de l'année 1796 sous le titre *Nature and Art*. Comme j'avais eu l'occasion de l'exposer (Cossy 1996), sa parution avait été marquée par les difficultés rencontrées par William Godwin et ses proches – dont Elizabeth Inchbald – qualifiés par la presse conservatrice de « *jacobin* » dans le cadre des affrontements suscités en Angleterre par la Révolution française au sein d'une opinion rendue inquiète par l'ébranlement possible des fondements aristocratiques de l'organisation sociale (Kelly 1976). Rédigé dès 1793, alors intitulé *A Satire Upon the Times*, le texte d'Inchbald avait subi purgatoire et révisions tactiques avant de paraître finalement sous le titre *Nature and Art* au début de l'année 1796 (Cossy 1996 : 74–76). Signe de la notoriété d'Inchbald, il fait alors immédiatement l'objet de trois traductions en français : l'une sous la forme d'un *digest* dans le numéro du 2 juin 1796 de la *Bibliothèque Britannique* de Genève, la seconde, au début de l'année suivante, publiée en deux volumes par Paschoud, également à Genève, sous la plume de Jacques-Marie Deschamps et, enfin, celle d'Isabelle de Charrière et Isabelle de Gélieu qui paraît entre avril et mai 1797 sous le titre suivant : « *La Nature et l'Art*, Roman, par Mistriss Inchbald, *auteur de Simple Histoire*; nouvelle traduction, par Mlle de G*** et Mme de C*** » (Charrière : VIII, 505–604).

La rapidité avec laquelle le texte est traduit est révélatrice de l'importance du roman anglais sur le marché du livre francophone durant tout le XVIIIe siècle et, dans ce cas précis, la diffusion de *Nature and Art* est indissociable de la célébrité d'Elizabeth Inchbald, non seulement en tant qu'auteur d'un autre roman mais aussi comme actrice, dramaturge et proche de Godwin[1]. Rebondissant sur sa notoriété, la *Bibliothèque Britannique* lui consacre une notice biographique de plusieurs pages dans le volume de juin 1797 : en plus d'être une femme de lettres, Inchbald était bel et bien un personnage public, dont la visibilité était tout à fait exceptionnelle.

Lorsque j'avais étudié une première fois la traduction effectuée par le périodique genevois en la comparant à celle d'Isabelle de Charrière et Isabelle de Gélieu, j'avais été amenée à constater le contraste entre le potentiel égalitaire et ré-

---

[1] À ce propos, voir, par exemple, les propos de Claude de Narbonne-Pelet de Salgas adressés à Isabelle de Charrière en avril 1797 : « L'auteur, Mrs Inchbald, est, dit-on, remariée à M. Godwin. C'est tout ce que j'en sais. Elle a été actrice, effectivement et, outre ses deux romans, elle a composé quelques pièces de théâtre qui ont été jouées avec succès » (Charrière : V, 301).

volutionnaire de l'original tel que pris en compte par les traductrices neuchâteloises et, d'autre part, la version abrégée, édifiante et conservatrice du texte, telle que produite par le périodique genevois, au sein duquel la fiction était censée répondre exclusivement à des critères de littérature édifiante à l'usage des femmes (Cossy 2006 : 66–68). Apparaissant toujours sous forme d'extraits ou de *digests,* les traductions de romans anglais par la *Bibliothèque Britannique* étaient explicitement destinées à un lectorat féminin, supposé ne pas s'intéresser aux autres matières – scientifiques ou philosophiques – traduites et publiées par le périodique. Le but assigné au roman anglais au sein de la *Bibliothèque Britannique* se bornait à fournir, selon les termes de Charles Pictet de Rochemont, « une lecture choisie que les mères et les filles peuvent faire en commun » (Pictet de Rochemont 1816 : 6). Une vision à ce point paternaliste du genre romanesque, censé s'adapter à un lectorat spécifiquement féminin, impliquait de la part des éditeurs et des traductrices recrutées au sein de la famille Pictet (E. Pictet 1892 : 63) des coups de ciseaux bien placés et une sélection d'extraits susceptible d'aligner le texte original en fonction d'une visée exclusivement édifiante. C'est ainsi que le roman d'Inchbald, au lieu d'exposer l'injustice de l'ordre social, en venait à prendre l'allure d'un *cautionary tale,* au sein duquel le récit de la fille-mère devenait une mise en garde adressée aux lectrices. Dans la *Bibliothèque Britannique,* la condition d'Hanna Primrose s'explique en fonction de la morale individuelle et de la bonne conduite à respecter pour ne pas finir comme elle. Mais la mise en récit choisie par Inchbald, à laquelle l'auteur des *Lettres neuchâteloises* (1784) et de *Trois femmes* (1795–98) était forcément sensible, est à comprendre en termes politiques et collectifs, ou sociologiques : roman *jacobin* ou godwinien, en effet, *Nature and Art,* même édulcoré pour cause de censure, dénonce le sort subi par Hanna Primrose – et sa condamnation finale aux assises – en tant qu'il résulte d'usages et de pratiques arbitraires, contraires à la raison et aggravés par des préjugés de rang et de sexe. Cette première étude des traductions de *Nature and Art* par le tandem Charrière-Gélieu et par la *Bibliothèque Britannique* m'avait permis, en 1996, de cartographier les options idéologiques en présence en Suisse romande : progressisme utilitariste paternaliste ou phallocentrique d'un côté, critique sociale et même féministe avant la lettre, de l'autre.

Mais ce que je n'avais pas vu, tant était grande la résistance à toute analyse biographique, que j'avais moi-même intériorisée, est la manière dont cette traduction s'insère dans la vie d'Isabelle de Charrière. Lorsqu'on est attentif à la complexité de sa correspondance – au lieu de la lire en la subordonnant à l'œuvre littéraire –, il apparaît que *La Nature et l'Art* est imbriqué dans la réalité quotidienne qu'elle était en train d'affronter concrètement à Colombier pour résister aux effets des préjugés tels qu'ils se manifestaient en 1796. Toute féministe que j'étais, j'avais réussi à ignorer que lorsqu'Isabelle de Charrière découvre *Nature and Art*, une mère célibataire en chair et en os, ostracisée par l'ensemble de la communauté villageoise de Colombier, est présente dans la maison du Pontet. Henriette Monachon est peut-être même assise tout près de Charrière, car sa chambre est devenue leur ultime refuge à toutes les deux comme en témoigne une lettre qu'elle écrit à son amie Caroline de Sandoz-Rollin le 7 décembre 1796 :

> Mais ce qui est simple aussi, c'est que j'espère fort peu des autres, me renferme en moi-même ... Il m'arrive d'être seule une heure ou deux à travailler près d'Henriette sans que l'une ni l'autre nous n'ouvrions la bouche ... (Charrière : V, 275)

Non seulement la jeune chercheuse que j'étais n'avait pas fait de lien entre « l'affaire Monachon » et la traduction du roman d'Elizabeth Inchbald en maintenant « anecdotes » biographiques et éléments d'analyse rigoureusement séparés les unes des autres, mais les biographies à disposition, celles de C. P. Courtney (1993) et Raymond Trousson (1994) étaient marquées par des mises en récit androcentriques qui reléguaient l'épisode de la défense d'Henriette Monachon par Isabelle de Charrière aux marges de sa destinée d'écrivain, quand elles ne le réduisaient pas à un événement comique – « une tempête dans un verre d'eau » (Trousson : 289) – ou à une péripétie dont le seul mérite aurait été d'inspirer un personnage de roman (Courtney : 473).

En étudiant *La Nature et l'Art* aujourd'hui, je constate qu'il faut, au contraire, considérer la genèse de cette traduction dans le contexte de l'histoire des femmes au temps des Lumières : produire une nouvelle traduction de *Nature and Art* non seulement ne répond à aucune nécessité éditoriale mais relève, au fond, de la volonté d'Isabelle de Charrière d'inscrire aux yeux d'Isabelle de Gélieu l'injustice faite aux mères célibataires et à leurs enfants dans le mouvement de contestation des Lumières, au moment-même où les préjugés de sexe étaient en train de déployer à Colombier leurs effets les plus délétères. Traduire *Nature and Art* à ce moment précis permet à Isabelle de Charrière d'évoquer librement le sort réservé à Henriette Monachon et ses enfants auprès d'Isabelle de Gélieu, alors qu'un tel sujet – s'il avait été dit qu'elle l'abordait ouvertement avec sa jeune élève – aurait dû faire des concessions à la morale dictée par la coutume, c'est-à-dire au tabou ou à la condamnation pure et simple.

Or, comme l'a montré Carla Hesse, l'incompatibilité entre les grands sentiments et les grands principes dictés par la littérature et, d'autre part, l'expérience des femmes n'appartenant pas au beau monde intéresse profondément Isabelle de Charrière, d'un point de vue moral et philosophique : y a-t-il plusieurs façons de voir le monde ? y a-t-il plusieurs façons d'aimer et d'être aimé(e) ? y a-t-il plusieurs façons de déterminer ce qui est bien ou ce qui est mal ? telles sont les questions inlassablement soulevées tout au long de son œuvre romanesque. En ce sens, Charrière se sent spontanément en accord avec William Godwin, dont elle a lu le roman en anglais en même temps que *Nature and Art* (Charrière : V, 303) : roman dont le titre principal est *Les choses comme elles sont* et qui illustre le rapport à la vérité et à la justice du valet, Caleb Williams, tel qu'il diffère de celui de son maître, Falkland (Cossy 2004). Avant et après Henriette Monachon, Charrière a elle-même donné la parole à Julianne dans les *Lettres neuchâteloises*, à Joséphine dans *Trois femmes*, et même à Thérèse Levasseur dans un pamphlet de 1789 (Charrière : X, 173–176), c'est-à-dire à des personnages de femmes populaires, irréductibles perturbatrices d'une pensée aveuglément dominante. Il faut ajouter, en outre, que si Charrière est bien décidée à ne pas polémiquer sur « Sophie ou la femme » quand elle dresse son « Éloge » de Rousseau en 1790 (Cossy 2012), l'abandon par lui de ses enfants demeure néanmoins l'unique faute qu'elle se fait un devoir de lui reprocher, alors même qu'elle se range du côté de ses défenseurs :

> C'est [la pauvreté], avec sa sœur la honte, qui ont causé la plus grande faute qu'on reproche à Rousseau. Il a perdu ses enfants. Pourquoi ? Était-ce les perdre, les abandonner, les livrer à un sort malheureux, que de les confier à la religion et à la patrie ? Il a perdu ses enfants : en vain il s'étourdit sur cette perte, et j'entends mal ses regrets et ses faibles excuses, s'il n'est mort victime d'un si cruel souvenir. (Charrière : X, 209)

Pour Isabelle de Charrière ni la patrie ni la religion ne sauraient se substituer aux soins dus par un parent (ou autre adulte aimant) à son enfant, de tels soins étant seuls capables, à ses yeux, de produire cette transmission par l'affection, constitutive de l'éducation et du lien social, ainsi qu'on peut le lire dans des romans comme les *Lettres écrites de Lausanne* (Bérenguier 2006) ou *Sir Walter Finch et son fils William*. C'est dire si elle accordait de l'importance au sujet, ce qui explique, notamment, les mesures inédites adoptées par elle vis-à-vis des enfants d'Henriette pour que ceux-ci prennent leur place au village en grandissant près de leur mère : « Il est au village, sa mère le va voir tous les jours », explique-t-elle à Benjamin Constant le 13 mai 1792 à propos de Prosper Monachon qui vient de naître (Charrière : III, 363). Ce choix alors exceptionnel correspond parfaitement à la dynamique réformatrice qui anime la pensée et l'action d'Isabelle de Charrière pour tenter de concrétiser le progrès en y associant les gens ordinaires, tels les habitants de Colombier, dont elle redoute les réactions mais qu'elle ne désespère pas de voir évoluer sur la question. Le 14 avril, dans une lettre à Jean-Pierre de Chambrier d'Oleyres, elle raconte l'insertion du ‹ bâtard › dans la communauté villageoise tout en suggérant la lourdeur du climat social :

> Aujourd'hui, en dépit des méchants, des prudes, des sots, des incléments, je fais baptiser un enfant dont le père est inconnu à moi-même et je reprends sa mère, cette femme de chambre que vous vîtes rire de si bon cœur avant qu'on l'eût rendue malheureuse. C'est le 14ème jour depuis que je ne l'ai vue, c'est le 13ème depuis que son enfant est né. Elle n'a pas voulu attendre plus longtemps à revenir auprès de sa maîtresse, qui est aujourd'hui sa seule parente, sa seule amie. Le petit garçon, plus robuste qu'aucun enfant de 13 jours, continuera à être élevé sans nourrice et sera vu tous les jours de sa mère car nous le mettons tout uniment chez une femme du village. (Charrière : III, 355)

Chambrier d'Oleyres, alors ambassadeur à Turin pour la Prusse, est un correspondant sensible à la démarche non seulement personnelle mais aussi philosophique et publique qui dicte les choix de Charrière. Faisant appel à leur complicité intellectuelle, elle conclut sa lettre en évoquant leur conscience commune de la difficulté à réformer les mœurs :

> Si vous n'étiez qu'un homme diplomatique, si vous n'étiez que l'homme de vos fonctions, combien ne vous devrais-je pas d'excuses de vous avoir entretenu dans mon attendrissement de niaiseries pareilles ? Mais je connais votre cœur, Monsieur, et j'ose dire que je sais vous apprécier. C'est pour cela que je vous estime, vous honore, et vous suis sincèrement attachée. (*Ibid.*)

Auprès de Chambrier, Charrière peut clairement désigner les conventions et dénominations en vigueur dans l'espace social – des « niaiseries pareilles » – comme incompatibles avec les catégories universelles et sensibles des Lumières, qui jamais n'ont été appliquées à Henriette. Comme certaines de ses lettres et le roman d'Inchbald en rendent conscients les lecteurs, le traitement dont Henriette et son enfant font l'objet en 1792 ne relève ni de l'humanité ni de la justice mais est exclusivement déterminé par le préjugé et la coutume, c'est-à-dire par tout ce que les Lumières sont censées combattre. Au cœur de Colombier et de la vie ordinaire, l'épisode expose au grand jour double morale sexuelle et injustice de classe : le père inconnu du premier enfant d'Henriette tout comme Jean-Jacques Racine (père du second) ne seront jamais inquiétés par la justice et, d'autre part, on ne traite pas du tout sur un même pied les enfants naturels de la servante Henriette Monachon ou ceux de la comtesse de Dönhoff (alors en résidence à Neuchâtel), qui avaient l'avantage d'avoir pour père le roi de Prusse. Alors qu'Henriette est comme légitimement livrée aux insultes du plus grand nombre, le beau monde neuchâtelois allait rendre ses hommages à la comtesse.

Lorsqu'Henriette, en 1796, se trouve enceinte pour la seconde fois, les esprits se déchaînent avec une vigueur accrue par ce qui est perçu comme une récidive. Isabelle de Charrière doit alors non seulement déchanter sur le potentiel réformateur des qualités maternelles de sa servante auprès du public de Colombier, mais on comprend qu'elle veuille aborder le sujet avec la jeune fille qui, entretemps, est devenue son élève, Isabelle de Gélieu. C'est dans ce contexte précis qu'intervient leur traduction à quatre mains, sûr moyen de dépasser les polémiques et les insultes qui faisaient rage au village pour évoquer les enjeux sociaux et moraux de l'événement. Traduire *Nature and Art* avec Isabelle de Gélieu (alors âgée de dix-sept ans) signifie s'autoriser à aborder en termes philosophiques un sujet de femmes, alors que tout récit de fille séduite ou de fille-mère est exclusivement synonyme, dans le monde social concret, de scandale et de mise en accusation permanente de la coupable, abandonnée en pâture aux insultes publiques. Ainsi, l'invisibilité de l'acte traducteur est-il à considérer, dans ce cas précis, comme rendant possible l'aménagement d'un espace de parole pour évoquer un enjeu de justice que l'opinion publique ignore en tant que tel. Dans le cadre de *La Nature et l'Art* par Mlle de G*** et Mme de C***, l'invisibilité de la traduction correspond à une arme fournie par la pédagogie féminine – Isabelle de Charrière apprenait officiellement l'anglais à Isabelle de Gélieu – pour déployer en tant que femmes et sur un sujet de femmes une pensée critique compatible avec l'esprit des Lumières, alors qu'une telle pensée n'avait aucune possibilité d'être exposée au grand jour.

La correspondance entre Isabelle de Charrière et Isabelle de Gélieu est avare en détails sur l'affaire Monachon et, sans le roman d'Inchbald qui les lie, on pourrait penser que la dame du Pontet a tout simplement évité le sujet avec la jeune fille. Mais, lorsqu'on inscrit leur traduction de *Nature and Art* dans la complexité des événements vécus, un billet qu'elle lui adresse au sujet de sa mère permet de deviner, au contraire, l'importance et la singularité de la complicité développée par l'enseignante et son élève au fil de leur traduction face au consensus moral de la communauté villageoise. Ainsi Charrière peut-elle faire part à Gélieu de son inquiétude à la perspective de rencontrer Mme de Gélieu, causée par « la crainte qu'elle n'ait quelque chose de fâcheux ou d'embarrassant à me dire touchant Henriette » : « s'il est question de bon ordre, de paix, de sauver à R[acine] des frais, de la peine, Dieu sait quoi, ou à la société du scandale, je demande grâce. Qu'on se tire d'affaire sans moi », lui confie-t-elle (Charrière : V, 274).

Or, si les parents d'Isabelle de Gélieu étaient vraisemblablement heureux d'avoir trouvé en Isabelle de Charrière une pédagogue à la hauteur de leur brillantissime fille assoiffée de connaissance, ils n'en devaient pas moins composer avec les traditions et l'opinion publique, ce d'autant plus que le père était tenu, en tant que pasteur, de relayer la morale conventionnelle et la position du Conseil d'État qui, en date du 26 septembre 1796, avait condamné Henriette à être ostracisée pendant douze mois à compter de décembre (Godet 1973 : II, 252, n. 1). Comme Isabelle de Charrière, les Gélieu devaient louvoyer, mais ils étaient beaucoup moins libres qu'elle de le faire car inscrits de fait dans les habitudes et les institutions locales, tandis que la « dame du Pontet », née van Tuyll van Serooskerken en Hollande, avait bel et bien un statut de marginale. Il lui arrivait, certes, de subir l'isolement que suppose un tel statut, mais elle savait aussi tirer profit de la liberté de penser et d'écrire qu'il lui conférait. Son ami Claude de Narbonne-Pelet de Salgas résume, dans une lettre d'avril 1797, ce que pouvait être l'impact, mêlé de confiance et de crainte, suscité par Isabelle de Charrière autour d'elle :

> L'on a commencé l'impression de votre traduction d'*Art & Nature*. J'en suis charmé, et je la lirai sûrement avec un intérêt que celle qui existe déjà et l'original même ne m'auraient pas inspiré. [...] Madame, vous êtes une bien aimable, bien extraordinaire et quelquefois une bien terrible Dame. Malgré cela vous serez toujours la Dame de mes pensées. (Charrière : V, 301)

Quant au préjugé que doivent affronter les progressistes partageant, comme Narbonne-Pelet, les opinions de Charrière, on peut s'en faire une idée à partir d'une lettre citée par Philippe Godet[2], révélatrice de ce sens commun qu'elle avait pour but

---

2   Sa monographie consacrée tout entière à Isabelle de Charrière en 1906 cite de nombreux documents privés, auxquels a eu accès

d'infléchir. Rédigée par Charlotte Chaillet, elle aussi fille de pasteur, cette lettre date de plusieurs années après les faits habituellement relevés dans les biographies récentes. Elle illustre à quel point la question est restée vive longtemps après la naissance du deuxième enfant d'Henriette, tandis que la véhémence de son propos nous rappelle que le fait de société abordé par Charrière et Gélieu grâce à la traduction ne saurait être rationalisé dans l'espace public. Cette lettre nous rappelle, au fond, le courage ordinaire d'Isabelle de Charrière. Lorsque Charlotte Chaillet apprend qu'Henriette Monachon a rencontré un homme disposé à l'épouser en toute connaissance de cause avec ses deux enfants, elle écrit à Isabelle de Gélieu, co-traductrice de *Nature and Art* et comme elle fille de pasteur :

> Et puis, la grande nouvelle de là-bas ! Quoi, la Monachon mariée ! Seigneur, quelle abomination ! J'espère et me flatte que Dieu dans sa justice lui aura fait rencontré un bourru et un brutal fieffé qui la roue de coups une fois par mois et la batte tous les jours. Je suis indignée qu'une telle intrigante, catin, canaille et le reste, trouve à se placer ailleurs que dans un fumier ... (Godet 1973 : II, 330, n. 3)

La charité chrétienne ne concerne donc pas les mères célibataires. En Suisse et en Europe au XVIIIe siècle, il est même de bon ton de jeter des pierres à la femme adultère, c'est ce que nous dit cette lettre. Godet évoque ironiquement des « lignes dépourvues d'aménité ». Aujourd'hui, ces propos de Charlotte Chaillet, qui s'exprime au cœur même de la bien-pensance de

---

Godet dans la région de Neuchâtel. Il a été un chaînon essentiel dans la transmission de l'œuvre, raison pour laquelle son livre demeure une référence incontournable.

son temps, nous rappellent la brutalité et la honte sociale telles qu'elles déterminaient de manière fondamentale et inévitable l'injustice faite aux femmes du peuple en les maintenant à l'écart de l'humanité des Lumières, selon un préjugé biblique et patriarcal ancien, objet d'un consensus apparemment inamovible[3].

Auprès de ses *happy few*, Isabelle de Charrière évoque bien sûr l'événement sur un autre ton. Dès que les choses se précisent, elle fait part de son soulagement à Caroline de Sandoz-Rollin (Charrière : VI, 173) de même qu'à son ami et traducteur en allemand Ludwig Ferdinand Huber[4] : « Henriette Monachon se marie et, à vue de pays, elle fait bien. » (Charrière : VI, 176) En outre, l'écrivaine qui a trouvé les mots pour faire parler Julianne et Joséphine dans son œuvre romanesque souligne les implications matérielles du changement de statut de sa servante :

> Je ne puis croire que l'hymen réalisé l'ait aussitôt endormie, mais, si elle a dormi, elle s'est réveillée *chez elle*. *Chez elle* est quelque chose. C'est pour la première fois depuis qu'elle est au monde. Ce plaisir a plus de réalité que la liberté reconquise, du moins chez une nation qui n'était pas esclave.

3   Annie Ernaux illustre la pérennité de cette misogynie de classe lorsqu'elle témoigne, dans *L'événement*, de la solitude et de l'humiliation réservées aux femmes populaires enceintes ou avortées au XXe siècle : cf. *L'événement*, Paris, Gallimard, « folio », 2001 [2000], pp. 106–108.

4   Huber a joué un rôle important dans la diffusion ‹ européenne › des textes de Charrière qui, parfois, étaient publiés en allemand avant même leur parution en français : cf. Monique Moser-Verrey, « Enjeux esthétiques de la collaboration d'Isabelle de Charrière avec L. F. Huber », in Vincent Giroud & Janet Whatley (eds.), *Isabelle de Charrière, Proceedings of the International Conference Held at Yale University in April 2002*, New Haven, Yale University Library, 2004, pp. 69–86.

> Elle place son lit, sa table, ses chaises comme elle l'entend.
> (Charrière : VI, 189)

Rousseauiste, Charrière partage une conception de l'individu humain, femme ou homme, définie par la liberté et l'égalité. Alors que l'héroïne d'Elizabeth Inchbald finit de manière tragique condamnée par un tribunal, elle-même avait réussi, dans la vraie vie, à garantir à Henriette une inscription sociale et, par conséquent, un avenir pour ses enfants. Dans son œuvre romanesque comme dans la vie, les individus ont tous et toutes pour vocation d'être des agents et non des objets de leur destinée, vocation humaine que les ‹ choses › ou circonstances de la vie collective, certes, ne rendent pas également accessibles à tous. Mais la fin close des tragédies ne correspond ni aux choix littéraires ni à la vision politique réformiste et raisonnablement optimiste de Charrière.

Si j'ai passé quelque temps sur ce qui peut apparaître, selon une perspective formaliste, comme le contexte biographique de la traduction, c'est parce que ce contexte non seulement a servi de déclencheur à la décision de traduire mais aussi parce que le texte traduit est véritablement engagé dans le monde social des traductrices. En conclusion, à travers la juxtaposition d'extraits, j'aimerais rappeler trois choses que la traduction de *Nature and Art* à Colombier par Isabelle de Charrière et Isabelle de Gélieu nous enseigne : premièrement, relire le roman d'Inchbald dans le contexte de la correspondance nous indique qu'il est impératif de considérer l'écriture en tant qu'elle est imbriquée dans l'expérience vécue ; deuxièmement, lire *Nature and Art* aux côtés des lettres et des romans de Charrière nous rappelle que la littérature d'imagination participe pleinement aux débats postrévolutionnaires, en illustrant afin de l'imposer auprès des lecteurs une définition universelle et égalitaire de l'humanité ; enfin et troisièmement, la traduction ne sert pas seulement, comme on pourrait s'y attendre, à l'apprentissage des langues et à l'amélioration du style (dont il est certes question dans les lettres échangées entre les deux Isabelle), mais la traduction s'avère un outil pédagogique permettant à Charrière d'exposer son élève aux valeurs philosophiques des Lumières par rapport aux réalités de son propre environnement.

Alors que les propos tenus dans l'espace social déshumanisent Henriette Monachon, Charrière, dans ses lettres, se compare à sa servante, soulignant, de manière godwinienne ou rousseauiste le hasard des circonstances qui les sépare et la commune humanité qui les lie en profondeur : « J'ai une grande indulgence pour les défauts d'Henriette Monachon [...] parce qu'elle me ressemble dans toutes ces choses-là », observe-t-elle (Charrière : III, 329). Avec *Nature and Art,* Charrière expose Gélieu à un roman qui humanise le personnage de la fille-mère, non pas par des démonstrations philosophiques mais en la dotant, d'un point de vue narratif, d'une vie intérieure, comme dans ce passage où l'on voit Hanna déchiffrer la lettre de rupture de son amant :

> To have beheld the illiterate Hannah try for two weeks, day and night, to find out the exact words of this letter, it would have struck the spectator with amazement to have understood the right, the delicate, the nicely proper sensations with which she was affected by every sentence it contained. (Inchbald : I, 162)

> Quiconque aurait vu la simple, l'ignorante Hanna étudier cette lettre jour et nuit pendant plusieurs jours aurait été surpris s'il avait pu démêler les sensations qu'elle éprouva après l'avoir lue. Rien de si juste que l'appréciation qu'elle fit de toutes les expressions de William. (Charrière : VIII, 550)

Charrière a été sensible à la façon dont Inchbald dote le personnage de profondeur émotionnelle au point de confier à Gélieu, un jour d'avril 1797 : « Je n'en ai pas dormi de Hanna » (Charrière : V, 298). Sa propre patte littéraire et intellectuelle transparaît néanmoins dans la manière dont le texte français évite le registre sentimental à connotation féminine de l'original (*the right, the delicate, the nicely proper sensations*) pour ne garder qu'une dénomination universelle au potentiel épicène : « les sensations » et « rien de si juste ».

Quant à l'appel au lecteur, il constitue une véritable leçon en égalité. Il entre en écho avec les conceptions esthétiques de la romancière en explicitant, aux yeux de la jeune Gélieu, le sens qu'elle-même donne aux Lumières :

> But you, unprejudiced reader, whose liberal observations are not confined to stations, but who consider all mankind alike deserving your investigation ; who believe that there exists in some, knowledge without the advantage of instruction; refinement of sentiment independent of elegant society ; honourable pride of heart without dignity of blood; and genius destitute of art to render it conspicuous – *You* will, perhaps, venture to read on; in hopes that the remainder of this story may deserve your attention, just as the wild herb of the forest, equally with the cultivated plant in the garden, claims the attention of the botanist. (Inchbald : I, 139)

> Mais vous qui, exempts de préjugés, étendez vos observations sur tous les hommes et tous les états ; vous qui avez remarqué des lumières que de savantes instructions n'ont point données, des sentiments délicats qu'une société élégante n'a point inspirés, de l'élévation d'âme, dont une naissance illustre ne fit pas une sorte de devoir ; vous qui avez reconnu le génie, lors même que l'art ne l'avait pas développé, et ne le paraît point ! – peut-être continuerez-vous à lire, dans l'espérance que le reste de cette histoire pourra mériter votre attention ; comme les herbes sauvages des

> bois méritent les regards du botaniste, aussi bien que les fleurs cultivées des jardins. (Charrière : VIII, 545)

Si Charrière a vraisemblablement apprécié l'analogie botanique de la fin, sa touche personnelle transparaît ici dans la manière dont le passage évite de traduire « *mankind* » par « humanité ». Celle qui confiait à Benjamin Constant ne pas aimer « les mots collectifs » ou les « idées généralisées » (Charrière : IV, 219–20) s'est toujours efforcée d'indiquer la diversité et de suggérer le groupe en tant qu'addition d'individualités concrètes plutôt que comme un tout abstrait, ce qui nous donne ici : « tous les hommes et tous les états ».

Dans le roman d'Elizabeth Inchbald comme dans ceux d'Isabelle de Charrière, l'égalité humaine est une valeur fondamentale, qui va non seulement informer l'attitude des lecteurs vis-à-vis des personnages mais qu'ils doivent apprendre à mettre en œuvre par rapport à des êtres humains dans la vie réelle. Ainsi est-il émouvant mais aussi philosophiquement pertinent de constater que la description des bébés relève de la même attention sensible que ce soit quand Charrière raconte la naissance de Prosper ou lorsque sont décrites les naissances des bébés de Joséphine et de la comtesse émigrée dans *Trois femmes*. Sous sa plume, les nouveau-nés illustrent explicitement et concrètement une égalité humaine fondamentale : tous les bébés se ressemblent et tous sont égaux et innocents au jour de leur naissance. L'amie d'Henriette venue rendre visite à l'accouchée « n'a entendu parler ni de justicier ni de père, elle a seulement vu et tenu un gros garçon qui boit et crie et regarde et fait d'autres choses comme s'il était là depuis du temps » (Charrière : III, 350). Et, dans le monde sens dessus dessous de l'émigration, le bébé de la servante ne saurait être distingué de celui de la comtesse auprès duquel il a été déposé sans qu'on ne puisse plus savoir lequel est à qui. Comme le constate Constance la narratrice : « ils entrent tous deux dans le monde de front, et sans qu'on puisse même placer l'un à gauche et l'autre à droite. Jamais il n'y eut d'égalité pareille, malgré ce que bien des gens appellent une grande inégalité » (Charrière : IX, 112–113).

Nature and Art avait de quoi retenir l'attention de Charrière parce qu'au cœur-même du scandale et du risque d'infanticide évoqués par le roman, Inchbald s'appuie comme elle sur le nouveau-né pour illustrer une égalité concrète entre tous les êtres humains. Cette leçon des Lumières est transmise par le roman au moment même où le personnage d'Henri découvre et prend dans ses bras le bébé d'Hanna abandonné dans les bois :

> si ce pauvre enfant était né de [lord Bendham], tout le village et toute la contrée seraient en réjouissance. N'est-il pas bizarre qu'une créature humaine, naissant au monde, soit regardée comme un opprobre ou comme une bénédiction uniquement d'après le hasard des circonstances ? (Charrière : VIII, 556–557)

Traduire *Nature and Art* avec Isabelle de Gélieu dans le cadre de ses leçons d'anglais signifie pour Isabelle de Charrière contribuer pratiquement à des Lumières utiles auprès de la jeune fille et de leurs lecteurs. Et pour la pédagogue qu'elle est, c'est-à-dire, selon ses propres termes, un « *teaching devil* » (Charrière : V, 313), faire traduire les aventures d'Hanna Primrose par son élève assure la transmission de femme à femme d'un éthos alors indicible et voué à rester longtemps invisible : celui de femme des Lumières.

Bibliographie

BÉRENGUIER, Nadine, « Entre constat et prescription : les hésitations pédagogiques d'Isabelle de Charrière », in Suzan van Dijk & Valérie Cossy & Monique Moser-Verrey et al. (éds.), *Belle de Zuylen/Isabelle de Charrière, Education, Creation, Reception*, Amsterdam, Rodopi, 2006, pp. 85–102.

CHARRIÈRE, Isabelle de, *Œuvres complètes*, Amsterdam, G. A. van Oorschot, 10 vol., 1979–1984.

COSSY, Valérie, « Une égalité particulière : Rousseau et les incohérences de la domination masculine selon Isabelle de Charrière », in *Cahiers Isabelle de Charrière/Belle de Zuylen Papers*, 2012, n° 7, pp. 13–26.

— *Jane Austen in Switzerland, A Study of the Early French Translations*, Geneva, Slatkine, 2006.

— « Isabelle de Charrière et les Jacobins anglais », in *Isabelle de Charrière, Proceedings of the International Conference Held at Yale University in April 2002*, Vincent Giroud & Janet Whatley (eds.), New Haven, Yale University Library, 2004, pp. 101–113.

— « *Nature & Art* d'Elizabeth Inchbald dans la *Bibliothèque Britannique* et dans l'œuvre d'Isabelle de Charrière (1796–1797) », in *Annales Benjamin Constant*, n° 18–19, 1996, pp. 73–89.

COURTNEY, Cecil P., *Isabelle de Charrière (Belle de Zuylen), A Biography*, Oxford, Voltaire Foundation, 1993.

GODET, Philippe, *Madame de Charrière et ses amis*, 2 tomes en 1 volume, Genève, Slatkine Reprints, 1973 [1906].

HESSE, Carla, « The Ethics of Unequals », in *The Other Enlightenment, How French Women Became Modern*, Princeton and Oxford, Princeton University Press, 2001, pp. 104–129.

INCHBALD, Elizabeth, *Nature and Art*, with an Introduction by Jonathan Wordsworth, Oxford and New York, Woodstock Books, 1994 [1796].

– *La Nature et l'Art*, 2 vol. in-18, traduit par Jacques-Marie Deschamps, Genève, J. J. Paschoud, 1797.

– *La Nature et l'Art*, Roman, par Mistriss Inchbald, auteur de *Simple Histoire*; nouvelle traduction, par Mlle de G*** et Mme de C*** [avril-mai 1797].

– « *Nature and Art, La Nature & l'Art*, En deux volume in-12°, par Mad. INCHBALD [...] », in *Bibliothèque Britannique*, « Littérature », vol. 2, n° 2, juin 1796, pp. 253–266.

KELLY, Gary, *The English Jacobin Novel 1780–1805*, Oxford, Clarendon Press, 1976.

MOSER-VERREY, Monique, « Enjeux esthétiques de la collaboration d'Isabelle de Charrière avec L. F. Huber », in Vincent Giroud & Janet Whatley (eds.), *Isabelle de Charrière, Proceedings of the International Conference Held at Yale University in April 2002*, New Haven, Yale University Library, 2004, pp. 69–86.

PICTET, Edmond, *Biographie, travaux et correspondance diplomatique de C. Pictet de Rochemont député de Genève auprès du Congrès de Vienne, 1814, (envoyé extraordinaire et ministre plénipotentiaire de la Suisse à Paris et à Turin, 1815 et 1816) 1755–1824*, Genève, Georg, 1892.

PICTET DE ROCHEMONT, Charles, « Coup-d'œil sur la littérature anglaise », in *Bibliothèque universelle*, « Littérature », vol. 1, n° 1, janvier 1816, pp. 1–16.

TROUSSON, Raymond, *Isabelle de Charrière, Un destin de femme au XVIIIe siècle*, Paris, Hachette, 1994.

Weltbürgerin (in)visible :

Déguisement et diversion chez Fanny de Beauharnais et Sophie von La Roche[1]

ANGELA SANMANN

Abstract

For her monthly feminine magazine *Pomona für Teutschlands Töchter* (1783–1784), the German novelist Sophie von La Roche (1730–1807) assumed the double role of writer-editor and translator. The publication of contemporary foreign literature in translation, primarily from English and French authors, was one of the core issues of the magazine – one which she resolutely defended against the condescension of male critics. La Roche's choice of promoting translations in *Pomona,* featuring progressive texts with emancipatory ambitions, not only reflects her cosmopolitan attitude, but also demonstrates her skillful advocacy for the equality of women. La Roche supported and defended her editorial line through numerous legitimizing discourses in prefaces and letters. This article focuses on a representative example, the philosophical tale *Moins que rien ou Rêveries d'une Marmotte* (1776), written by Fanny de Beauharnais (1737–1813). Its anonymous German version published in *Pomona* in 1783 (declared a faithful rendering by the editor) reveals itself to be an act of creative rewriting : it intensifies the emancipatory impact of the French text through different

---

[1] Je remercie Valérie Cossy, Martine Hennard Dutheil de la Rochère, Camille Luscher et Alexandre Pateau pour leur relecture attentive de mon article. Merci également aux participant-e-s du colloque *fémin/in/visible* pour la discussion fructueuse autour du sujet. – Les citations sont, sauf indication contraire, traduites par Angela Sanmann.

translational strategies such as omissions, additions and re-interpretations. The German translation even introduces the concept of a feminine cosmopolitanism that far exceeds the prescriptive limits of contemporary gender roles.

En étudiant la pratique des traductrices et médiatrices dans la deuxième moitié du 18ᵉ siècle en Allemagne, on voit que cette activité sert parfois d'instrument pour évoquer la condition des femmes. Son potentiel émancipateur est lié à son caractère supposément inoffensif (ou impensé) qui ouvre clandestinement une marge de manœuvre : car si traduire les mots de quelqu'un d'autre semble être un acte littéraire anodin, il permet une liberté inouïe, sous couvert d'une prétendue ‹ innocence ›. Cette liberté est exploitée grâce à une multitude de stratégies traductives et éditoriales, par un large spectre de ruses et d'astuces qui permettent de jouer avec sa propre visibilité. L'un des champs d'expérimentation préférés des traductrices, ce sont les revues, journaux et magazines féminins qui se développent dans la deuxième moitié du 18ᵉ siècle. L'exemple que nous nous proposons d'analyser dans cet article est la revue mensuelle *Pomona für Teutschlands Töchter* que Sophie von La Roche (1730–1807) a éditée entre 1783 et 1784.

      Première romancière de langue allemande, La Roche est connue comme femme de lettres engagée qui a suivi de près le développement culturel, politique et social de l'Allemagne et des pays voisins. Deux citations extraites de sa correspondance démontrent bien l'importance accordée par La Roche à l'entente entre les peuples, qui est étroitement liée à l'éducation. La première est une dédicace que La Roche adresse, le 26 mars 1805, au général autrichien Stephan Freiherr von Ertmann en reprenant quelques vers d'Antoine Houdar de La Motte : « C'est par l'étude que nous sommes / Contemporain[s] de touts [!] les hommes / Et citoyens de tous les Lieux. » (cité d'après Sensch 2016 : 663)[2] Une année plus tard, le 11 décembre 1806, dans une période marquée par les Guerres de Coalitions, La Roche écrit sa fameuse lettre à Georg Wilhelm Petersen dans laquelle elle expose sa vision d'une chaire de professeur conçue pour promouvoir l'entente entre les peuples :

> Ach, wie wünschte ich mir Geld genug, um eine Professur zu stiften, wo junge Leute […] den Unterschied der Nationalcharakter studieren könnten, wie diese in Frieden und Streit sich zeigen. […] O mein Freund! sagen Sie : Würde dieser Lehrstuhl unnütz sein für die Zukunft? (Cité d'après Maurer 1994 : 137)

La Roche identifie d'emblée la nécessité de développer une sensibilité multiculturelle pour accompagner l'essor de la diversité des nations européennes ; une sensibilité qu'elle a promue durant des décennies et qui a trouvé maintes formes d'expression différentes dans son œuvre : non seulement dans ses romans – le plus connu étant sans doute *Geschichte des Fräuleins von Sternheim* – mais aussi dans ses récits de voyage et ses lettres, et surtout dans sa revue *Pomona*.

Dans notre article, nous nous proposons d'éclairer la perspective émancipatrice et cosmopolite de Sophie von La Roche en déclinant son double rôle d'éditrice-auteure et de traductrice. Des travaux récents ont examiné sa politique éditoriale en soulignant la place importante réservée par La

---

[2] Il est frappant de voir que La Roche s'inclut elle-même dans le « nous » et qu'elle revendique ainsi l'esprit cosmopolite pour elle-même.

Roche à la publication des textes traduits (Griffiths 2013). Ce qui a été négligé à ce jour, c'est l'analyse des stratégies traductives, pourtant fondamentale pour comprendre les objectifs de l'éditrice. Notre hypothèse est que la traduction littéraire offre à Sophie von La Roche un véritable champ d'expérimentation, et ceci dans une double perspective : féminine et cosmopolite. Autrement dit, l'esprit émancipateur de La Roche en tant que femme va de pair avec son esprit cosmopolite grâce à la traduction qui promeut les deux perspectives[3]. Afin d'illustrer cette hypothèse, nous avons choisi la traduction anonyme du conte satirique *Moins que rien ou Rêveries d'une Marmotte* (1776) de Fanny de Beauharnais (1737–1813)[4], éditée dans le deuxième numéro de la revue *Pomona* consacré à la France (*Über Frankreich*).

Rappelons d'abord que le projet d'établir *Pomona* comme revue mensuelle féminine est dès ses débuts sujet à controverse. Pour la première fois, en Allemagne, c'est une femme qui adopte le rôle d'éditrice sous son propre nom dans le but d'ouvrir aux femmes un forum de partage culturel et de discussion. Afin de justifier cette initiative, La Roche recourt à plusieurs formes de communication indirecte. Tout d'abord, elle prend soin d'établir un cadre de publication approuvé par

---

3   Voir aussi Brown (2002) qui analyse la médiation des textes du groupe des Bluestockings dans la revue *Pomona* : « For women at the time, the act of translation circumvented the direct risks or taboos of original authorship, providing a shield for identifying with and promoting potentially controversial texts. » (p. 120).

4   Le texte a d'abord paru en 1773 sous le titre *A tous les penseurs, salut. Par Madame la comtesse de B...* (Beauharnais), (s l.), (s. n.), 1773. Je remercie Chanel de Halleux pour cette information et renvoie à sa thèse de doctorat soutenue en décembre 2017 : *Fanny de Beauharnais (1737–1813), Une hôtesse mondaine en quête de renommée littéraire*.

des autorités masculines : elle invente à cette fin une anecdote sur la création de la revue, prenant pour arbitres deux hommes savants qui jugent son projet utile. Cette stratégie de légitimation fondée sur des autorités masculines, réelles ou fictives, se répète tout au long de l'existence de la revue, accompagnant parfois les textes à caractère émancipateur que La Roche y publie en traduction.

C'est le cas de la traduction du conte de Fanny de Beauharnais datant de 1776. Dans ce conte, une narratrice à la première personne présente la relation conflictuelle hommes-femmes ainsi que quatre protagonistes : la Marmotte, l'homme sensible, la Prude et le Pédant. Tandis que les deux premiers valorisent la sensibilité féminine et mettent en question la supériorité du sexe masculin, les deux derniers représentent une position conservatrice affirmant la soumission des femmes aux hommes (cf. de Halleux 2017 : 239). Le personnage clé figurant dans le titre est une femme rêveuse et pourtant très ironique qui, déguisée en marmotte lors d'un bal masqué, remet en question la suprématie des hommes intellectuels. La version allemande anonyme du conte paraît sous le titre *Weniger als nichts oder Träumerey einer Marmotte von Madame de Beauharnais* en février 1783, dans le deuxième numéro de la revue, accompagnée d'un discours de justification de la part de l'éditrice qui, dans la préface, fait à nouveau appel à ses arbitres fictifs. Son discours de justification souligne que ceux-ci avaient beaucoup apprécié le premier numéro de sa revue, mais s'étaient montrés jaloux des éloges à l'égard des hommes français : « Nur schmälten mich beyde, daß ich Frankreichs Männern in diesem [ersten] Heft so vielen Vorzug zu geben schiene. » (La Roche/*Pomona* 1783 : 163) Or, comment La

Roche réagit-elle face à cette objection ? Elle prétend que son choix de publier la traduction d'un conte critiquant de façon mordante les hommes français a pour seule et unique fonction de rétablir la justice et de rassurer les hommes allemands en montrant que leurs homologues français ne sont pas non plus sans défauts : « Da es auch würklich so scheint, erwiederte ich, so soll eine getreue Übersetzung der Klagen, welche die Gräfin Beauharnais über die Pariser Männer schrieb, zeigen, daß ich nichts als gerecht seyn will. Sie billigten dieses. » (La Roche / *Pomona* 1783 : 163)

Selon l'éditrice, le but principal de la publication n'est donc pas la promotion d'un conte français, mais le rétablissement de la justice entre les hommes de France et ceux d'Allemagne. Bien sûr, cette relativité entre les nations introduite par La Roche s'avère être un acte de pure diversion : La Roche détourne le regard de ses lecteurs du sujet conflictuel du conte, à savoir la relation entre les hommes et les femmes, afin de diriger leur attention vers une autre opposition très courante à l'époque, celle entre les hommes de nationalité différente. Avec Ulrike Weckel, l'on peut voir dans l'emploi de ce discours sur la différence culturelle un acte de camouflage qui sert à justifier la publication d'une traduction d'un texte émancipateur (Weckel 1998 : 224). En faisant croire à son public qu'elle souhaite apaiser la fierté froissée des hommes allemands et leur procurer une certaine satisfaction, La Roche crée en réalité une marge de manœuvre qui lui permet de mener une attaque de front contre le genre masculin tout entier. Car même si ses lectrices tiennent compte du fait que Fanny de Beauharnais parle des « Parisiens », elles feront facilement le lien avec la suprématie exercée par les hommes en Allemagne.

La deuxième stratégie de justification adoptée par La Roche consiste à affirmer la fidélité absolue du texte traduit. Afin de dissiper d'éventuels doutes, elle fait semblant de minimiser le rôle du traducteur anonyme. La seule chose qui compte, c'est, selon elle, le but de la traduction, à savoir la justice : « so soll eine getreue Übersetzung [...] zeigen, daß ich nichts als gerecht seyn will ». La traduction, elle-même devenue sujet de la phrase, doit fournir la preuve que La Roche fait valoir un sens aigu de la justice. Si l'on en croit La Roche, le traducteur ou la traductrice anonyme n'a eu aucune influence sur le texte, il/elle n'apparaît même pas en tant que tel/le dans la syntaxe de la phrase[5]. Par conséquent, l'invisibilité de l'instance traductive devient le garant de la justesse et de l'intangibilité du texte, alors que la responsabilité de son contenu n'incombe qu'à l'auteure française Fanny de Beauharnais. Dans son rôle d'éditrice, La Roche fait de nécessité vertu : elle contourne les restrictions imposées à sa revue et fait un pied de nez à ses critiques masculins. Sous couvert d'un discours sur la justice et la fidélité, La Roche réussit à introduire dans sa revue un texte extrêmement émancipateur impossible à publier sous son propre nom sans prendre des risques considérables (Nenon 1988 : 150).

Passons maintenant à l'analyse de la traduction du conte de Fanny de Beauharnais. Il est frappant de voir que les chercheurs travaillant récemment sur la revue *Pomona* ont pris l'argumentation de La Roche pour argent comptant – et

---

5   Si l'on suit Susanne Kord (1996 : 103), le refus de responsabilité face à une œuvre écrite ou traduite est une stratégie courante chez les femmes de lettres, souvent accompagnée par l'affirmation que l'œuvre a) s'est créée elle-même, b) est le fruit du hasard.

n'ont pas pris en compte l'hypothèse d'une posture stratégique de sa part. Ainsi, Elystan Griffiths affirme qu'il s'agit d'une traduction fidèle, « a faithful rendering » ; ce qui mérite réflexion, selon lui, c'est plutôt le geste d'insérer un texte émancipateur dans *Pomona* (Griffiths 2013 : 153 f.). Les propos de Griffiths sont pertinents par rapport à de nombreux passages de la traduction qui sont effectivement proches de l'original. Mais un examen attentif dévoile assez vite que d'autres passages portent l'empreinte visible du traducteur ou de la traductrice anonyme. On y trouve des interventions de nature multiple : des ajouts, des omissions, des intensifications et même des variations de sens. Voici un exemple qui montre comment la narratrice chez Fanny de Beauharnais critique la soumission du genre féminin en s'adressant directement aux hommes :

> Vous n'êtes point, comme nous, sous le glaive du public ; il ne vous est pas inexorable. Il applaudit au séducteur : c'est à sa victime qu'il insulte ; & c'est pour cela qu'il est juste. (Beauharnais/*Rêveries* : 143)

En allemand, cette critique est à la fois renforcée et élargie :

> Ihr seyd nicht, wie wir, unter der Strafruthe der allgemeinen Verdammung. – Man ist gegen Euch nicht so unerbittlich. Denn der Verführer hat Beyfall : nur das arme Schlachtopfer männlicher List und Ränke wird verurtheilt, unglücklich zu seyn : und das heißt bei Euch gerecht. (Beauharnais/*Träumerey* : 166)

La traduction allemande, bien plus longue que l'original, intensifie le dévouement de la femme en rendant le terme « victime » par « Schlachtopfer »[6], un animal sacrifié. De plus, le texte allemand précise que les femmes sont victimes des ruses et des intrigues masculines (« männlich[e] List und Ränke ») et ceci de façon continue, car, dit le texte, cette violation équivaut à une condamnation générale. Le ton sarcastique se poursuit quelques lignes plus bas :

> Chez vous, c'est à soi seulement qu'on ne fait pas justice. Je vous dis que vos qualités sont éminentes ; &, comme vous êtes infiniment bons, j'oserai les détailler. (Beauharnais/ *Rêveries* : 143)

Avec un empressement servile, la narratrice chez Beauharnais affirme que les hommes, contrairement aux femmes, sont au-dessus de toute critique. De nouveau, la description en allemand est plus longue :

> Bey Euch wird über alles gerichtet, nur nicht --- über Euch selbst. Aber ich muß bekennen, daß Ihr erhabene Eigenschaften besitzt, und weil ich weiß, daß Ihr auch unendlich gütig seyd, so hoffe ich, daß Ihr mein kleines Geschwäz von euren Verdiensten mit Geduld anhören werdet, indem ich zugleich von unsern Fehlern reden will. (Beauharnais/ *Träumerey* : 167)

---

6   Le terme « Schlachtopfer » apparaît également dans le roman de Sophie von La Roche *Geschichte des Fräuleins von Sternheim* dans un contexte identique, lorsque Madame Leidens dit à Emilie : « Auf meinem Grabe wirst Du [die Zähre] nicht weinen können ; denn ich werde das Schlachtopfer sein, welches die Bosheit des Derby hier verscharret [...]. » (La Roche/*Sternheim* : 292). On peut voir dans cette référence un indice renforçant l'hypothèse selon laquelle La Roche aurait elle-même traduit le conte de Beauharnais.

Les pseudo-éloges de la narratrice sur les vertus et les qualités masculines manifestent d'emblée son esprit ironique. En allemand, cette moquerie s'intensifie grâce à l'ajout d'une dévalorisation ostensible des femmes qui renforce encore les éloges que la narratrice vient d'exprimer.

Passons au sujet des connaissances et du savoir. Chez Fanny de Beauharnais, la narratrice reproche aux hommes de ne détenir qu'un savoir superficiel et mécanique :

> Vos motifs sont admirables ; & qu'importe l'effet ? ... C'est au principe seulement, qu'un Docteur, qu'un Sage, qu'un Homme enfin doit s'attacher.
> Voir bien, agir mieux, petits détails, bons pour des Femmes ! (Beauharnais/*Rêveries* : 142)

En allemand, la critique devient encore plus acharnée et explicite :

> Wir sollen Eure Beweggründe immer für bewunderungswürdig halten, die Würkungen mögen so schlecht seyn als sie wollen. - - - Denn weise und gelehrte Männer halten sich nur an schöne auswendig gelernte Grundsätze : Gute Einsichten, und noch bessere Handlungen – sind nur für die Weiber. (Beauharnais/*Träumerey* : 165)

Le terme « principe » caractérisant l'érudition des hommes est traduit par la formule ironique « schöne auswendig gelernte Grundsätze » («des beaux principes appris par cœur»). Selon la traduction, le savoir de l'homme est celui d'un épigone, sans génie, sans impact réel. Par conséquent, l'éducation promue par les autorités masculines, coupée de l'expérience sensible, ne fournit pas la connaissance, mais des formules creuses.

À part cet ajout, on remarque également une omission renforçant la critique moqueuse de la narratrice : tandis que le texte français emploie un rythme ternaire en énumérant le « Docteur », le « Sage » et « l'Homme », tous dotés d'une majuscule, la version allemande résume les trois termes en un seul substantif précédé par deux adjectifs : « weise und gelehrte Männer ». Dans la traduction, le rythme et donc la forme élaborée de la phrase semblent être moins importants que le contenu. Ainsi, la version allemande dirige l'attention du lecteur plutôt vers l'ajout « schöne auswendig gelernte Grundsätze ».

L'on pourrait citer d'autres exemples pour prouver que la « fidélité » proclamée par La Roche n'existe qu'en apparence ; elle est contournée ou rejetée de façon ciblée à plusieurs reprises. En réalité, les écarts entre le texte de départ et le texte d'arrivée ne se limitent pas aux omissions et aux ajouts, comme va le démontrer un passage clé où l'on trouve une véritable subversion qui fait écho à des idées très chères à l'éditrice La Roche – le progrès des femmes et l'échange entre les peuples. Ici, c'est la jeune femme déguisée en marmotte qui s'adresse au Pédant :

> Etre Citoyenne, Epouse, Mere tendre, Amie vraie, Fille respectueuse & sensible, telle est notre frivolité. (Beauharnais/*Rêveries* : 151)

Ce qui frappe le plus, c'est le terme « citoyenne » que la Marmotte introduit comme idéal féminin. En 1776, il n'était pas anodin de proclamer l'idéal de la citoyenne : nous sommes treize ans avant la *Déclaration des Droits de l'Homme et du Citoyen* de 1789, qui ne s'adressait justement pas aux femmes en tant que citoyennes. Par conséquent, la Marmotte caractérise elle-même son utopie de la « citoyenne » comme « frivole », comme une idée nonchalante et rêveuse. On retrouvera ce terme de « citoyenne » plus tard, en 1791 dans la *Déclaration des droits de la femme et de la citoyenne* d'Olympe de Gouges, une amie de Fanny de Beauharnais. Si la vision progressiste d'une femme citoyenne frappe déjà dans le texte français, la traduction, quant à elle, offre une autre perspective tout aussi émancipatrice :

> Eine gute Weltbürgerin, gute Gattin, zärtliche Mutter, wahre Freundin, ehrerbietige und gefühlvolle Tochter zu sein, dies sind die Hauptzüge unserer Eitelkeit und unseres Stolzes. (Beauharnais/*Träumerey* : 177)

Ici, l'utopie de la « citoyenne » cède la place à l'utopie de la « Weltbürgerin », la femme cosmopolite. La version allemande combine donc l'ambition politique et l'ambition culturelle : la « Weltbürgerin », c'est littéralement la citoyenne du monde entier.

Il faut souligner que la conception du cosmopolitisme, une idée clé de l'époque des Lumières (voir Albrecht 2005), fait partie intégrante de ce conte français. Chez Beauharnais, c'est la figure du Pédant qui représente le cosmopolitisme comme un domaine exclusivement réservé aux « Grands-Hommes [qui] ne limitoient pas leurs affections [et dont la sensibilité] embrassoit les quatre coins du monde » (Beauharnais/*Rêveries* : 150). L'idéal masculin est incarné par « l'Amant de l'Humanité, Censeur de sa Nation, & Citoyen de l'Univers » (*ibid.*). Or, la Marmotte se moque du cosmopolitisme des hommes érudits qu'elle juge hypocrites. Elle s'adresse au Pédant en disant : « Vous m'impatientez, avec votre humanité prise en total. Vous généralisez les choses, pour vous dispenser des soins. Les Allobroges, les Lapons, les Chinois, les Hottentots, tous ces gens-là vous tournent la tête.

Vous subordonnez vos compatriotes à eux, pour ne l'être à rien. Je ne vous ressemble point. » (Beauharnais/*Rêveries* : 151 f.) Dans le contexte du conte, on comprend que la Marmotte reproche aux hommes de prétendre s'intéresser aux autres peuples (les Lapons, les Chinois etc.), mais, à son avis, il n'en est rien. La Marmotte a l'impression que cette prétendue humanité (« l'humanité prise en total »), ce cosmopolitisme feint des hommes, leur sert d'excuse pour ne pas se soucier de leurs propres compatriotes (‹ dispenser de soins ›). En d'autres mots : l'intérêt proclamé pour d'autres peuples cache en réalité le non-intérêt pour les êtres humains dans leur entourage. Selon la Marmotte, le cosmopolitisme des hommes érudits n'est donc qu'une posture. La réplique de la Marmotte fait écho à la critique qu'exprime Rousseau dans l'*Émile* (1762) face aux ‹ faux › cosmopolites : « Défiez-vous de ces cosmopolites qui vont chercher au loin dans leurs livres des devoirs qu'ils dédaignent de remplir autour d'eux. Tel philosophe aime les Tartares pour être dispensé d'aimer ses voisins » (Rousseau 2014 : 85).

En ajoutant le terme « Weltbürgerin », la traduction allemande prétendument fidèle semble refléter la critique de la Marmotte en introduisant clandestinement un nouveau concept : le cosmopolitisme au féminin. Pour La Roche, l'éditrice (et peut-être la traductrice ?) de la version allemande anonyme, le concept de la « Weltbürgerin » réunit deux idées en un seul terme : le progrès politique des femmes associé à un vrai commerce culturel par-delà les frontières. Au fond, c'est seulement dans la traduction allemande que l'idée du cosmopolitisme s'exprime pleinement : à quoi bon en effet un cosmopolitisme feint qui, de plus, exclut la moitié de l'humanité ?

D'après nos recherches, la traduction anonyme de la *Marmotte* est l'une des premières attestations du terme « Weltbürgerin » dans toute la littérature allemande. L'emploi de ce terme se révèle une subversion qui tend le miroir à tous les prétendus cosmopolites masculins. Quelques années plus tard, chez Jean Paul, on trouve une critique féroce de l'idée de la « Weltbürgerin », dans *Levana oder Erziehlehre* (1797). En fait, les chercheurs n'arrivent toujours pas à s'entendre sur le sérieux ou l'ironie de cette critique. S'agit-il vraiment d'un « genial verdrehten Witz » (Barner 2010 : 44), d'une ‹ plaisanterie brillamment tordue ›, quand il est dit qu'une femme serait incapable d'être une « Weltbürgerin », incapable « zu gleicher Zeit ihr Kind und die vier Weltteile [zu] lieben » (Jean Paul 1797 : 685), donc ‹ d'aimer en même temps son enfant et les quatre coins du monde › ? Jean Paul ne fait-il ici que reproduire les clichés misogynes afin de les démasquer ou renoue-t-il délibérément avec un discours conservateur affirmant que la femme cosmopolite manque à la vocation féminine d'être un « Stubengeschlecht » (Jean Paul 1797 : 685), un ‹ genre domestique › ? Sans vouloir nier l'esprit moqueur de Jean Paul en général, il se peut que, dans ce cas, sa critique soit une critique réelle reflétant des préjugés largement répandus à l'époque. Mais ce n'est pas le lieu d'approfondir cette question controversée ; retournons donc à La Roche et à la « Weltbürgerin » comme idéal féminin proclamé dans la revue *Pomona*.

Au vu des différents exemples de traduction évoqués jusqu'ici, il est évident que la « traduction fidèle » promise par La Roche à ses lecteurs n'est qu'un déguisement. De façon frappante, ce déguisement renvoie au conte de Beauharnais lui-même, dont l'action se situe pour une bonne partie au milieu d'un bal masqué où la jeune femme déguisée en marmotte ne cesse de rêver d'un monde meilleur[7]. La rêverie et la mascarade qui font partie intégrante du texte original caractérisent donc également la traduction. C'est comme si le traducteur ou la traductrice anonyme, durant son travail, avait commencé à rêver à son tour, et à imaginer un monde égalitaire. Nous voici revenus à la question de la justice : non pas, comme La Roche le prétend, la justice entre les hommes allemands et les hommes français, mais la justice entre les sexes.

Il est difficile, voire impossible, actuellement, de déterminer qui se trouve à l'origine de la traduction anonyme de la *Marmotte* (Weckel 1998 : 241). La seule hypothèse que l'on peut écarter définitivement est celle d'une pseudo-traduction de la plume de Sophie von La Roche[8]. L'original français a été incontestablement publié en 1776 dans un recueil doté d'un

---

[7] La marmotte est un animal qui dort (et rêve ?) beaucoup car elle hiberne entre six et neuf mois. Chanel de Halleux (2017 : 239) souligne pour sa part la polysémie du terme « marmotte » en mettant en avant deux sens distincts : d'un côté la ‹ marmotte › qui désignerait une coiffure particulière de la jeune femme à l'occasion du bal masqué, de l'autre le verbe ‹ marmotter › (marmonner, parler de façon confuse).

[8] Bernd Heidenreich (1986 : 361) a supposé que Sophie von La Roche, elle-même, a écrit ce conte appelé « Aufsatz » (« dissertation ») qu'il considère difficilement compatible avec l'idéal de « weiblicher Sanftmut und Unterordnung » (‹ de la douceur et du dévouement féminin ›). D'après Heidenreich, Sophie von La Roche écrit ce conte en réponse aux mauvaises expériences qu'elle à faites avec des érudits. Helga Neumann, quant à elle, reprend l'hypothèse de Heidenreich en soulignant que La Roche aurait délibérément choisi le cadre d'une « rêverie » afin d'adoucir la critique sociale prononcée. Pour Neumann, il est évident que La Roche a cherché une manière discrète pour proposer des pistes de réflexion propres à initier un changement dans la société (Neumann 1999 : 67f.). Voir aussi Griffiths (2013 : 153).

titre qui nous semble être un commentaire ironique et lucide face à l'idée de la femme citoyenne : *Mélanges de Poésies fugitives et de Prose sans conséquence* (1776).

Reste à savoir si La Roche a édité la traduction d'un ou d'une auteur-e souhaitant rester anonyme ou si elle a rédigé la traduction elle-même. Dans tous les cas, il est évident que La Roche a promu cette traduction en tant qu'éditrice. Ainsi, elle a choisi de publier un texte qui, sous le masque de la fidélité, introduit clandestinement la conception de la « Weltbürgerin », une notion qu'elle n'aurait pas pu articuler sous son nom d'auteure[9].

Malgré ses efforts pour justifier la publication de textes étrangers dans sa revue, La Roche se voit bientôt confrontée à des critiques acharnées. Quelques mois après la parution du numéro spécial *Über Frankreich*, l'esprit cosmopolite de *Pomona* devient la cible d'une attaque menée par l'auteur Gottlieb Konrad Pfeffel. Dans sa lettre du 12 juillet 1783, il demande à La Roche – dont il souligne l'influence considérable sur le public féminin – de forger un « goût na-

---

9   Cette hypothèse est renforcée par le fait que Wieland, l'éditeur du roman *Geschichte des Fräuleins von Sternheim,* affirme dans sa préface que La Roche n'aurait songé ni à écrire « für die Welt » (« pour le monde »), ni à créer une œuvre d'art. Selon lui, le domaine public, le domaine de l'art et de l'érudition sont exclusivement réservés aux hommes : « Sie, meine Freundin, dachten nie daran, für die Welt zu schreiben, oder ein Werk der Kunst hervorzubringen. Bei aller Ihrer Belesenheit in den besten Schriftstellern verschiedener Sprachen, welche man lesen kann ohne gelehrt zu sein, war es immer Ihre Gewohnheit, weniger auf die Schönheit der Form als auf den Wert des Inhalts aufmerksam zu sein ; und schon dieses einzige Bewußtsein würde Sie den Gedanken für die Welt zu schreiben allezeit haben verbannen heißen » (cité d'après La Roche/Sternheim : 13 ; cf. aussi Kohl (2007 : 565)).

tional allemand » au lieu de promouvoir des textes anglais et français :

> Sie wissen nicht, verehrungswürdige Freundin, wie sehr und wie gern man Ihnen aufs Wort glaubt, und wie viel ein Genie, wie das Ihrige, zur Stimmung der besseren Hälfte Ihrer Nation beitragen könnte. Es wäre eine der edlen La Roche würdige Arbeit, die Grundlineamente des deutschen Charakters zu sammeln, von allen Auswüchsen der Gallomanie und Anglomanie zu reinigen und den deutschen Schönen deutsche Ideale von beiden Geschlechtern vors Auge zu stellen. (Cité d'après Hassencamp (1898 : 494 f.))[10]

Comme Schutte Watt l'a souligné, Pfeffel craint que les lectrices se laissent séduire par les modèles émancipateurs des pays voisins exposés dans la revue (Schutte Watt 1997 : 43). Il est intéressant de relever que Pfeffel promeut ici un discours sur l'esprit allemand pour dissimuler le vrai conflit qui est un conflit de genre.

De nouveau, l'instrument de la traduction littéraire s'avère à la fois utile et redouté : utile pour les femmes progressistes qui souhaitent introduire clandestinement certaines conceptions qu'elles savent inacceptables dans un texte allemand ; et redouté par des hommes savants comme Pfeffel, qui se rendent compte que l'échange culturel et la réception de la littérature étrangère a le potentiel de miner les modèles conservateurs en vigueur en Allemagne. En publiant la traduction du texte de Beauharnais, La Roche fait preuve d'une habileté intellectuelle extraordinaire, puisqu'elle parvient à contourner les attentes des autorités masculines pour introduire des idées subversives et émancipatrices.

10   Voir aussi Schutte Watt (1997 : 43 f.).

Peu de temps après, dans le neuvième numéro de sa revue *Pomona*, La Roche passe à la contre-attaque et défend avec verve sa politique éditoriale. Dans un texte intitulé *Ermahnungen und Entschuldigungen* [‹ Avertissements et Excuses ›], l'éditrice dit juger plus utile de traduire des textes contemporains que des textes antiques, un domaine traditionnellement réservé aux hommes :

> Unsere Männer bilden ihren Geist nach den alten Römern und Griechen. Jünglinge werden in den Schulen nie gestraft, wenn sie gegen die teutsche Sprache und gegen den Gang vaterländischer Ideen fehlen, aber wenn sie nicht genug Latein schreiben und wissen. Wo liegt hier der bessere Grund der Männer, daß sie für die Einkleidung, Ordnung und Schönheit ihrer Gedanken, für die Gesetze und Wege des Rechts fremde ausgestorbene Völker nachahmen […] ? Und warum soll es ungerecht seyn, wenn ich anerkanntes Bessere in Gewohnheiten eines uns verschwisterten lebenden Volks mir eigen zu machen, und zu geniessen suche ? Meine Leserinnen sehen hier, daß ich meiner ersten Bewegung nachgegeben habe, welche immer zu Vertheidigung einer Lieblingsidee führt […]. (La Roche, *Ermahnungen* : 836)[11]

Pour La Roche, il n'y a rien de plus naturel que l'idée du progrès grâce à la réception des cultures étrangères. Surtout s'il s'agit des œuvres « [eines] verschwisterten Volkes ». Voici encore un stratagème de La Roche : au lieu de dire « verbrüdert », elle choisit le terme « verschwistert » qui fait tout de suite penser à ‹ Schwester › (la sœur), introduisant clandestinement un élément féminin dans son propre texte. Mais comme le terme allemand ‹ Geschwister › (frères et

---

11 Voir aussi Schutte Watt (1997 : 43 f.).

sœurs) comprend les deux sexes, La Roche sait qu'elle pourra toujours justifier son choix.

À travers l'analyse de la traduction du conte de la *Marmotte* et de son contexte éditorial, nous avons élucidé le rôle fondamental joué par les textes traduits dans la revue *Pomona*. Ici, la fonction du medium de la traduction littéraire est double : au niveau du contenu, la traduction donne accès aux textes émancipateurs venant des pays voisins ; au niveau stratégique, la traduction est utilisée comme un cheval de Troie[12] qui permet d'introduire clandestinement des idées progressistes.

Nous avons vu comment Sophie von La Roche, grâce à la traduction, réussit à promouvoir simultanément deux idées qui lui sont chères : la cause des femmes et l'esprit cosmopolite. En utilisant des stratégies de déguisement et de diversion, elle parvient à publier des textes émancipateurs en traduction, qui transgressent les normes de genre imposées aux femmes en Allemagne. Par le même biais, l'éditrice de *Pomona* réussit à introduire le concept de la « Weltbürgerin », de la femme cosmopolite – un idéal que La Roche elle-même incarnera comme auteure et médiatrice tout au long de sa vie, de façon visible et parfois invisible.

---

12   Silvia Bovenschen utilise le terme « trojanisches Pferd » pour désigner le roman épistolaire grâce auquel beaucoup de femmes ont trouvé un accès au domaine littéraire, sous couvert du médium de la lettre considérée d'abord comme privée. Selon Bovenschen, il s'agit d'un « getarnte[n] Einzug vieler Frauen in die Literatur » (Bovenschen 2016 : 211).

Bibliographie

ALBRECHT, Andrea, Kosmopolitismus. Weltbürgerdiskurse in Literatur, Philosophie und Publizistik um 1800, Berlin, De Gruyter, 2005.

BARNER, Wilfried, « Sophie von La Roche im Feld kosmopolitischer Literatur der späten Aufklärung », in Barbara Becker-Cantarino & Gudrun Loster-Schneider (Hg.), « Ach, wie wünschte ich mir Geld genug, um eine Professur zu stiften » : Sophie von La Roche im literarischen und kulturpolitischen Feld von Aufklärung und Empfindsamkeit, unter Mitarbeit von Bettina Wild, Tübingen, Francke, 2010, pp. 27–44.

BEAUHARNAIS, Fanny de, Weniger als nichts oder Träumerey einer Marmotte von Madame de Beauharnais [traduction anonyme], in Pomona für Teutschlands Töchter, Heft 2 / Februar 1783, Speier, pp. 164–183.

— Moins que rien – Les rêveries d'une Marmotte, in Mélanges de poésies fugitives et prose sans conséquence par Mme la Ctesse de *** (Beauharnais), 2 volumes, Amsterdam/Paris, Delalain, 1776, volume 1, pp. 141–156.

BOVENSCHEN, Silvia, Die imaginierte Weiblichkeit. Exemplarische Untersuchungen zu kulturgeschichtlichen und literarischen Präsentationsformen des Weiblichen, Frankfurt am Main, Suhrkamp, 2016 [1979].

BROWN, Hilary, « The Reception of the Bluestockings by Eighteenth-Century German Women Writers », in Women in German Yearbook : Feminist Studies in German Literature & Culture, Volume 18, 2002, pp. 111-132.

GRIFFITHS, Elystan, « Cosmopolitanism, Nationalism, and Women's Education : The European Dimensions of Sophie von La Roche's journal *Pomona für Teutschlands Töchter* (1783–84) », in *Oxford German Studies*, 42.2 (August 2013), pp. 139–157.

HALLEUX, Chanel de, *Fanny de Beauharnais (1737–1818). Une hôtesse mondaine en quête de renommée littéraire*, Université Libre de Bruxelles, 2017, thèse de doctorat non publiée.

HASSENCAMP, Robert (Hg.), « Aus dem Nachlaß der Sophie von La Roche: Briefe von E.M. Arndt, G. Forster [et al.] », in *Euphorion* 5 (1898), pp. 475–502.

HEIDENREICH, Bernd, *Sophie von La Roche – eine Werkbiographie*, Frankfurt am Main/Bern/New York, Peter Lang, 1986.

KOHL, Katrin, *Poetologische Metaphern. Formen und Funktionen in der deutschen Literatur*, Berlin/New York, De Gruyter, 2007.

KORD, Susanne, *Sich einen Namen machen. Anonymität und weibliche Autorschaft 1700–1900*, Stuttgart, Metzler, 1996.

LA ROCHE, Sophie von, *Geschichte des Fräuleins von Sternheim. Von einer Freundin derselben aus Original-Papieren und andern zuverlässigen Quellen gezogen*. Hrsg. von C. M. Wieland, Barbara Becker-Cantarino (Hg.), Stuttgart, Reclam, 2011.

– *Über Frankreich*, in *Pomona für Teutschlands Töchter*, Heft 2/Februar 1783, Speier (= Repr. Bd. 1, München, K. G. Saur Verlag, 1987), pp. 131–163.

– *Ermahnungen und Entschuldigungen*, in *Pomona für Teutschlands Töchter*, Heft 9/September 1783, Speier (= Repr. Bd. 2, München, K. G. Saur Verlag, 1987), pp. 829–845.

MAURER, Michael, « Sophie von La Roche und die Französische Revolution », in *Wieland-Studien* 2 (1994), pp. 130–155.

NENON, Monika, *Autorschaft und Frauenbildung. Das Beispiel Sophie von La Roche*, Würzburg, Könighausen & Neumann, 1988.

NEUMANN, Helga, *Zwischen Emanzipation und Anpassung : Protagonistinnen des deutschen Zeitschriftenwesens im ausgehenden 18. Jahrhundert*, Würzburg, Königshausen & Neumann, 1999.

PAUL, Jean, *Levana oder Erziehlehre*, in Jean Paul, *Sämtliche Werke*, Abteilung I, Fünfter Band, Norbert Miller (Hg.), Lizenzausgabe, Darmstadt, Wissenschaftliche Buchgesellschaft, 1995, pp. 515–874.

ROUSSEAU, Jean-Jacques, *Émile ou De l'éducation*. Texte établi par Charles Wirz présenté et annoté par Pierre Burgelin, Paris, Gallimard, 2014 [1969].

SENSCH, Patricia, *Sophie von La Roches Briefe an Johann Friedrich Christian Petersen (1788–1806)*, Kritische Edition, Kommentar, Analyse, Berlin/Boston, De Gruyter, 2016.

SCHUTTE WATT, Helga, « Sophie La Roche as a German patriot », in Patricia Herminghouse et al. (eds.), *Gender and Germanness. Cultural Productions of Nation*, Providence/Oxford, Berghahn Books, 1997, pp. 36–50.

WECKEL, Ulrike, *Zwischen Häuslichkeit und Öffentlichkeit : Die ersten deutschen Frauenzeitschriften im 18. Jahrhundert und ihr Publikum*, Tübingen, Niemeyer, 1998.

Pseudo-traductions au féminin :
Des femmes de papier aux femmes de lettres
Lecture de *Kanor* de Marie-Antoinette Fagnan[1]

Camille Logoz

Abstract

By blurring the boundary between translation and original creation, pseudo-translations trouble the binary principle that often sets the source and target texts against one another. The purpose of this article is to observe how Marie-Antoinette Fagnan's tale of *Kanor* (1750) not only challenges binary oppositions in its designated genre but also in its subversion of the gender divide. The implications of the phenomenon of pseudo-translation are first discussed, especially inasmuch as it often presents a male author imitating a (fantasized) female source, and then exemplified by Madame Fagnan's ironic and parodic tale which does the opposite.

Le phénomène des pseudo-traductions porte bien son nom : il désigne des textes qui se présentent comme des traductions, mais qui n'en sont pas[2]. Quand on s'occupe de pseudo-

---

[1] Je tiens à remercier ici les éditrices de ce volume pour leur aide et leurs précieux conseils ainsi que Valérie Cossy en particulier pour sa relecture attentive et enrichissante. Cet article est issu de mes recherches en cours menées dans le cadre d'un mémoire de Master sur les pseudo-traductions intitulé *Pseudoübersetzungen. Zwischen Binarität und Bitextualität*.

[2] Pour une définition plus complète et précise du phénomène de la pseudo-traduction, voir Rambelli (2009) et Rath (2014).

traductions, on a donc affaire à deux textes dont les natures divergent du tout au tout : d'un côté un texte imprimé, comme on a l'habitude d'en lire, de l'autre un texte fictif, inaccessible, car inexistant. Il s'agit, dans le cas de ce deuxième texte imaginaire, d'un prototexte ou d'un hypotexte[3] : le supposé original.

Les pseudo-traductions mettent donc en scène l'acte du traduire. Des péritextes introductifs font valoir cette autodésignation à travers des éléments topiques[4], produisant ainsi une « ironisation » du traduire[5] et (en tant que système de réflexion et de conception idéalisant) une utopie, voire une hétérotopie[6] de la traduction – au sens que lui a donné Michel Foucault d'une utopie réalisée, localisable, qui représente, conteste et inverse un espace réel, confinant et circonscrivant

---

3   Voir Gérard Genette dans *Palimpsestes* (1982).
4   Pour renvoyer au topos de la traduction, les pseudo-traducteurs ou traductrices se contentent rarement des mentions évidentes et habituelles de la traduction et de la langue d'origine en page de garde. Cette indication se retrouve ainsi régulièrement en couverture, voire même dans le titre (*Lettres portugaises traduites en français*), généralement suivies par une préface ou un avis au lecteur rappelant le relais discursif impliqué par ce statut et recommandant la méfiance. Les lieux communs de la traduction ainsi introduits (non immédiateté de la parole, difficulté à transmettre, restitution incomplète, aspects intraduisibles, partage nécessaire de cette voix au-delà de la frontière linguistique, etc.) sont parfois relayés par des digressions dans le corps du texte.
5   D'après le titre de l'article de David Martens, « Au miroir de la pseudo-traduction. Ironisation du traduire et traduction de l'ironie », in *Linguistica Antverpiensa* 9, 2010, pp. 195–211.
6   Cf. Michel Foucault, « Des Espaces autres. Hétérotopies », in *Architecture, Mouvement, Continuité* 5, 1984, pp. 46–49. Conférence tenue pour la première fois au Cercle d'études architecturales le 14 mars 1967, disponible en ligne sous http://foucault.info/doc/documents/heterotopia/foucault-heterotopia-en-html (dernier accès : le 8 mai 2017).

un espace de crise ou de déviation. En effet, les pseudo-traductions ont le potentiel de questionner des principes et des stéréotypes qui régissent la vision habituelle de la traduction et son rapport à la création littéraire et à la notion d'origine. Dans ces dispositifs, la traduction n'est dès lors pas tenue secrète, passée sous silence, ou rendue invisible. Bien au contraire, elle est elle-même gage de vérité et d'autorité. Le principe binaire qui tend à opposer texte source et texte cible est ici caduc[7]. Comme le résument David Martens et Beatrijs Vanacker, « l'expérience de la pseudo-traduction pointe que toute traduction constitue à plusieurs égards un original » (Martens & Vanacker 2013 : 483).

La pseudo-traduction postule une altérité certes feinte (celle de la langue et du texte source), mais qui domine et régit le texte. Pour que la scénographie traductive fonctionne, le texte mise sur une hétérogénéité fondamentale. La figuration voire l'invention de cette étrangeté passe par un rapport de négociation avec l'Autre pouvant aller jusqu'à l'instrumentalisation de stéréotypes socioculturels. Puisant dans ces ressources de caractérisation pour provoquer un phénomène d'éclairage en retour, « la traduction fictive de l'Autre est indéniablement mise au service d'un reflet du Même » (Martens & Vanacker 2013 : 487). Dès lors, comment cette différence et cette altérité se manifestent-elles ? Comment sont-elles rendues présentes dans le texte ? On voit comment le montage de cette source endogène ouvre la porte d'un terrain de jeu iné-

---

7   Il conviendrait évidemment d'historiciser cette pensée du traduire, a fortiori au XVIIIe siècle lors de la vogue des « belles infidèles ».

puisable par la mise en place de modes de significations spécifiques ou autres systèmes rhétoriques (voir Herman 2013).

La pseudo-traduction est une pratique littéraire ou un mode d'écriture qui traverse les époques et les littératures[8]. Certaines ont intégré le canon, à l'instar de *J'irai cracher sur vos tombes* de Boris Vian ou des *Lettres persanes* de Montesquieu, faisant au passage oublier leur scénographie instituante et bénéficiant de la lecture directe et sans méfiance propre à l'original qu'elles prétendent ne pas être. Cet article se concentrera sur des pseudo-traductions mettant en jeu des rapports de force tant au niveau de l'opposition entre original et traduction que dans les relations masculin-féminin, et ce dans deux configurations bien distinctes. Nous aborderons ainsi dans un premier temps le cas de pseudo-traductions mettant en scène une auteure soi-disant féminine supposément traduite par un homme, ce qui permettra d'introduire les enjeux de la pseudo-traduction et des structures de genre pensés ensemble. Puis nous observerons à travers une étude de cas comment une auteure du XVIIIe siècle se sert de ce dispositif pour proposer, en passant par la description de relations entre les sexes dominées par l'amour et le plaisir réciproques, une lecture plus inclusive des textes, qu'ils soient traduits ou non.

---

[8] Pour une étude générale du phénomène de la pseudo-traduction, voir Ronald Jenn, *La Pseudo-traduction, de Cervantes à Mark Twain*, Louvain-la-Neuve, Peeters, 2013. Les volumes édités par David Martens et Beatrijs Vanacker (*Les Lettres romanes* 67 (3–4), « Scénographies de la pseudo-traduction », 2013) et Beatrijs Vanacker & Tom Toremans (*Interférences littéraires* 19, « Pseudo-traduction. Enjeux métafictionnels / Pseudotranslation and Metafictionality », 2016) rassemblent également des articles sur des pseudo-traductions de différentes langues et époques.

Les textes correspondant à la première catégorie (pseudo-traduction masculine d'une auteure féminine) ont la particularité de souvent partager une deuxième caractéristique commune : celle de relever d'une écriture de l'intime, de l'amour ou de l'érotisme, à l'image du *Théâtre de Clara Gazul* de Mérimée, des *Œuvres complètes de Sally Mara* de Raymond Queneau, des *Lettres portugaises* de Guilleragues et des *Chansons de Bilitis* de Pierre Louÿs. On pourrait dire que l'acte de traduire tout autant que le genre féminin et la sexualité féminine sont ainsi instrumentalisés. Le texte présente l'écriture d'une femme[9] – tant dans le sens d'une écriture féminine que dans le sens d'une femme écrite, inventée par le texte. L'écriture fait dès lors office de substitut, d'échantillon, de figuration voire de totémisation du corps manquant. Afin de convoquer ce corps fantasmé, cette femme-texte est sensualisée, érotisée, comme dans cet extrait des *Lettres portugaises*, où elle se fait porteuse de la passion et de la détresse de la religieuse, jusqu'à les transposer dans un mouvement irrépressible :

> Adieu, il me semble que je vous parle trop souvent de l'état insupportable où je suis : cependant je vous remercie dans le fond de mon cœur du désespoir, que vous me causez, et je déteste la tranquillité, où j'ai vécu, avant que je vous connusse. Adieu, ma passion augmente à chaque moment. Ah ! que j'ai de choses à vous dire. (Guilleragues 2009 [1669] : 68)

---

9   Je reprends cette formulation à Alain Brunn, qui a édité et introduit les *Lettres portugaises* chez Flammarion (cf. Guilleragues 2009 [1669], p. 28).

De tels textes donnent donc à lire une femme, tant en nous faisant accéder à son écriture qu'en proposant une représentation fixe de la féminité[10]. Ici, la traduction est le prétexte d'une stratégie d'affirmation factice du féminin, puisque ces auteures, ces femmes de lettres sont, littéralement, faites de lettres, montées de toutes pièces, n'existant que sur papier.

Penser la traduction et le genre ensemble est fructueux[11]. Tous deux mobilisent les mêmes paradigmes et les mêmes catégories d'original et de dépendance, de fidélité et de lisibilité. La traduction et le sexe féminin ont été souvent assujettis aux mêmes systèmes d'oppression et de secondarisation, ils ont été caractérisés par des images similaires de manque et de perte et tous deux soumis à des critères normatifs et à une volonté de stabilisation et d'immobilisation. Dans cette logique de réception qu'Arno Renken qualifie de « territoriale, stable et subsumable » (Renken 2012 : 35), tout ce qui ne s'intègre pas doit être évacué ou tout du moins justifié. La traduction inquiète et menace quand elle s'autorise des détours, quand elle s'expose à l'étranger et l'intègre, « quand elle cesse d'être évaluable à partir d'un lieu sûr et qu'elle s'autonomise » (Renken 2012 : 30). Elle désécurise et « intranquillise » quand elle a un statut non défini, quand elle s'approprie l'ambivalence de l'étranger, quand elle « trouble et se laisse troubler » (Renken 2012 : 41), en bref : quand elle de-

---

10   Cf. Judith Butler, *Trouble dans le genre*, 2005 [1990]. Sa conférence « Faire et défaire le genre » présente de façon plus concise ce concept de « lisibilité du genre ». Elle est disponible en ligne sous http://www.passant-ordinaire.com/revue/50-701.asp# (dernier accès : 8 mai 2017).
11   Voir en particulier l'article fondateur de Lori Chamberlain (1988) et les travaux de Susan Bassnett (2014), Sherry Simon (1996) et Luise von Flotow (1997).

vient affaire de plaisir. De la même manière, ce que cette comparaison nous invite à prendre en considération au sujet des productions d'identités de genre, c'est à quel point celles-ci relèvent d'une performance : on donne à lire quelque chose qui n'est pas la transposition d'un état ontologique.

Ma proposition est donc que les pseudo-traductions ont le potentiel de mettre en lumière le caractère dialectique et le pouvoir performatif de la traduction et de la différence sexuelle, bien qu'elles ne semblent à première vue que répondre à un objectif injonctif de modélisation d'une langue et d'une sensibilité dites féminines :

> Les pseudo-traductions semblent remettre en cause toute compréhension étroitement binaire de l'acte de traduction et de l'objet « traduction », qui repose sur le clivage traductionnel entre le texte-source et le texte-cible. (Martens & Vanacker 2013 : 482)

Les pseudo-traductions insèrent le doute, invitent à une lecture subvertie, elles célèbrent « l'événement d'une étrangeté » (Renken 2012 : 14), dévoilent un entre-deux et inaugurent une nouvelle forme d'érotisme : la bitextualité, à laquelle participent le plaisir de la fiction et une rhétorique de la complicité, dégageant un pouvoir émancipateur.

Il y a donc un geste de la pseudo-traduction, et il est ambivalent. D'une part la pseudo-traduction permet de jouer avec les antagonismes, de marquer clairement une distance et de redéfinir par la mise en œuvre d'une rhétorique recourant à l'artifice d'une soi-disant source étrangère une sexualité et expression féminines ainsi qu'une conception de la traduction par rapport à la création littéraire. D'autre part la pseudo-traduction s'avère également un instrument ou un dispositif de renversement capable de mettre à jour ces divisions comme précaires et mouvantes, pour ramener au premier plan une vision dialectique et émancipatoire de la traduction et du genre. Cette hypothèse implique un certain nombre de présupposés qu'il conviendrait d'explorer dans un travail de plus grande ampleur mais que je propose néanmoins d'amorcer ici. Premièrement, elle demande d'admettre qu'on lit une traduction différemment d'un original, que le péritexte suffit à orienter et conditionner cette attitude de lecture et que la traduction continue de fonctionner comme paradigme de lecture alors même que le simulacre a été découvert comme tel et donc que le véritable mode de production du texte est connu de tous. D'autre part, étant donné que ces textes invitent à considérer le féminin comme horizon de lecture en insistant sur leur production originelle, cela implique de croire en une écriture dite féminine. Enfin, mon approche sous-entend qu'il y a des traits récurrents et des analogies dans cette pratique spécifique de la pseudo-traduction permettant de la théoriser comme geste non seulement ontologique et propre à la posture de l'auteur·e, mais également intellectuel et poétologique.

En contraste avec ces femmes de papier s'offre alors l'expérience des pseudo-traductions cette fois-ci réellement écrites par des femmes. Au XVIIIe siècle, notamment à la suite de la vague du roman anglais (Charles 2013), les pseudo-traducteurs et les pseudo-traductrices sont légions. Parmi ces dernières, nous nous arrêterons dans cet article sur Marie-Antoinette Fagnan, dont on ne sait quasiment rien si ce n'est qu'elle a vécu entre 1710 et 1770 et qu'elle est l'auteure de plusieurs contes français se distinguant par leur recours à l'ironie et à la parodie dans la veine de l'érotisme ou carrément de la scatologie. Il s'agit donc d'une écriture véritablement subversive, qui comme on va le voir s'appuie sur les ressources performatives et ludiques de la pseudo-traduction.

Kanor, publié en 1750, est un texte appartenant au genre des contes parodiques et licencieux[12] qu'on a surtout lu jusqu'ici comme une critique du pouvoir (Hölzle 2007) ou un point de vue inédit sur le mariage et la sexualité (Collins 1992). Il met en scène deux peuples sauvages, les Kanoris et les Alzophas, qui se retrouvent tous deux victimes d'un mauvais sort lancé par Fierotine, une fée mécontente du mauvais accueil qu'on lui a réservé lors d'une soirée de gala. Pour les punir, elle change les Kanoris en géants, tandis qu'elle réduit la taille des Alzophas à un « demi pouce »[13]. Recherchant la cause de leur transformation, les sauvages découvrent sur les murs des signes mystérieux laissés par Fierotine, traces de son sortilège. Ils font alors appel à une myriade de spécialistes dans le but de les déchiffrer, ce qui ne se fait que laborieusement jusqu'à l'intervention d'une sorcière à même de délivrer la clé de l'énigme. Celle-ci leur apprendra que les deux peuples sont condamnés jusqu'à ce qu'un prince et une princesse issus respectivement de chacun des deux peuples soient

---

12   Il a d'ailleurs été réédité dans Robert (1987).
13   Cette exploitation de la problématique des tailles et des échelles de grandeur pour donner lieu à une critique politique et sociale est courante dans la veine satirique du XVIIIe siècle, voir *Gulliver's Travels* de Swift (1726) et *Micromégas* de Voltaire (1752). Il est fort probable que Mme Fagnan s'est inspirée de l'œuvre de Swift en écrivant le conte *Kanor* qui a aussi été publié dans un volume de *Gulliveriana* :
https://books.google.ch/books/about/Gulliveriana_Burnt_S_A_vo yage_to_Cacklog.html?id=Kv5ZAAAAMAAJ (dernier accès le 3 novembre 2017). Voir aussi l'article sur *Kanor* dans les *Lettres sur quelques écrits de ce tems*, Vol. 4 (1751), pp. 63–72. Je ne peux analyser ici les liens intertextuels entre *Gulliver's Travels* et *Kanor* qui dépassent le cadre de ma contribution.

capables de s'aimer, malgré leur énorme différence de taille. Fierotine cherche bien sûr à empêcher toute éventualité de réalisation de ladite prophétie, de sorte que quand une princesse alzopha naît enfin après des générations et des générations sans descendance féminine royale (à l'occasion de quoi Mme Fagnan ne manque pas de remarquer l'intérêt soudain qu'on porte à la naissance des filles), la fée s'emploie férocement à l'éloigner de ses deux prétendants kanoris, les princes Zaaf et Aazul. C'est du premier que la princesse Babillon tombera amoureuse. Tandis qu'auprès du monde il passe pour idiot à cause de son manque d'agilité verbale, le récit révèlera cette tare comme étant en réalité une preuve de maîtrise du véritable langage du cœur. Fierotine enlève alors Babillon, rapidement rattrapée par Zaaf, et les perd tous deux dans la forêt des jours durant en créant un épais brouillard pour les cacher aux yeux de ceux qui se sont lancés à leur recherche. Elle profite de cette disparition qu'elle a arrangée pour séduire sous les traits de Babillon Aazul, l'autre prince kanori, tant pour compromettre la princesse que par pur désir de luxure. Ce dédoublement, notamment lors des scènes de mariage (qui se réduisent à sa consommation), provoque un quiproquo quand les deux frères rentrent au palais, tous deux persuadés d'avoir épousé la princesse. Mais la vérité fait rapidement surface, et l'amour entre Babillon et Zaaf étant véritable, le sortilège prend fin.

La page de titre et l'avant-propos du conte mettent directement en évidence le topos de la traduction, conformément à la rhétorique de la pseudo-traduction qui passe par une verbalisation pour la rendre ostensible et au caractère rituel et instituant de ces péritextes. Dans le titre, le conte se donne d'emblée comme « traduit du sauvage ». En faisant référence à la supposée langue source à travers ce mirage qu'est la « langue sauvage », Mme Fagnan reprend un topos important du XVIIIe siècle et choisit un terme qui représente l'étranger et l'origine par excellence, exacerbant ainsi le jeu de projection d'une altérité et d'un original propre à la pseudo-traduction. Au XVIIIe siècle, le sauvage faisait office de figure de l'origine et de l'état de nature. Comme Rousseau ou Diderot[14], Mme Fagnan vient puiser dans ce potentiel expérimental et théorique. Variante de la figure de la table rase, cette nébuleuse insaisissable de la « langue sauvage » lui permet de postuler une figure originelle textuelle imaginaire. La traduction bénéficie dès lors d'une existence parallèle et non dérivée. Tout comme le sauvage ne serait pas à voir comme une image de l'homme européen quelques siècles auparavant destiné à atteindre un même niveau de civilité, la traduction n'est pas un texte aspirant éternellement à un état de perfection et de complétude situé quelque part au-delà de lui-même.

L'avant-propos s'étend quant à lui sur la référence au texte manquant, maintenant sous son emprise le texte effectivement disponible :

> Un manuscrit sauvage, bien ancien, & bien entier, est une piece fort rare, parce que ce n'est ni de l'écriture, ni du dessein, ni de la découpure, ni des nœuds qui forment les caracteres, ce sont uniquement certains plis, certaines grimaces formées sur de grandes feuilles d'arbres, sur de petites écorces, sur des lames de quelques méteaux & des arrêtes de poisson, sur quelques morceaux d'étoffes taillées,

---

14 Quelques années plus tard paraîtront le *Discours sur l'origine et les fondements de l'inégalité parmi les hommes* (1755) et le *Supplément au voyage de Bougainville* (1772).

chiffonnées, pliées, & repliées en tout sens, & de toutes façons, sur des fleurs, sur des fruits rayés & coupés à certains endroits (Fagnan 1750 : avant-propos)[15].

L'évocation d'une matérialité perdue, qui n'apparaît donc que sous cette forme endeuillée de trace, est ici portée à son comble, puisqu'on nous parle d'un texte qui serait inscrit sur des bouts de matières diverses et éparses. Ici, l'absence du texte source est rendue d'autant plus évidente et problématique puisqu'on le dit assemblé de pièces totalement disparates, dont des bouts ont inévitablement été égarés. Ce manque, dès lors à combler, évoque un état textuel fantôme de complétude et de perfection :

> Quelque intelligence que l'on ait de la langue, si l'on perd une grimace, si l'on manque un pli, on perd la suite d'un ouvrage, la finesse d'une pensée, & le sens d'un Auteur. Si donc on trouve quelque chose qui déplaise, qui manque de sens & de suite dans cet ouvrage, ce ne sera ni la faute de l'original, ni la mienne ; ce sera quelque pli manqué, quelque brin d'écorce, quelque lambeau perdu. (Avant-propos)

Cette instance insaisissable, qu'il suffit de mentionner pour qu'elle hante le texte (Capel 2015), a l'avantage de questionner l'aptitude visuelle et optique de celui qui entrevoit. On n'est en effet jamais certain d'avoir véritablement aperçu un fantôme. Cette mise à l'épreuve du regard joue un grand rôle, puisque au-delà de l'avant-propos, c'est tout le texte qui s'emploie à mettre en avant l'importance de l'habileté à distinguer, celle d'une capacité non seulement analytique mais également de discernement, en bref : l'importance de savoir

---

15   L'orthographe d'origine a été conservée.

trier le bon grain de l'ivraie, en dépit de quoi « l'or & les diamants brutes paraissent une matiere vile aux yeux qui ne savent pas les connoître » (Avant-propos). Dans *Kanor*, la traduction va bien au-delà des mots, elle agit comme paradigme de déchiffrage, de reconnaissance d'une signification et de (re)constitution de cohérence, comme à l'occasion du travail sur l'énigme laissée par Fierotine pour coder son sortilège :

> Quelques jours après on vit sur les murs de la salle, des caracteres étrangers, & presque effacés ; on y fit peu d'attention alors ; mais on s'en souvint dans ce moment : on ne douta plus qu'ils ne fussent la clef de l'énigme ; comment les déchiffrer ! Personne n'y pouvait rien entendre. On eut recours aux oracles, aux devins, aux diseurs de bonne avanture ; tous entendaient à merveille ces caracteres magiques, ils les expliquaient fort clairement, à ce qu'ils disaient ; mais dans le vrai, leurs réponses étaient encore plus obscures que les caracteres mêmes. (Fagnan : 47–48)

Dans un premier temps personne ne décode les symboles, et le conte semble se rire de ceux qui prétendent avoir saisi leur sens. Est-ce une façon de dire qu'on n'a jamais fini de chercher à comprendre ? Par cette interrogation, le conte de Fagnan s'inscrit contre l'exigence conclusive rattachée à la traduction, de laquelle on attend qu'elle livre un texte clos sur lui-même, équivalent à l'original qu'il donnerait à comprendre d'un bloc. L'énigme ne se laissera finalement entendre que lorsqu'une copie, une retranscription sera transmise à la sorcière. De là à la traduction, il n'y a qu'un pas, que la sorcière exécute en prononçant la prophétie de manière à la rendre compréhensible et accessible à tous.

D'autres pistes permettent de penser la traduction à partir de *Kanor* comme écart volontaire, éclairage supplémentaire, un décalage dont il faut prendre acte car susceptible de révéler certains éléments. Quand « Fierotine avoit pris toute la figure de Babillon ; [...] tout y étoit » (107). Elle se résume alors à une « copie exquise », sans modification ni altération, transposition qui se suffit à elle-même, car « quand on a une fois bien pris la ressemblance de quelqu'un, le plus fort est fait » (108). Cependant, la prestation de Fierotine reste à l'état de « répétition », « chacun des tableaux [étant] le pendant de l'autre » (121). Ces répliques sont certes exactes mais elles relèvent de la pâle imitation, du grimage, de l'auto-proclamation, si ce n'est de la tromperie : de faibles équivalents, qui au final ne peuvent être que décevants. Ainsi il serait préférable de prendre en compte cette action transformative, qui n'est pas une faiblesse, mais bien l'essence de la traduction : « la nature ne se laisse jamais imiter, que d'une façon méchanique & imparfaite » (Fagnan : 129). Dès lors, il vaut mieux renoncer au calque, à la représentation et à la figuration, pour se consacrer à une autre forme d'imitation, émulatrice et productive, où la dérivée se constitue une valeur propre et où l'original officie plutôt comme inspiration et stimulation.

Cette capacité de transcription, d'écriture et de réécriture requiert avant tout une compétence de lecture (sur laquelle l'avant-propos attire d'ailleurs l'attention) et de communication, exemplairement maîtrisée par certains personnages de l'histoire. Babillon par exemple, « quoiqu'elle n'eût qu'une langue, [...] s'en servoit avec tant de supériorité & d'avantage, qu'elle sembloit parler les deux jargons à la fois » (Fagnan : 61). Cette aptitude interprétative est un talent qui peut certes s'entraîner, mais qui est présenté comme inné. Ainsi l'outil qui permet de détecter des messages et de les recevoir, c'est le corps tout entier, un corps dominé par la sensation[16], qui « investit les sentiments, la sociabilité [et] le langage » (Chabut 2009 : 505). Il advient à la conscience et devient savoir – un savoir instinctif et donc vrai. En outre, le corps n'est pas seulement un instrument de captation : il peut aussi devenir éloquent. Dans l'écriture de Mme Fagnan, le corps est effectivement plus qu'un capteur sensitif : il est également parlant.

Le récit insiste bien sur le fait que la maîtrise discursive dans le sens de langage articulé et comme par trop raisonné dénote une incapacité à faire passer des messages. Autrement dit, quoiqu'on tente de formuler, si on n'écoute pas d'abord son cœur et son corps, on ne dira jamais l'essentiel. Ainsi, « pendant que les politiques se perdoient en raisonnements et conjectures ... » (Fagnan : 22) et déblatèrent à l'image d'Alzopha qui « fit un discours tout plein d'éloquence, mais peu fourni de bon sens » (Fagnan : 23) ou de son fils Aazul, qui avec « une douzaine de courtisans qui étoient à cheval, ayant commencé par deliberer longtemps, & dire bien des phrases inutiles ... » (Fagnan : 77), d'autres, comme Zaaf, emploient un langage et des moyens spontanés, rudimentaires et naturels, bien plus à même de *faire sens* :

> Ils garderent quelques temps le silence, enfin Zaaf le rompit, & prononça quelques mots mal articulés, & peu suivis, qui peignoient bien mieux le désordre, & la passion sincere de son âme, que les discours étudiés & fleuris de nos aimables, ne savent le faire. (Fagnan : 96–97)

---

16   Ici, Mme Fagnan touche à une autre interrogation fondamentale du XVIIIe siècle, celle du lien entre d'une part le corps et les sentiments et d'autre part la raison et la morale. Voir par ex. la « Lettre sur Locke » de Voltaire ou le *Traité des sensations* de Condillac.

> Rien ne dit mieux qu'un pareil silence : la preuve qu'il dit bien, c'est qu'il est entendu à merveilles de celles à qui il s'adresse. (Fagnan : 123)

Ce langage authentique est un langage qui, il va sans dire, se passe de traduction. Il est immédiatement compréhensible. Ensemble, physiologie et nature permettent une lecture sensualisée du monde, qui s'ancre dans le corps. Art du plaisir et langage du corps se conjuguent alors pour offrir une expérience sensorielle renseignant sur le monde alentour – à condition d'être partagée : « Devons tout au plaisir, ma chere Princesse : devons lui le bonheur de notre vie » (Fagnan : 92). La réciprocité est même une composante primordiale de ces actes de transmission : ils doivent répondre à un besoin mutuel. C'est d'ailleurs ainsi que Mme Fagnan décrit les mariages idéaux conclus par les sauvages :

> [Cette] espèce de mariage, que l'amour fait seul, n'a besoin que de l'amour même : [...] Lorsque deux Sauvages s'aiment, qu'ils en sont sûrs, & qu'ils peuvent le prouver, le mariage est fait : il est aussi solide, & aussi bon que l'autre, dans leurs religion & dans leur police. (Fagnan : 117–118)

Entre texte et lecteur, un même rapport de « dialogicité » se met en place, porté par le dispositif représentatif de la pseudo-traduction qui vient en souligner le rapport dialectique. À l'image de cette entente, le conte de Mme Fagnan, en misant lui-même sur l'évocation comme mode discursif (par exemple dans la mention du supposé original ou dans la description des scènes sexuelles), plaide pour une lecture de connivence et un rapport semblable de complicité avec le texte. Et plus on se risque à ce partage, plus on renforce ce mode d'appréhension sensuel, relevant de l'évidence, où les signes s'exhibent et où l'interprétation s'impose à soi. Dans cette conception, quelle meilleure preuve de maîtrise que l'Amour, qui devient le gage qu'on peut inspirer ce genre d'évidence et que l'on peut soi-même être touché par l'immédiateté et la pureté de gestes semblables :

> Bientôt après ce fut une honte pour les uns & pour les autres, de rester grands, ou petits ; c'étoit une preuve sûre, ou qu'on étoit incapable de bien aimer, ou qu'on n'avoit rien de ce qui pouvoit inspirer une vraie passion. (Fagnan : 167–168)

Cet appel à l'abandon sera d'ailleurs le dernier mot du récit : « le véritable amour fait des miracles » (Fagnan : 169). Là, réclamant un esprit tant lucide que ludique, se trouve un réservoir puissant de production de sens. Cette proposition diégétique reflète une conscience aiguë du plaisir que la fiction est susceptible de procurer et du potentiel qui en découle, illustré concrètement par l'ambiguïté sur laquelle repose toute pseudo-traduction.

« Ce n'est plus moi qui parle, je traduis » : c'est ainsi que Mme Fagnan conclut son avant-propos. Pourtant, partout dans la suite du roman, elle s'autorise des incises à la première personne, des adresses directes, des digressions explicatives qui dans l'univers diégétique, par leur ethnocentrisme français et courtois, ne sont attribuables qu'à elle, la (pseudo-)traductrice. Comment comprendre ce brouillage énonciatif ?

En passant par la pseudo-traduction, Mme Fagnan fait de l'original une page blanche et se libère de l'emprise de la lettre, ce qui lui permet d'aller plus loin encore dans la subversion de son conte. De plus, le modèle de (re)production textuelle choisi par Mme Fagnan dépend lui aussi de la capacité à manipuler les codes. L'éclatement énonciatif jette un écran de fumée, qui à l'image du brouillard de Fierotine embrume et brouille la structure narrative. En se donnant comme réfraction imparfaite, comme trompe-l'œil narratif (Saint-Gelais 2014), la pseudo-traduction met en cause la validité même de la représentation, les caractères codifiés et artificiels. Elle invite à repenser la définitude du texte et son (in)achèvement. Elle appelle une lecture dédoublée, une lecture bienveillante du soupçon, à laquelle Mme Fagnan elle-même engage dans son avant-propos :

> Il me reste un mot essentiel à dire, j'allois l'oublier, en quoi j'aurois encore ressemblé à bien des faiseurs de Préface. C'est que, dans un Avant-propos sauvage, où l'Auteur se loue aussi comme de raison, il déclare qu'il n'y a dans son Ouvrage aucun sens caché, aucune Allégorie ; il traitte les Chercheurs perpétuels d'allusions malignes, comme des ennemis du véritable gout qui doit regner dans ces sortes d'Ouvrages ; il soutient & prouve d'une façon sçavante qui ne me convient pas, que l'on peut plaire par l'intérêt, par l'agrément des images, par la finesse du sentiment, par la variété, la vérité des Couleurs, & la finesse du stile, indépendamment de toute allegorie : plaira-t'il ainsi dans notre langue ? je l'ignore. (Fagnan : avant-propos)

La pseudo-traduction possède donc, par sa dimension métafictionnelle et sa fonction réflexive et commentative (Vanacker & Toremans 2016), un réel pouvoir critique et révélateur de la façon dont un texte se donne à lire. C'est bien dans ce sens que va aussi la définition que donne Brigitte Rath des pseudo-traductions (Rath 2014), en proposant de les penser comme un mode de lecture oscillant entre une perception du texte comme original et comme traduction.

Au cours de cet article, nous avons vu de quelle manière les pseudo-traductions questionnent notre regard auquel elles offrent, en contribuant à leur visibilité, soit des femmes de papier, objets représentés dans les mythologies, soit des femmes de lettres, agentes d'un important dispositif de subversion. Nous avons vu aussi comment, en pointant vers un texte manquant et inexistant, elles font place à une écriture sensuelle, incarnée, qui oscille entre dualisme et dualité, entre binarité et bitextualité. Par ce travail, j'espère avoir également montré la nécessité de ne pas se limiter, comme le fait la majeure partie des études consacrées à la pseudo-traduction, à l'analyse des péritextes, qui informent certes sur le geste sociologique et auctorial de la pseudo-traduction, et de se plonger dans le texte lui-même pour aborder son potentiel poétique et philosophique. Si la pseudo-traduction suggère une forme d'engagement envers les textes, je crois que l'emploi qu'en fait Mme Fagnan est celui d'un plaidoyer pour une pratique générale de lecture et d'écriture qui soit plus souple, affranchie des règles, émancipatoire et bien sûr inclusive, notamment de la traduction. Elle suggère qu'à chaque lecture le texte « n'est jamais ‹ tout à fait le même ›, et invite à le lire indéfiniment *comme un autre* » (Watier 2015). Loin d'un idéal de « nudité, transparence, dévoilement et dénuement » (Renken 2012 : 233), elle invite à dériver, errer, traverser, voyager, explorer, mouvoir, émouvoir, à s'ouvrir au multiple et à se risquer à l'indéfini.

Bibliographie

BASSNETT, Susan, « Translation and Gender », in *Translation*, London, Routledge, 2014, pp. 59–80.

BUTLER, Judith, *Trouble dans le genre. Le féminisme et la subversion de l'identité*, trad. Cynthia Kraus, Paris, La Découverte, 2005 [1990].

CAPEL, Marie, « Spectres de Derrida. Pour une hantologie de la littérature », in *Fabula*, 2015, URL : http://www.fabula.org/atelier.php?Spectres_de_Derrida.

CHABUT, Marie-Hélène, « Le corps équivoque dans quelques romans de femmes au XVIIIe siècle », in Monique Moser-Verrey et al. (éd.), *Le Corps romanesque. Images et usages topiques sous l'Ancien Régime*, Laval, Presses de l'Université Laval, 2009, pp. 505–520.

CHAMBERLAIN, Lori, « Gender and the Metaphorics of Translation », in *Signs* 13 (3), 1988, pp. 454–472.

CHARLES, Shelly, « ‹ Les livrées de la perfection › : la pseudo-traduction du roman anglais au XVIIIe siècle », in *Les Lettres Romanes* 67 (3–4), 2013, pp. 395–416.

COLLINS, Kathleen, « Contextual Bondage : Libertinage and Social Satire in ‹ Kanor › », in *Merveilles & Contes* 6 (1), 1992, pp. 74–87.

FLOTOW, Luise von, *Translation and Gender : Translating in the « Era of Feminism »*, Manchester, St Jerome, 1997.

FOUCAULT, Michel, « Des Espaces autres. Hétérotopies », in *Architecture, Mouvement, Continuité* 5, 1984, pp. 46–49.

FAGNAN, Marie-Antoinette, *Kanor, conte traduit du sauvage*, Amsterdam, Mirabeau, 1750.

GUILLERAGUES, *Lettres portugaises*, prés. Alain Brunn, Paris, GF Flammarion, 2009 [1669].

HERMAN, Jan, « Les premiers romans français, entre traduction et pseudo-traduction », in *Les Lettres romanes* 67 (3–4), 2013, pp. 359–377.

HÖLZLE, Dominique, « Écriture parodique et réflexion politique dans trois contes exotiques du XVIIIème siècle », in *Féeries* 3, 2007. URL : http://feeries.revues.org/145.

MARTENS, David & VANACKER, Beatrijs, « Scénographies de la pseudo-traduction II – Usages et enjeux d'un infra-genre dans la littérature française », in *Les Lettres romanes* 67 (3–4), 2013, pp. 479–495.

RAMBELLI, Paolo, « Pseudotranslation », in Mona Baker & Gabriela Saldanha (ed.), *Routledge Encyclopedia of Translation Studies*, London/New York, Routledge, 2009, pp. 208–211.

RATH, Brigitte, « Pseudotranslation », in *ACLA State of the Discipline Report*, April 1 2014, URL : http://stateofthediscipline.acla.org/entry/pseudotranslation. (dernier accès : 20 avril 2017).

RENKEN, Arno, *Babel heureuse : pour lire la traduction*, Paris, Van Dieren, 2012.

ROBERT, Raymonde, *Contes parodiques et licencieux du 18e siècle*, Presses universitaires de Nancy, Nancy, 1987.

SAINT-GELAIS, Richard, « La lecture des œuvres imaginaires : enjeux et paradoxes », in *LHT* 13, « Le Catalogue des livres imaginaires », 2014 : URL : http://www.fabula.org/lht/13/saint-gelais.html (dernier accès : 20 avril 2017).

SIMON, Sherry, *Gender in Translation. Cultural Identity and the Politics of Transmission*, London/New York, Routledge, 1996.

VANACKER Beatrijs & TOREMANS, Tom (éds.), « Pseudo-traduction. Enjeux métafictionnels », in *Interférences littéraires* 19, 2016, pp. 23–38.

WATIER, Louis, « ‹ Manquant-place › : ou d'une poétique de la pseudo-traduction », 2015. En ligne sur *Fabula*, Atelier, dossiers « Textes fantômes », « Textes possibles » et « Traduction ». URL : http://www.fabula.org/atelier.php?Pseudo-traduction (dernier accès : 20 avril 2017).

Marie Leprince de Beaumont médiatrice des contes français en Angleterre, ou l'éducation des filles en Lumière(s)

MARTINE HENNARD DUTHEIL DE LA ROCHÈRE

Abstract

This article shows how the French governess Marie Leprince de Beaumont, who adapted and rewrote the *Contes de ma mère l'Oye* for her young pupils in London, played a key role in repurposing the fairy tale as a pedagogical tool during the Enlightenment. Supported by a network of progressive female aristocrats eager to promote the education of girls, Beaumont published her *Magasin des enfants* in 1756, a book translated into English the following year and soon famous throughout Europe. The manual contains thirteen tales including *La Belle et la Bête*, loosely based on Gabrielle-Suzanne Barbot de Villeneuve's *conte précieux*. A comparison of the French *Magasin* and its English translation demonstrates how questions of genre and gender are subtly reworked from one language and book project to another. The circulation of the literary fairy tale in Europe thus attests to the role played by mediators who reoriented the genre for young readers during this period of intense cultural exchanges. It sheds light on a turning point in the history of the genre and on the transnational, translational and transformative dimension of cultural transfers more generally.

L'étude de la diffusion des contes littéraires français en Angleterre met en évidence le rôle de la gouvernante française Marie Leprince de Beaumont (1711–1780), qui adapte et réécrit les contes de Perrault, parmi d'autres, pour ses jeunes élèves dans le cadre d'un projet d'éducation des filles qui fait écho aux idées progressistes élaborées dans certains milieux lettrés au siècle des Lumières et qui bénéficiera du soutien de plusieurs femmes influentes[1].

Divertissement mondain faussement naïf, le conte est un genre ‹ féminin › mis au service de la défense des femmes et de leur contribution à la culture et à la littérature françaises à la fin du XVIIe siècle en France[2]. Dénigré par les te-

Je remercie Rotraud von Kulessa et Agnès Whitfield pour leur relecture attentive et experte de l'article.

[1] Les premiers contes traduits en anglais au tournant du XVIIIe siècle sont ceux, littéraires, sentimentaux et érotiques, de Marie-Catherine d'Aulnoy, et il va sans dire qu'ils ne sont pas destinés aux enfants (voir Brown 2005). La première traduction des contes de Perrault par Robert Samber dans *Histories or Tales of Past Times, with Morals*, à visée explicitement pédagogique, est publiée en 1729 (voir Lathey 2010 et Hennard Dutheil de la Rochère 2010 et 2018). L'importance accordée à l'éducation au siècle des Lumières va permettre à certaines femmes d'accéder à la notoriété comme traductrices et adaptatrices de genres liés à l'enfance, comme les fables et les contes, et d'acquérir ainsi une autonomie financière et une reconnaissance sociale en tant que pédagogues. C'est notamment le cas de Sarah Fielding (1710–1768), traductrice et auteure de *The Governess, or The Little Female Academy* (1749), qui inspirera à son tour Beaumont. De façon générale, l'activité des femmes traductrices du français concerne des genres associés à un lectorat féminin : « there is an overall emphasis in women's translation activity on French fiction of a characteristically moral and/or sentimental cast, on memoirs, and on conduct literature » (Brown : 113). Le conte destiné à la jeunesse va toutefois devenir sujet à controverse en Angleterre, où il est bientôt jugé inapproprié et incompatible avec la foi chrétienne par des éducatrices et écrivaines puritaines : « writers like Mrs Trimmer and Mrs Mortimer argued at the end of the eighteenth century that fairy tales made children depraved and turned them against the sacred institutions of society » (Zipes : 147).

[2] Sur la vie de Beaumont, voir Kaltz (2000), Artigas-Menant (2004) et Seth et Chiron (2014). Sur Beaumont et la Querelle des Femmes, voir von Kulessa (2015). Sur Beaumont et l'usage du conte dans

nants du conservatisme social, littéraire et religieux, objet des violentes attaques de l'abbé de Villiers dans ses *Entretiens sur les contes de fées et sur quelques autres ouvrages du temps, pour servir de préservatif contre le mauvais goût* (1699), le conte a aussi ses partisans qui font l'apologie du genre en soulignant sa dimension pédagogique et morale. Ainsi, Perrault se réclame de la figure de Ma Mère l'Oye illustrée en frontispice de son recueil, et assure dans la préface que ses contes renferment une « morale utile » qui « instrui[t] et divert[it] tout ensemble » (*Contes* : 49) : « Partout la vertu y est récompensée, et partout le vice y est puni » (*Contes* : 51). Marie Leprince de Beaumont va reprendre ces mêmes arguments pour justifier l'usage de contes dans un ouvrage destiné à l'instruction de ses élèves anglaises un demi-siècle plus tard, le *Magasin des enfants*, lorsque s'élabore une véritable littérature pour la jeunesse qui combine le manuel de bonne conduite (*courtesy* or *conduct book*), l'instruction religieuse, morale et sociale, les leçons d'histoire, de géographie et des sciences, ainsi que l'agrément (nouvelles, fables, contes)[3]. Beaumont est une figure au passé difficile à établir avec certitude, qui puise dans son expérience d'enseignante et de gouvernante auprès de Lady Sophia Carteret, de Mary et Charlotte Hillsborough, et de Louise North la matière d'ouvrages pédagogiques qui la rendront célèbre dans toute l'Europe. Je propose de montrer comment la dimension genrée de

---

l'éducation des filles, voir Seifert (2004), Rowe (2005), Sheffrin (2006), Grenby (2006), Seth et Chiron (2014). Sur le conte comme genre féminin, voir en particulier Warner (1994), Sermain (2005) et Jasmin (2013) parmi d'autres.

3 Je suis l'orthographe moderne adoptée dans l'édition critique d'Elisa Biancardi citée dans cet article.

l'ouvrage est mise en évidence à partir d'une comparaison du paratexte de l'ouvrage et du conte de *La Belle et la Bête* et de leur traduction anglaise.

1. Esquisse d'un portrait de Marie Leprince de Beaumont médiatrice, adaptatrice, éducatrice, voire auto-traductrice

Marie Leprince de Beaumont est une femme plus libre et indépendante que la légende de la bonne et sage gouvernante ne le laisserait supposer. Formée à l'enseignement au couvent d'Ernemont (près de Rouen) pendant sa jeunesse, elle a peut-être épousé en premières noces un maître à danser, Claude-Antoine Malter. Elle entre à la Cour de Lunéville en 1736 soit comme musicienne, soit au service de la fille aînée de la régente Elisabeth-Charlotte d'Orléans, dédicataire des contes de Perrault. Elle y fait peut-être la connaissance d'un officier et aristocrate débauché, Antoine Grimard de Beaumont, qu'elle épouse et dont elle prend le nom avant d'émigrer en Angleterre, suite à l'annulation de son mariage. Elle refait sa vie à Londres en 1748 en devenant gouvernante pour les filles de la haute société, et gagne une indépendance intellectuelle et financière comme auteure de manuels pédagogiques et membre de cercles féminins lettrés[4]. L'année de la parution de son premier *Magasin*, elle tombe amoureuse du libre penseur (et espion?) Thomas Pichon-Tyrell, qui passe ensuite pour son mari (ou qu'elle a épousé vers 1757). Elle retournera quelques

---

4   À Lunéville, Leprince de Beaumont avait écrit *Le Triomphe de la vérité* (1748), dédié au roi Stanislas, qui portait déjà sur des questions de pédagogie morale et religieuse.

années plus tard en France, sans doute à la suite d'un scandale, et continuera à écrire auprès de sa fille (qu'elle a longtemps fait passer pour sa nièce). Geneviève Artigas-Menant parle d'une « énigme » Beaumont, citant les commentaires désobligeants du pasteur Jean Deschamp en 1764 et de Voltaire dans une lettre de 1767[5]. Femme émancipée, talentueuse, entreprenante et ‹ féministe › avant l'heure, ou aventurière un peu louche, opportuniste et « bigote hypocrite » (cité par Artigas-Menant : 295), Beaumont n'a pas laissé ses contemporains indifférents, et son œuvre a marqué l'histoire de la pédagogie autant que l'histoire culturelle.

Elisa Biancardi souligne combien les recherches récentes sur Leprince de Beaumont ont mis en évidence sa « place marquante dans l'histoire de la presse, du roman par lettres, de la culture féminine, et, à bien des égards, de la littérature progressiste des Lumières » (2008 : 893). Son élève favorite dans son ouvrage le plus célèbre, le *Magasin des enfants*, est Lady Sensée, qui prend modèle sur Sophia Carteret (1745–1771), petite-fille de la Comtesse de Granville par son père, et petite-fille de Lady Henrietta Louisa Fermor par sa mère[6]. Une grande affection lie l'orpheline de mère et sa gou-

---

5   Voir http://www.persee.fr/doc/dhs_0070-6760_2004_num_36_1_-2613
6   Sur le rôle de Leprince de Beaumont dans l'émancipation des filles par l'éducation, voir en particulier Sheffrin (2006). Si Beaumont puise librement dans les contes de Perrault, il n'est pas impossible qu'elle ait également eu connaissance de la traduction anglaise que Robert Samber avait dédiée à la grand-mère paternelle de Sophia Carteret, la Comtesse de Granville, et à ses petits enfants dans *Histories or Tales of Past Times, with Morals* (1729), *The Discreet Princess*, publié dans le même volume, étant pour sa part dédié à Lady Mary Wortley Montagu. Cette dernière ne possédait pas moins de sept éditions de *contes de fées*, dont une édi-

vernante. Leprince de Beaumont lui dédiera d'ailleurs son *Magasin des Adolescentes* (1760), se félicitant des vertus, du bon sens et des talents naturels que la jeune fille a su cultiver auprès de cette bonne fée pédagogue des Lumières. Sophia Carteret est la preuve vivante de la valeur des principes éducatifs prônés par Beaumont et de l'utilité des contes moraux. Elle écrira à son tour une fable, *La souris*, insérée dans le *Magasin des adolescentes*, et *Betsi et Laure*, un conte reproduit dans l'*Histoire des jeunes personnes célèbres par leurs talents et leurs vertus* de Nougaret (1810) (Kaltz 2000 : 57). Malheureusement, cette auteure en devenir allait mourir prématurément en couches quelques années plus tard, comme sa mère avant elle.

2. Marie Leprince de Beaumont et son projet d'éducation des filles dans *Le Magasin des enfants*

Dans sa *Lettre en réponse à « l'Année merveilleuse »* (1748), Marie Leprince de Beaumont s'était vivement opposée à la thèse de l'Abbé Coyer sur l'infériorité naturelle des femmes pour souligner leurs vertus morales, spirituelles, physiques et artistiques. Elle s'était indignée que ces qualités soient réprimées par une éducation intentionnellement destinée à les maintenir dans l'ignorance, et elle entreprend de remédier à

---

tion de Perrault publiée en 1708, et elle est elle-même l'auteure d'une *Carabosse* en français, d'après *La Belle au bois dormant* de Perrault (voir Halsband 1951). Amie de Lady Montagu, la grand-mère maternelle de Sophia, Henrietta Louisa Fermor, Comtesse Pomfret, défendait elle aussi la cause des femmes. Elle figure d'ailleurs sur la liste des « souscrivantes » à l'ouvrage de Beaumont.

cette situation par une série d'ouvrages didactiques à destination des filles et des jeunes femmes.

Magasin des enfans : ou, dialogues d'une sage gouvernante avec ses élèves de la première distinction, dans lesquels on fait penser, parler, agir les jeunes gens suivant le génie, le tempérament et les inclinations de chacun est imprimé par John Haberkorn pour le libraire spécialisé John (Jean) Nourse à Londres en 1756. La traduction anglaise est publiée l'année suivante sous le titre de *The Young Misses Magazine, or Dialogues Between a Discreet Governess and Several Young Ladies of the First Rank under her Education* (London, Long & Pridden, 1757)[7]. Bien que cette traduction soit anonyme, comme cela était courant à l'époque, il n'est pas absolument exclu que Leprince de Beaumont l'ait réalisée elle-même afin d'élargir son lectorat à des milieux moins lettrés, de contribuer à la diffusion de son ouvrage, et d'améliorer ses revenus[8]. La matière de son livre étant utilisée dans le cadre de

---

7   L'ouvrage est réédité par John Nourse en 1760 et réimprimé plusieurs fois (Brown : 356). Sur la collaboration entre Pridden et Nourse, voir Nichols (1812).

8   Voir Lathey (56). Le fait que Leprince de Beaumont ait critiqué la qualité de la traduction anglaise nous incite à la prudence (voir Lohrey dans le présent volume). John Langhorne traduira les *Lettres d'Emérance à Lucie* (London, Nourse, 1765), paru l'année suivante (*Letters from Emerance to Lucy*, London, Nourse, 1766) (McMurran : 175). *The New Cambridge Bibliography of English Literature* mentionne la traduction anglaise de *The Young Misses Magazine* en deux volumes (1767, 2nd ed.) suivie de plusieurs rééditions, de même que *The Virtuous Widow, or Memoirs of the Baroness de Batteville* (Dublin, 1767), *The New Clarissa, a True History* (2 vols, 1768), *Moral Tales* (2 vols, 1775), et *Dialogues for Sunday Evenings. Tr. from Magasin des pauvres* (1797). On note qu'Elizabeth Griffith a pour sa part traduit des contes moraux de Jean-François Marmontel (anon. *Moral Tales*, 1763). Marmontel

l'apprentissage du français, où la traduction jouait un rôle clé, et la mise en circulation rapide de cette traduction littérale soucieuse du projet pédagogique de l'auteure, le laisse en tout cas supposer. Quoi qu'il en soit, l'analyse comparative développée plus bas a pour but de montrer comment Leprince de Beaumont met le conte au service de l'éducation des filles selon le principe des leçons progressives (déjà adopté dans la traduction anglaise des contes de Perrault en 1729), où les contes constituent un principe structurant associé à l'enfance. Les treize contes moraux du *Magasin des enfants* sont ainsi « distribués en nombre décroissant dans ses différents tomes : en relation directe avec la progression didactique suggérée par l'éducatrice » (Biancardi : 926)[9].

9   avait collaboré au *Nouveau Magasin François* lancé par Beaumont en Angleterre et précurseur de la presse féminine.
Dans sa mise en scène de la transmission du conte par une ‹ dame › cultivée, Marie-Jeanne L'Héritier se réclamait déjà d'une tradition féminine par laquelle des femmes communiquent un savoir utile aux filles de manière plaisante et instructive. À l'instar de L'Héritier dans *L'Adroite Princesse ou les Aventures de Finette* (qui figure dans *Histories or Tales of Past Times*), Beaumont fait un éloge appuyé de la lecture, du bon sens et de l'ingéniosité féminines dans *La Belle et la Bête*. *L'Adroite Princesse* est publié avec les contes de Perrault (auquel il est bientôt assimilé) à partir de l'édition de 1721 publiée à Amsterdam (Jones : 171–2 et Lathey : 55). L'éducatrice semble emprunter de nombreux motifs à cette nouvelle, dont l'onomastique, les prétendants hypocrites, et surtout le ‹ bon naturel › et la prudence de Finette loués dans la morale : « Vive la prudence et la présence d'esprit ! ». On trouve aussi des échos intertextuels aux contes de Perrault, en particulier *Cendrillon ou la petite pantoufle de verre*, *La Barbe bleue*, et *Riquet à la houppe*, outre l'intrigue empruntée au conte littéraire de Gabrielle-Suzanne de Villeneuve, que Beaumont raccourcit, adapte et ‹ raccommode › à ses vues (sur *La Fable de la Veuve et de ses Deux Filles* comme réponse à *Les Fées* de Perrault et *Les Enchantements de l'Éloquence* de L'Héritier, voir Hennard Dutheil de la Rochère 2018).

3. Lecture comparative : du *Magasin des enfants* au *Young Misses Magazine*

L'ouvrage de Marie Leprince de Beaumont rencontra un succès immédiat. Il fut rapidement réimprimé en Angleterre, en France et en Europe, où il devint un « véritable best-seller de la littérature d'enfance » (Biancardi : 935). L'ouvrage fut utilisé pour l'apprentissage du français langue étrangère, et apprécié pour les qualités à la fois éducatives et ludiques de son contenu, faisant l'objet de nombreuses traductions en allemand, anglais, danois, espagnol, grec, hongrois, italien, néerlandais, polonais, russe, serbe, et suédois[10].

La page de titre de l'édition française du *Magasin des enfants* donne des indications sur la forme, la visée, la nature, le contenu et le style de l'ouvrage[11]. On note qu'à la différence de l'édition française, l'ouvrage est explicitement destiné aux filles dans le titre de la traduction anglaise de l'édition de 1765[12].

---

10 Voir Kaltz (2000) et Janssens (2015).
11 La page de titre est reproduite dans Biancardi (965), qui note de légères variations selon les éditions consultées.
12 L'ouvrage ayant été réimprimé à plusieurs reprises, l'édition de 1765 citée ici est vraisemblablement conforme à l'édition originale de 1757. Elle est en tout cas très proche de la version du conte disponible sur le site de la Hockliffe Collection, qui indique que le texte est identique à celui de Beaumont, sans préciser si celle-ci est l'auteure de la traduction : http://hockliffe.dmu.ac.uk/items/0008pages.html?page=006

MAGASIN
DES
ENFANS,
OU
DIALOGUES
ENTRE
une sage GOUVERNANTE
ET
plusieurs de ses ELEVES de la premiére
DISTINCTION,

DANS lesquels on fait *penser, parler, agir* les jeunes Gens suivant le génie, le tempérament, & les inclinations d'un chacun.

ON y représente les *défauts* de leur âge, & l'on y montre de quelle maniére on peut les en *corriger :* on s'aplique autant à *leur former le cœur,* qu'à *leur éclairer l'esprit.*

ON y donne un *Abrégé de l'Histoire Sacrée,* de la Fable, de la *Géographie,* &c. : le tout rempli de *Réfléxions utiles,* & de *Contes moraux* pour les amuser agréablement ; & écrit d'un stile simple & proportionné à la tendresse de leurs années :

PAR
Made LE PRINCE DE BEAUMONT.

A LONDRES,
Se vend chez J. HABERKORN, dans *Gerard-Street, Soho ;*
& chez les Libraires de cette Ville.
1756.

Page de titre du *Magasin des Enfans* (première édition, 1756), signature autographe de Lady Helen Darlymple. National Library of Scotland, Edinburgh.

Magazin des Enfans:

OR, THE

YOUNG MISSES

MAGAZINE:

CONTAINING

DIALOGUES

BETWEEN

A GOVERNESS and several YOUNG LADIES of QUALITY her Scholars.

IN WHICH

Each Lady is made to speak according to her particular Genius, Temper, and Inclination;

Their several Faults are pointed out, and the easy Way to mend them, as well as to think, and speak, and act properly, no less Care being taken to form their Hearts to Goodness, than to enlighten their Understandings with useful Knowledge.

A short and clear Abridgment is also given of sacred and profane History, and some Lessons in Geography.

The Useful is blended throughout with the Agreeable, the Whole being interspersed with proper Reflections and moral Tales.

By Madem. *LE PRINCE DE BEAUMONT.*

Translated from the FRENCH.

VOL. I.

LONDON:

Printed for S. FIELD, W. WARE, and T. JOHNSON,
MDCCLXV.

Page de titre du *Magazin des Enfans: or, The Young Misses Magazine* (1765) in four volumes, Vol. 1. By Madem. Le Prince de Beaumont. Signature autographe de Hester and Louisa Shanon (?). Source : Eighteenth-Century Collection Online (British Library).

Le titre de la version anglaise indique clairement sa source : il reproduit le titre français en italiques, précise qu'il s'agit d'une traduction et mentionne le nom de l'auteure. L'orthographe du mot « magasin » est modernisée en « magazine »[13]. Le sous-titre anglais précise que l'ouvrage est destiné aux jeunes filles (« young misses ») ; les « élèves » deviennent des « young ladies », et la formule générique « jeunes gens » fait place à « Each Lady », l'article partitif annonçant les personnages féminins aux noms et personnalités distinctes qui forment le jeune public de la gouvernante et dont les échanges encadrent les leçons. Un même souci de cohérence et de précision guide la présentation des buts de l'ouvrage et la matière abordée : « former le cœur » prend une dimension morale explicite dans « form their hearts to goodness » ; et « éclairer l'esprit » est l'objet d'une élaboration qui souligne l'utilité du savoir transmis par l'ouvrage et l'esprit des Lumières qui l'habite : « enlighten their understandings with useful knowledge ». La traduction réorganise aussi de façon plus méthodique la matière du livre, présentée pêle-mêle dans la version française, et opte pour un style simple, concis et percutant : ainsi, la référence aux fables est éliminée, soit parce qu'elle suit immédiatement l'histoire sainte (suggérant une proximité fâcheuse entre les paraboles bibliques et les fables), soit parce qu'elle entre en concurrence avec les contes. Les abrégés d'histoire sont rédigés dans un style approprié à l'âge des destinataires (« short and clear ») et cou-

---

13 Sur l'évolution du sens du mot « magasin » et le rôle joué par le *Nouveau Magasin françois*, périodique lancé par Beaumont en 1750 dans le but de diffuser la culture française en Angleterre, voir Biancardi, 908–912.

vrent l'histoire sacrée mais aussi « profane ». La présentation de l'ouvrage se termine par une référence aux « moral tales » en anglais, qui contribueront pour beaucoup au succès de l'ouvrage, en particulier le conte de *La Belle et la Bête* bientôt publié séparément.

4. Le projet de Leprince de Beaumont dans l'épître dédicatoire et l'avertissement

Dans la première édition de l'ouvrage, Marie Leprince de Beaumont avait habilement inséré une épître dédicatoire à « Paul Petrovitch, petit-fils de Pierre le Grand, neveu d'Elisabeth, mère et législatrice de ses sujets, etc. » (Biancardi, 961). Suivant la tradition du ‹ Miroir des Princes › qu'elle entreprend de féminiser, Leprince de Beaumont dédie son ouvrage au neveu d'Elisabeth Petrovna (1709–1762), impératrice de Russie, femme de tête qui parlait couramment le français, entretenait des relations privilégiées avec la France et soutenait la culture, les arts et la littérature française à la cour de Russie[14]. L'éducatrice compte sans doute sur cette vogue francophile pour garantir le succès de son entreprise, et s'adresse moins au très jeune enfant (qui a deux ans en 1756 et ne peut donc ni lire ni même comprendre les conseils et compliments qui lui sont adressés) qu'à Elisabeth elle-même, qui avait désigné son neveu comme futur prince et successeur. Le ton familier de la dédicace s'explique par l'âge tendre

---

14   Leprince de Beaumont se démarque du célèbre *Télémaque* de Fénelon, destiné au jeune Duc de Bourgogne, en prenant exemple sur Perrault dédiant son recueil de contes à une princesse, Charlotte-Élisabeth d'Orléans, nièce de Louis XIV, afin de construire un réseau féminin de mécénat et de lectorat.

de son dédicataire, dont l'auteure prend prétexte pour flatter Elisabeth, dont la gloire et les mérites surpassent ceux de Pierre le Grand en vertu de ses qualités féminines : « elle réunit au même degré, et les qualités qui font les grands rois, et celles qui sont le partage des personnes de son sexe » (963), louant « la vaste capacité de son esprit » mais aussi « la bonté de son cœur », sa douceur et sa modestie (964). À la manière du traducteur Robert Samber, qui débutait sa dédicace des contes de Perrault par l'anecdote de la matrone romaine présentant ses enfants comme ses joyaux les plus précieux, l'éducatrice fait de Paul « le plus précieux [...] de tous les dons que Dieu a faits à l'heureuse Élisabeth » (964). Son appel au soutien de femmes de pouvoir et d'influence au sein de la République des Lettres sera entendu[15].

Leprince de Beaumont fait précéder son ouvrage d'un long « Avertissement » où elle met en évidence l'intérêt du livre et l'originalité de sa démarche, les buts visés et la méthode employée, la façon dont elle a élaboré la matière, ainsi que son engagement (polémique) en faveur de l'éducation des filles. Elle exprime aussi ses doutes et « les difficultés de [s]on entreprise » (967), y compris les contraintes matérielles qui rendent sa réalisation hasardeuse et dépendante du soutien

---

15 La liste complète des « souscrivans » (dont une majorité de femmes) est reproduite dans l'édition critique de Biancardi (983–986), à commencer par ‹ SAM. l'Imp. de toutes les Russies ›. À la suite de l'impératrice Elisabeth Ière elle-même, de nombreux aristocrates et représentants des Lumières russes ont souscrit à l'édition française de 1756, dédiée au jeune prince Paul, qui sera utilisée pour son éducation. Théodore-Henri de Tschudi, bien introduit à la cour de Russie et éditeur de contes moraux dans sa revue *Le Caméléon Littéraire* (Saint-Pétersbourg, 1755) a peut-être servi d'intermédiaire (voir Kopanev). Je remercie Danièle Tosato-Rigo de m'avoir signalé et traduit les passages correspondants.

des souscripteurs. L'éducatrice a pris soin de vérifier l'intérêt de son ouvrage auprès de lecteurs adultes mais aussi d'« écolières de tous les âges » (697), et elle assure qu'il permet d'apprendre à lire agréablement et dans un style approprié qui se démarque des ouvrages destinés aux jeunes garçons en évitant « l'ennui que doivent donner aux pauvres enfants, la lecture et la traduction de *Télémaque* et de *Gil Blas* » (968).

Leprince de Beaumont s'attarde aussi sur sa décision d'intégrer des contes moraux qui puisent dans le patrimoine des contes littéraires français qu'elle a pris soin de relire et d'adapter à son public et à son projet : elle prend le contrepied des morales ironiques et de la poétique précieuse des conteuses mondaines, insistant sur le rôle d'une éducation à la fois ‹ éclairée › et chrétienne fondée sur la raison et la vertu :

> Comme j'avais résolu de m'approprier tout ce que je trouverais à mon usage dans les ouvrages des autres, j'ai relu avec attention ces contes ; je n'en ai pas lu un seul que je puisse raccommoder selon mes vues ; et j'avoue que j'ai trouvé les contes de la *Mère l'Oye*, quelque puérils qu'ils soient, plus utiles aux enfants, que ceux qu'on a écrits dans un style plus relevé. Le peu de morale qu'on y a fait entrer, est noyé sous un merveilleux ridicule, parce qu'il n'est point nécessaire à la fin qu'on doit offrir aux enfants, l'acquisition des vertus, la correction des vices. (*Magasin des enfants*, Tome 1, 968–9)

Si l'éducatrice se réclame des contes de Perrault, elle se garde bien de signaler les emprunts à des conteuses ‹ précieuses › comme Mademoiselle L'Héritier, Madame d'Aulnoy ou Madame de Villeneuve, dont les contes littéraires sont rassemblés dans plusieurs collections parues à Amsterdam au début du siècle. Elle y trouve néanmoins une matière qu'elle s'approprie et façonne dans une visée explicitement ‹ morale ›. Le genre du conte s'y prête, comme d'ailleurs les pratiques d'écriture de son temps.

L'auteure prend position sur la question polémique de l'éducation des filles, et observe que l'« on en fait des êtres parlants, écoutants, regardants, et on ne réfléchit pas qu'il faudrait en faire des êtres pensants » (970). Elle souhaite par son livre « leur former un esprit géométrique » (971), i.e. cartésien et rationnel (voire encourager leurs vocations scientifiques à l'image d'Émilie du Châtelet, traductrice de Newton qui avait séjourné à Lunéville), nourrir leur goût du vrai par l'exercice de la raison, et développer leur sens moral. Refusant d'en faire « des automates », elle s'adresse à « Messieurs les tyrans » pour affirmer avec force : « Oui, [...] j'ai dessein de les tirer de cette ignorance crasse à laquelle vous les avez condamnées. Certainement, j'ai dessein d'en faire des logiciennes, des géomètres, et même des philosophes. Je veux leur apprendre à penser, à penser juste, pour parvenir à bien vivre » (973). Leprince de Beaumont encourage aussi les jeunes filles à cultiver leur propre talent pour l'éducation, et plaide pour rehausser la réputation des gouvernantes et des éducatrices. Elle les incite à adapter à leur tour son ouvrage aux besoins et capacités de leurs élèves : « qu'elles refondent ce qu'elles trouveront obscur ; qu'elles le traduisent, l'abrègent et le tournent de tant de côtés qu'il s'en trouve un qui soit à la portée de leurs élèves » (981). Elle évoque sa longue expérience d'enseignement dans divers milieux, et termine ce texte de présentation qui est à la fois une profession de foi et une réclame par un rappel du nombre minimum de souscripteurs nécessaires (cent) pour assurer une suite au présent ouvrage. On voit ici que l'auteure construit un projet dynamique et évolutif, qui se soucie du succès commercial de son ouvrage, mais aussi de son utilité et de sa réception en prônant son adaptation dans différentes langues et pour différents types de lectrices.

La traduction anglaise de 1765 ne reprend pas les textes liminaires, remplacés par un compte rendu élogieux et anonyme paru dans *The Critical Review : or, Annals of Literature*, Vol. 4, Aug. 1757, p. 177. La réclame se contente de souligner l'importance d'une bonne éducation propre à garantir le bien-être social et humain, et présente le livre comme l'un des meilleurs ouvrages éducatifs pour les filles. Reprenant le descriptif du titre, il développe l'intellect (« enlighten the understanding ») et la bonté (« form the heart to goodness ») en mêlant instruction et amusement. L'auteur signale que cet ouvrage aura une suite (« We are promised a continuation of this work »), et souligne son utilité pour l'élève comme pour l'enseignante (« the pupil and the tutress ») marquant un déplacement du public cible, des familles aristocratiques vers un public bourgeois et un usage scolaire.

5. Le texte cadre en français et sa traduction anglaise

Si Marie Leprince de Beaumont ne cache pas avoir pris modèle sur certaines élèves dont elle avait la charge, les filles auxquelles Melle Bonne (Mrs Affable) adresse ses leçons portent des prénoms qui captent un trait dominant de leur personnalité ou sont d'usage courant : Lady Sensée/Lady Sensible (12 ans) ; Lady Spirituelle/Lady Witty (12 ans) ; Lady Mary (5 ans) ; Lady Charlotte (7 ans) ; Lady Babiole/Lady Trifle

(10 ans) ; Lady Tempête/Lady Tempest (13 ans) ; Miss Molly (7 ans).

Les « Dialogues » qui encadrent les leçons sont rédigés dans une langue simple et directe encore plus marquée en anglais. Les échanges sont l'occasion de réitérer les principes pédagogiques prônés par l'éducatrice par la bouche de ses élèves sur l'importance et le bon usage des livres. Lady Spirituelle rapporte les propos de son père comparant de jolies femmes un peu stupides (« sans âme ») à des automates et des statues, une image que la gouvernante matérialise dans le conte de *La Belle et la Bête* lorsque les mauvaises sœurs sont transformées en statues : dans un saisissant résumé de la visée de l'ouvrage, il ne s'agit plus d'ironiser sur le manque d'esprit et l'inculture des femmes mais d'y remédier tout en dénonçant des vices comme la méchanceté et l'envie. La traduction atténue l'esprit mordant des femmes et le jugement négatif qu'elles portent sur leur apparence : « she is handsome, and we are ordinary » (7) (« elle est belle, et nous sommes laides » 988). Leur comportement en société est aussi plus contrôlé et conforme aux convenances : « The two ladies smiled » (7) (« Ces deux dames ont ri » 988). Un soin tout particulier est apporté à distinguer les deux sens du mot « esprit » (*wit* vs *sense*) : le « bel esprit » prisé à la Cour de Louis XIV et dans la littérature mondaine (y compris les contes de fées) est rejeté en faveur du bon sens et de la raison. C'est désormais la vertu cardinale que souligne encore la traduction : « mon esprit » (989) vs « my mind » (7) ; « esprit » (989) vs « good sense » (7) ; « esprit » (989) vs « sense » (8). A la fin de cet échange, Lady Sensée/Sensible répète la visée de l'ouvrage et son argument promotionnel figurant sur la page de titre : « J'étudie, parce que cela m'amuse et m'instruit ; et j'espère que cela me rendra bonne quand je serai grande » (989) (« I read, because it both instructs and amuses me ; and I hope it will make me good when I grow up » 8). Auprès de leur gouvernante, les jeunes filles acquièrent un savoir utile et des valeurs morales, un mélange de bon sens et de sensibilité qui annonce *Sense and Sensibility* de Jane Austen.

Le deuxième échange voit Lady Sensée/Lady Sensible consoler Lady Spirituelle/Lady Witty de s'être rendue désagréable en cherchant à imiter les femmes d'esprit et briller en société en lui conseillant de rejoindre son petit cercle d'amies afin de profiter des leçons de Melle Bonne. La traduction anglaise est à la fois plus précise et corsetée, et moins libre de ton que le texte français : répondant à Lady Spirituelle voulant jeter au feu ses livres et ses cartes de géographie, Lady Sensée lui demande : « pourquoi ne les aimez-vous plus ? » (990) vs « But what makes you take such resolution ? » (9). Plus loin, Lady Spirituelle, mortifiée d'avoir surpris des propos désobligeants à son égard, prend prétexte d'avoir « la colique » (991), traduit par une expression plus vague et euphémistique dictée par la bienséance : « I was not very well » (10). Lady Sensée fait l'éloge de sa gouvernante qui lui a appris à distinguer deux formes d'esprit et formule la morale à tirer de la mésaventure de son amie : « the one good for nothing, but to make us hated and despised ; the other softens our tempers, renders us mild, amiable, and virtuous » (10) (« l'un qui ne sert qu'à nous faire haïr et mépriser de tout le monde ; l'autre qui rend aimable, douce, vertueuse » 991–2). Le désir exprimé par Lady Spirituelle d'acquérir l'instruction qui lui manque tout en s'amusant clôt l'échange et fait place au troisième dialogue, qui débute sur une définition de la différence entre un conte (*tale*) et une histoire (*story*), suivie du premier conte, *Le Prince Chéri* (*Prince Darling*), qui voit un jeune garçon capricieux, tyrannique et cruel se métamorphoser grâce à l'intervention d'une fée pédagogue, et retrouver figure humaine au terme d'une longue réforme morale. La seconde journée est consacrée à l'instruction religieuse, qui donne lieu à des échanges amusants entre les enfants. La gouvernante raconte ensuite *La Belle et la Bête* durant la troisième journée. Cette histoire suscitera des questions sur le sort des méchantes sœurs, l'opinion argumentée des filles par rapport au dilemme de la Belle face à la Bête, et la supériorité des qualités morales sur l'apparence physique, suivi d'un bref excursus sur les papillons et les fables des *Métamorphoses* qui renvoie à la fois à la méthode de réécriture des contes employée par Leprince de Beaumont, et aux effets ‹ merveilleux › d'une bonne éducation.

6. Lecture comparative de *La Belle et la Bête* et *Beauty and the Beast*

S'appuyant sur le contraste ville-campagne, *La Belle et la Bête* dépeint la ville et ‹ le monde › comme un milieu dangereux, hypocrite, corrupteur et cruel. À travers son héroïne indépendante d'esprit et lectrice assidue, l'éducatrice prône une vie saine à la campagne, le travail, l'honnêteté, la simplicité, le courage, la générosité, la persévérance, la responsabilité, le goût des arts et du savoir, mais aussi la politesse et la bonté (en particulier envers les plus faibles, les animaux, etc.). Belle cultive ses talents naturels et fait preuve de bon sens, d'indépendance d'esprit et de sang-froid dans les épreuves. Bien que le conte contienne des éléments merveilleux associés au palais de la Bête (le miroir magique, le concert invisible, l'atmosphère enchantée du palais et du jardin, la métamorphose de la Bête), il est surtout l'occasion de dresser un portrait psychologique et moral des personnages et des relations qu'ils entretiennent les uns avec les autres. Parce qu'elle a su apprécier les qualités de la Bête malgré son apparence et prouvé in extremis son attachement pour elle, Belle est récompensée par un mariage heureux car fondé sur la vertu, comme le précise la narratrice (il n'y a pas de baiser qui désenchante), tandis que la punition des méchantes sœurs est d'être transformées en statues témoins du bonheur de leur sœur cadette aussi longtemps qu'elles garderont leur caractère envieux et haineux[16].

Destinée à des enfants plus jeunes ou moins lettrés que les élèves de Leprince de Beaumont, la traduction anglaise du conte est littérale mais fluide, et tend à simplifier le texte (lexique, syntaxe) : le vocabulaire est courant, les mots brefs et souvent monosyllabiques, les tournures grammaticales simples. Par exemple, les sœurs frivoles de Belle demandent à leur père de leur ramener divers objets : « new gowns, head-dresses, ribbons, and all manner of trifles » (40) (« des robes, des palatines, des coiffures, et toutes sortes de bagatelles » 1019)[17] ; la version de la Hockcliffe Collection ré-

---

16 Dans un autre conte, *La Fable de la Veuve et de ses Deux Filles*, Beaumont prend le contre-pied de la morale du conte *Les Fées* de Perrault et des *Enchantements de l'éloquence* de L'Héritier : la réécriture vise au contraire à démontrer que l'éducation a le pouvoir de transformer les individus, la métamorphose fonctionnant comme une métaphore de la perfectibilité humaine (morale, sociale, intellectuelle) dans ce que l'on pourrait désigner comme un nouveau merveilleux pédagogique (voir Hennard Dutheil 2018).

17 Une palatine était une fourrure portée sur les épaules et mise à la mode par la Princesse Palatine, belle-sœur de Louis XIV, et mère d'Elisabeth-Charlotte d'Orléans que Leprince de Beaumont avait

duit le texte encore davantage : « caps, rings, and all manner of trifles »). La traduction anglaise explicite aussi certaines expressions idiomatiques : « they gave themselves quality airs » (« elles faisaient les dames » 1017-8). Plus loin, « let them go and give themselves quality airs in milking the cows and minding their dairy » (« qu'elles aillent faire les dames, en gardant les moutons » 1018) marque un déplacement culturel intéressant : la bergère évoquant les scènes pastorales de Versailles et les peintures de Boucher fait place à une laitière à la fois plus concrète et peut-être plus anglaise. La traduction souligne aussi certains détails amenés à jouer un rôle dans l'intrigue : dans le jardin de la Bête le père admire « the most delightful arbours, interwoven with the beautifullest flowers that were ever beheld » (42) (« des berceaux de fleurs qui enchantaient la vue » 1021). Cette description hyperbolique des fleurs est à la fois un indice de lecture, et une manière d'excuser le comportement du père abusant de la générosité de son hôte en cueillant une rose pour sa fille[18].

18   peut-être côtoyée à la Cour de Lunéville. Cette référence culturelle (qui rappelle aussi les coquetteries vestimentaires des sœurs de Cendrillon) est comme un clin d'œil au parcours biographique et à la filiation littéraire de l'auteure.
Mon analyse de la traduction anglaise fait écho aux observations de Biancardi sur des rééditions françaises de l'ouvrage de Leprince de Beaumont (dont celles de Reguilliat en 1758, Gosse en 1760 et Bassompierre en 1762), qui s'efforcent d'éliminer « les répétitions, les lourdeurs et les approximations familières » (Biancardi : 949), purgent le texte de tout parler enfantin, éliminent les poncifs ainsi que des allusions un peu polémiques (par exemple aux mauvais rois qui spolient le peuple). Les éditions plus tardives modernisent le texte en réduisant le nombre des conjonctions et des pronoms superflus ainsi que « les mots approximatifs ou allusifs » (Biancardi : 952). Au XIXe siècle, le texte est souvent censuré, le savoir scientifique destiné aux filles éliminé, et les récits véhiculent désormais un « moralisme de convention » (Bian-

La traduction renforce aussi les qualités exemplaires de la Belle : « such a charming, sweet-tempered creature, so kind, of such an affable, obliging disposition » (39) (« tant de bonté, si douce, si honnête » 1018). Par souci de cohérence par rapport au texte cadre, qui voyait Lady Spirituelle punie pour avoir voulu briller en société, la traduction anglaise élimine la référence à la Belle se distinguant de ses sœurs dans les mêmes circonstances : « Beauty outshone her sisters, in her person as well as her mind, and admired her humility, industry, and patience » (40) (« Le bon marchand ne pensait pas comme ses filles. Il savait que la Belle était plus propre que ses sœurs à briller dans les compagnies, et admirait... » 1019). Cette modification va dans le sens de la critique de la vie mondaine qui marque aussi un changement de lectorat.

Comme dans le texte cadre, la traduction prend soin de distinguer entre l'esprit et le bon sens : le père de Belle, qui est « un homme d'esprit » (1017) devient « a man of sense » en anglais (38). Si la Bête fait l'objet d'un jeu de mots en français (elle est à la fois « bête », i. e. dénuée d'esprit, et une bête, animalisée), en anglais son malheur est d'être dépourvue de bon sens : « I have no sense [...] if I had sense enough » (48). Le père de la Belle verse beaucoup de larmes, contrairement à la Belle qui maîtrise ses émotions tout en faisant preuve de sensibilité ; la version anglaise tempère cette critique implicite d'un père émotif et imprudent qui met la vie de sa propre fille en péril. On note aussi un jeu de mot sur « créature » employé comme une insulte dans la bouche des sœurs jalouses de la Belle, mais qui désigne aussi le « monstre » : cela contribue à

---

cardi : 957) plus proche de l'école du dimanche que du projet émancipateur de l'éducatrice des Lumières esquissé plus haut.

rapprocher la Belle de la Bête dont la sensibilité, la douceur et les attentions peuvent être qualifiées de ‹ féminines ›, un effet que renforce encore le sexe des mots en français (« bête » est féminin). De façon générale, on note une atténuation de l'ironie et de la critique sociale en filigrane du conte de Melle Bonne/Beaumont, en particulier dans la version de la Hockliffe Collection (« but in this they were mistaken, for their lovers slighted and forsook them in their poverty » vs « les bonnes demoiselles se trompaient ; leurs amants ne voulurent plus les regarder, quand elles furent pauvres » 1018). Enfin, la Belle voulant accompagner son père au château de la Bête parce qu'elle est « peu attachée à la vie » (1023) disparaît en anglais, soit sous l'effet de la censure, soit parce que cette raison brouille le sens du sacrifice de la jeune fille[19]. Cependant, la phrase écrite en lettres d'or dans le livre que la Belle découvre dans la bibliothèque de la chambre que la Bête a aménagée exprès pour elle est développée dans la traduction : « *Souhaitez, commandez, vous êtes ici la reine et la maîtresse* » (1024) devient une petite comptine qui trouvera un écho dans les formulettes des contes de Grimm :

> Welcome, Beauty, banish fear ;
> You are queen and mistress here ;
> Speak your wishes, speak your will,
> Swift obedience meets them still.[20] (47)

---

19   La traduction anglaise fait aussi de la Belle une vierge : « You see him at your feet, said the prince : a wicked fairy had condemned me to remain under that shape till a beautiful virgin should consent to marry me : the fairy likewise enjoined me to conceal my understanding; there was only you in the world generous enough to be won by the goodness of my temper; and in offering you my crown, I cannot discharge the obligations I have to you. » (53)

20   Sur l'assimilation des contes aux « nursery rhymes » en Angleterre comme phénomène éditorial, voir Grenby (2006 et 2011).

Le merveilleux associé à la lecture est développé dans le petit poème, qui souligne l'effet magique des paroles et la réalisation des souhaits désormais indissociables de l'univers du conte. Enfin, on note que le mariage de la Belle est heureux parce qu'il repose sur la vertu, un mot sur lequel le conte se termine comme un point d'orgue. Par un effet de syntaxe, la traduction anglaise met subtilement l'accent sur le bonheur :

> il épousa la Belle, qui vécut avec lui fort longtemps, et dans un bonheur parfait, parce qu'il était fondé sur la *vertu*. (1031) (je souligne)

> he married Beauty, and lived with her many years; and their *happiness*, as it was founded on virtue, was *complete*. (54) (je souligne)

Ainsi voit-on le conte glisser de la morale vertueuse vers la recherche de la vie juste et du bonheur, comme Leprince de Beaumont le proposait déjà dans son « Avertissement ». Contre tous ceux qui cherchent à maintenir les filles dans l'ignorance, elle promeut une éducation susceptible de « leur apprendre à penser, à penser juste, pour parvenir à bien vivre » (973), et leur donner ainsi les clés d'un épanouissement intellectuel, moral, social et individuel garant de leur émancipation.

Bibliographie

ARTIGAS-MENANT, Geneviève, « Les Lumières de Marie Leprince de Beaumont. Nouvelles données biographiques », in *Dix-huitième siècle*, 2004, Vol. 36, no. 1, pp. 291–301. URL : http://www.persee.fr/doc/dhs_0070_6760_2004_num_36_1_2613. (Consulté le 6 septembre 2017).

BIANCARDI, Elisa (éd.), *Madame de Villeneuve, La Jeune Américaine et les contes marins ; Les Belles Solitaires ; Madame Leprince de Beaumont, Magasin des enfants*, Paris, Honoré Champion (Bibliothèque des Génies et des Fées 15), 2008.

BROWN, Sarah A., « Fairy Tales, Fables, and Children's Literature », in *The Oxford History of Literary Translation in England. Vol. 3, 1660–1790*, Stuart Gillespie and David Hopkins (eds.), Oxford, Oxford UP, 2005, pp. 349–360.

BROWN, Hilary & DOW Gillian (eds.), *Readers, Writers, Salonnières : Female Networks in Europe 1700–1900*, Bern etc., Peter Lang, European Connections, Book 31, 2011 (new edition).

GRENBY, Matthew, *The Child Reader : 1700–1840*, Cambridge, Cambridge UP, 2011.

– « Tame Fairies Make Good Teachers : The Popularity of Early British Fairy Tales », in *The Lion and the Unicorn*, 2006, 30 (1), pp. 1–24.

HALSBAND, Robert, « An Imitation of Perrault in England : Lady Mary Wortley Montagu's ‹ Carabosse › », in *Comparative Literature*, Spring, 1951, 3 (2), pp. 174–177.

HENNARD DUTHEIL DE LA ROCHÈRE, Martine, « Du salon mondain à la nursery victorienne : les métamorphoses de *La Belle au Bois dormant* en traduction », in Pascale Auraix-Jonchière (éd.), *Séductions et métamorphoses de ‹ La Belle au Bois Dormant ›*, Clermont-Ferrand, Presses Universitaires Blaise Pascal, 2018 (sous presse).

– « ‹ Les Fées › en Angleterre : du salon d'Ancien Régime au jardin des Lumières », in *Des fées de Perrault à Frau Holle des Grimm : réécritures et intermédialité*, dir. Dominique Peyrache-Leborgne, Rennes, Presses Universitaires de Rennes, 2018 (sous presse).

– « Metamorfozy Kopciuszka. Studium porównawcze dwóch angielskich przekładów baśni Perraulta », in *Prezkładaniec A Journal of Translation Studies*, Kraków, 2010, pp. 36–58.

Hockcliffe Collection :
http://hockliffe.dmu.ac.uk/items/0008pages.html?page=006

JANSSENS, Uta, « Les *Magazins* de Mme Leprince de Beaumont et l'enseignement privé et public du français en Europe (1750–1850) », in *Documents pour l'histoire du français langue étrangère ou seconde* [En ligne], 24, 1999, mis en ligne le 22 janvier 2015, consulté le 18 août 2017. URL : http://dhfles.revues.org/3017.

JASMIN, Nadine, « Baguettes et bagatelles : la féminisation du conte au XVIIe siècle », in *Les femmes dans le conte – les femmes conteuses*, actes du colloque du 21 février 2013 (APAC/Association Hommes/Femmes/Bibliothèque l'Heure Joyeuse, Paris). URL : http://conteurspro.fr/pdf/10_etudes-colloques/femmes_dans_le_conte_les_femmes_conteuse_colloque_fev_2013.pdf

KALTZ, Barbara (éd.), *Jeanne Marie Leprince de Beaumont, Contes et autres écrits*, Oxford, Voltaire Foundation Ltd, 2000.

KOPANEV, N. A., « Peterburgskie podpischiki na pervoe londonskoe izdanie ‹ Magasin des enfans › M. Leprens de Bomon » (Kopanev, N. A., « Les souscripteurs pétersbourgeois de la première édition londonienne du « Magasin des enfants » de Mme Leprince de Beaumont »), in *Solanus*, 2005, URL : https://www.ucl.ac.uk/ssees/publishing/solanus

LATHEY, Gillian, *The Role of Translators in Children's Literature : Invisible Storytellers*, New York & London, Routledge, 2010.

LEPRINCE DE BEAUMONT, Marie, *Magasin des enfans : ou, dialogues d'une sage gouvernante avec ses élèves de la première distinction, dans lesquels on fait penser, parler, agir les jeunes gens suivant le génie, le tempérament et les inclinations de chacun*, London, John Haberkorn, 1756.

– *The Young Misses Magazine, or Dialogues Between a Discreet Governess and Several Young Ladies of the First Rank under her Education*, London, John Nourse, 1760 (1757), édition consultée, i. e. : *Magazin des Enfants* : or, *The Young Misses Magazine*. Vol. I. London : Printed for S. Field, W. Ware, and T. Johnson, 1765. (British Library)

LHERITIER DE VILLANDON, Marie-Jeanne, *Oeuvres meslées*, Paris, Jean Guignard, 1695, in Raymonde Robert (éd.), *Contes : Melle Lhéritier, Melle Bernard, Melle de La Force, Mme Durand, Mme d'Auneuil*, Bibliothèque des génies et des fées, Paris, Honoré Champion, 2005.

McMurran, Mary Helen, *The Spread of Novels : Translation and Prose Fiction in the Eighteenth Century*, Princeton & Oxford, Princeton UP, 2010.

Nichols, John, *Literary Anecdotes of the Eighteenth Century*, London, Nichols, Son & Bentley, 1812 (in 6 Vols). URL : https://archive.org/details/literaryanecdot07bentgoog.

Perrault, Charles, *Contes*, Jean-Pierre Collinet (éd.), Paris, Gallimard (Folio classique), 1981 (1695/1697).

Rowe, Karen E., « Virtue in the Guise of Vice : The Making and Unmaking of Morality from Fairy Tale Fantasy », in Donelle Ruwe, *Culturing the Child, 1690–1914 : Essays in Memory of Mitzi Myers*, Lanham, Maryland, Scarecrow Press Inc., 2005, pp. 29–66.

Samber, Robert, *Histories or Tales of Past Times, with Morals*, by M. Perrault, translated into English, Printed by J. Pote, London, 1729 repr. in *The Authentic Mother Goose Fairy Tales and Nursery Rhymes,* Edited with a Critical Introduction by Jacques Barchilon and Henry Pettit, Denver, A. Swallow, 1960.

Seth, Catriona et Chiron, Jeanne (éds.), *Marie Leprince de Beaumont – De l'éducation des filles à La Belle et la Bête.* Paris, Classiques Garnier, 2014.

Seifert, Lewis C., « Madame Leprince de Beaumont and the Infantilization of the Fairy Tale », in *The Child in French and Francophone Literature*, French Literature Studies, vol. XXXI, Amsterdam, Rodopi, 2004, pp. 25–39.

Sermain, Jean-Paul, *Le conte de fées du classicisme aux Lumières*, Paris, Desjonquières, 2005.

SHEFFRIN, Jill, « ‹ Governesses to their Children › : Royal and Aristocratic Mothers Educating Daughters in the Reign of George III », in *Childhood and Children's Books in Early Modern Europe, 1550–1800*, Andrea Immel and Michael Witmore (eds.), New York and London, Routledge, 2006, pp. 181–211.

The New Cambridge Bibliography of English Literature, Vol. 2, Cambridge, Cambridge UP, George Watson and Ian R. Willison (eds.), 1971.

VON KULESSA, Rotraud, « Marie Leprince de Beaumont et la Querelle des femmes », in *Revue Lumières*, 2/2015, 24, pp. 75–89.

WARNER, Marina, *From the Beast to the Blonde : On Fairy Tales and their Tellers*, London, Chatto & Windus, 1994.

ZIPES, Jack, *When Dreams Came True : Classical Fairy Tales and their Tradition*, New York, Routledge, 2007.

« Perdonatemi però, cara amica :
io non vi posso ubbidire ».

Marie Leprince de Beaumont
et ses traductrices en Europe :

contraintes et stratégies

Ivana Lohrey

Abstract

Marie Leprince de Beaumont, a novelist, journalist and pedagogue, was one of the most well-known authors in France and Europe in the 18th century. The large number of translations of her work up to the end of the 19th century, particularly of her *Magasins*, testifies to the extent of her achievement. The transnational work of her translators sheds light on the complexity of the problems faced by an educated woman at the time of the Enlightenment : their female condition, the workings of the literary market as well as the desire to leave their own marks seem to have played a primordial role in establishing a position as female writers. I will explore these aspects based on the revealing examples of the German translator Johanna Caroline Greinerin and the anonymous Italian translator who refers to herself as ‹ una dama romana ›. Preface statements indicate that women are confronted with conflicting constraints that play a role in their (in)visibility, including the desire to be useful, earn some money, and gain the esteem of the public.

> « Trois motifs peuvent encourager un auteur ; le désir de se rendre utile au public par ses ouvrages, l'espoir du gain s'il est pauvre, l'espoir d'acquérir l'estime des honnêtes gens, et de s'attirer leurs égards. » (Leprince de Beaumont 1798a : 15)

Ce constat de Marie Leprince de Beaumont, inséré dans son avertissement au *Magasin des enfants*[1], dénote sa clairvoyance sur les conditions d'un auteur ou d'une auteure à son époque. À propos de son propre cas, elle enchaîne qu'elle « ose dire que le premier de ces motifs [lui] suffirait, si la fortune [lui] avait été plus favorable ; mais n'ayant d'autre ressource que [s]on travail, [elle est] bien éloignée de pouvoir avancer les frais de l'impression [...]. » (Leprince de Beaumont 1798a : 15) Or, l'auteure reste très vigilante en ce qui concerne les éditions de ses œuvres et leur qualité. Ainsi, elle pointe du doigt dans un second avertissement « la multitude de fautes grossières et de contresens dont l'ouvrage anglais fourmille, et qui sont d'autant plus multipliés dans l'édition de Londres [...] ». (Leprince de Beaumont 1765 : xv) L'auteure se sent obligée de s'expliquer sur cette deuxième édition et craint qu'on « pourrait regarder comme un acte de mauvaise foi la seconde vente [...] ». (Leprince de Beaumont 1765 : xiv) Ses justifications signalent un enjeu non résolu au 18e siècle, alors que Leprince de Beaumont cherche à défendre tout ensemble la qualité de son œuvre, le droit d'auteur et la question des honoraires. Le ton quelque peu retenu qui domine ce paragraphe quand il

---

[1] L'orthographe française a été modernisée par commodité de lecture, mais l'orthographe italienne et allemande des éditions originales a été conservée. J'en profite pour remercier les éditrices pour leur travail éditorial approfondi qui a permis une publication en français.

s'agit de la profession d'auteur va se changer en une défense ardente de ses écrits quand elle aborde son programme éducatif :

> On dirait que vous prétendez en faire des logiciennes, des philosophes. Et vous en feriez volontiers des automates, leur répondrai-je. Oui, messieurs les tyrans, j'ai dessein de les tirer de cette ignorance crasse, à laquelle vous les avez condamnées. Certainement, j'ai dessein d'en faire des logiciennes, des géomètres et même des philosophes. Je veux leur apprendre à penser, à penser juste, pour parvenir à bien vivre. Si je n'avais pas l'espoir de parvenir à cette fin, je renoncerais dès ce moment à écrire, à enseigner. (Leprince de Beaumont 1798a : 12)

Le processus d'élargissement des savoirs mis à disposition des filles tel que revendiqué ici trouvera un écho dans les pays voisins comme l'Allemagne, l'Espagne ou l'Italie. Les traductrices sont fidèles au projet intellectuel de Leprince de Beaumont et le transmettent au public par le biais de traductions ‹ fidèles › des avertissements, voire par des commentaires ou préfaces supplémentaires. Toutefois, les traductrices sont elles aussi exposées à des impératifs financiers ainsi qu'à la difficulté de devoir se faire une place sur le marché littéraire, comme le démontre notre exemple de la traductrice Johanna Caroline Greinerin. Les traductrices cherchent également à défendre leur travail, selon un processus qui peut aller jusqu'à de véritables épanchements préliminaires, oscillant entre ouverture intellectuelle et plaidoirie défensive. Leurs hésitations reflètent les tensions évoquées par Marie Leprince de Beaumont elle-même dans ses avertissements.

Johanna Caroline Greinerin

Dans les pays germanophones au 18ᵉ siècle, Marie Leprince de Beaumont connaît un succès considérable[2]. C'est surtout la maison d'édition Weidmann et Reich à Leipzig, l'une des plus prestigieuses à l'époque, qui publie la plupart de ses œuvres, traduites notamment par son collaborateur Johann Joachim Schwabe. Or, une particularité frappe immédiatement l'attention : contrairement à ce qui se passe dans d'autres pays, ce sont presque uniquement des traducteurs masculins qui se chargent des traductions de l'écrivaine française en allemand. Le seul cas, à notre connaissance, d'une traduction par une femme sont les *Anecdotes du quatorzième siècle*[3] traduites par Johanna Caroline Greinerin dont il reste très peu d'exemplaires conservés aujourd'hui[4] :

---

[2] Pour la réception de Marie Leprince de Beaumont dans les pays germanophones voir p. ex. Kaltz (2000) et Herz (2014). Le présent article est issu d'une thèse en cours sur *La réception de Marie Leprince de Beaumont en Allemagne et en Italie* [titre de travail] sous la direction de Prof. Rotraud von Kulessa et Prof. Catriona Seth dans le cadre du projet « EDULUM ».

[3] Le titre complet est *Geheime Nachrichten des vierzehenden Jahrhunderts zum Behuf der Geschichte grosser und berühmter Frauen damaliger Zeiten der Frau von Beaumont, aus dem französischen übersetzet von Johannen Carolinen Greinerin*.

[4] Nous pouvons supposer que la réception de cette traduction a été limitée. En ce qui concerne les tirages, les recherches sont toujours en cours. Toutefois, on trouve cinq exemplaires de cet ouvrage dans les bibliothèques allemandes suivantes : la Herzogin Anna Amalia Bibliothek / Klassik Stiftung Weimar, la Niedersächsische Staats- und Universitätsbibliothek Göttingen, la Thüringer Universitäts- und Landesbibliothek, la Universitäts- und Forschungsbibliothek Erfurt/Gotha et la Universitäts- und Landesbibliothek Sachsen-Anhalt. Hormis les éventuels exemplaires conservés dans des bibliothèques privées.

Page de titre : [Marie Leprince de Beaumont], *Geheime Nachrichten des vierzehenden Jahrhunderts zum Behuf der Geschichte grosser und berühmter Frauen damaliger Zeiten*, aus dem französischen übersetzet von Johannen Carolinen Greinerin, Frankfurth u. Leipzig, Melchior, 1761 [Traduction allemande des *Anecdotes du quatorzième siècle, pour servir à l'histoire des femmes illustres de ce tems*, par Johanna Caroline Greinerin [première parution de l'original à Londres, J. Haberkorn, 1758]].
Source : bibliothèque privée de I. Lohrey.

Johanna Caroline[5] était une femme de la haute société qui fréquentait la cour de Weimar à une époque où cette ville incarnait le centre intellectuel des pays germanophones. Or, la raison pour laquelle cette traductrice et son texte ont été écartés du marché littéraire est énoncée dans l'avertissement, qui explique que la maison d'édition Weidmann et Reich à Leipzig venait de publier une traduction de la *Vollständige Erziehung, oder Abriß der allgemeinen Geschichtskunde*[6] en même temps que Johanna Caroline présentait la sienne à son éditeur Grießbach[7] à Eisenach. Elle y explique que, pour épargner des soucis financiers à ce dernier, elle avait alors préféré retirer sa traduction[8]. (Leprince de Beaumont 1761 : Préface)

---

5 Il s'agit très probablement de Johanna Karoline von Oertel, née (von) Greiner (1741–1809), fille du conseiller privé Johann Poppo (von) Greiner à Weimar, mariée à Friedrich (von) Oertel. La date du mariage reste inconnue. Son père est anobli en 1763/64 : une publication de 1761 sous son nom de jeune fille et sans particule nobiliaire semble donc plausible. Je remercie chaleureusement Dr. Christian Hain du Goethe- und Schiller Archiv à Weimar de m'avoir communiqué ces faits et dates.

6 Le titre original est : *Education complette, ou Abrégé de l'histoire universelle, mêlé de géographie et de chronologie, à l'usage de la famille royale de S.A.R. la princesse de Galles*, Londres, Jean Nourse, 1752–1753. Toutefois, la traduction a déjà été annoncée dans un catalogue de vente d'importance du 18ᵉ siècle : *Catalogus universalis, Oder Verzeichnis derer Bücher, welche in der Frankfurter und Leipziger Oster=Messe [...] herauskommen sollen* [Catalogus universalis, ou répertoire des livres, qui seront publiés lors de la messe de Pâques de Francfort et Leipzig] (N. N. 1759 : 974).

7 Michael Gottlieb Grießbach, Hochfürstl. Sächs. Weimar- und Eisenachischen privil. Hofbuchhändler.

8 « [...] ich habe also lieber meine Uebersetzung wieder zurücknehmen, als den Herrn Cämmerer der Gefahr des Verlustes derer auf den Verlag zu verwendenden Kosten ausstellen wollen, und auf die Weise ist es geschehen, daß solche nicht zum Druck gediehen, obgleich jene noch bis auf den heutigen Tag nicht zum Vorschein gekommen ». [« j'ai donc préféré retirer ma traduction afin de ne

L'avertissement de Johanna Caroline témoigne de la compétition qui réglait les rapports entre traducteurs et maisons d'éditions. Pour la traduction des *Anecdotes du quatorzième siècle*, c'est elle qui gagne la course contre le temps d'une courte avance : « Allein auch dieser neuen Uebersetzung hat es, nach dem Begehren der obgedachten Weidmannischen Handlung, nicht beßer als der ersten ergehen sollen [...] »[9]. (Leprince de Beaumont 1761 : Préface) Le fait que la traduction de Johanna Caroline ait eu la préférence est dû, simplement, à sa rapidité d'exécution. Pour épargner à son œuvre de passer pour une simple réimpression et pour se faire une place sur le marché littéraire, elle explique dans le détail toutes les circonstances de la publication et conclut avec une excuse générale :

> Man weiß ja aus der Erfahrung, daß von einem Buche zu einer Zeit, und wohl gar erst öfters in der Folge, zwey und mehrere Uebersetzungen hervor treten ; ohne daß man es einem Uebersetzer verdenkt, oder übel nimmt, oder wohl gar zu einem Verbrechen anschreibt, eben das zu übersetzen und drucken zu lassen, was ein anderer übersetzt und drucken läßet[10]. (Leprince de Beaumont 1761 : Préface)

Les choses se passèrent en effet ainsi, la maison d'édition Weidmann et Reich publiant malgré tout sa traduction sous le

---

pas causer à Monsieur le trésorier des coûts à la maison d'édition, et il est apparu que celle-ci n'a jamais été imprimée, quoique celle-là n'est toujours pas publiée. »]

[9] « Toutefois, cette nouvelle traduction aurait dû subir le même sort selon les vœux de la maison d'édition Weidmann. »

[10] « On sait par expérience que deux traductions d'un seul livre peuvent être publiées simultanément, ou plus encore au fil du temps, sans qu'on puisse blâmer, accuser ou reprocher un crime au traducteur qui traduit ou fait imprimer ce qu'un autre traduit ou fait imprimer. »

titre *Der Frau Maria le Prince de Beaumont geheime Nachrichten aus dem vierzehnten Jahrhunderte, zur Geschichte der berühmten Frauen solcher Zeit* à Leipzig en 1760[11]. On comprend mieux la prédominance masculine dans le domaine des traductions de Marie Leprince de Beaumont en Allemagne à la lecture de l'avertissement de Johanna Caroline Greinerin[12].

11   Le seul exemplaire conservé que nous ayons identifié se trouve dans la Landesbibliothek Coburg en Allemagne. Une analyse comparative de ces deux traductions est d'un grand intérêt mais reste à faire.

12   En ce qui concerne sa stratégie traductive, Johanna Caroline révèle qu'elle aurait voulu plus de liberté dans son travail traductif, mais admet par la même occasion qu'elle craint les lecteurs sévères auprès desquels elle n'aurait probablement pas trouvé grâce avec une nouvelle adaptation : « Von der Uebersetzung bin ich überzeugt, daß sich solche ungleich besser würde haben lesen lassen, wenn ich mich nicht so genau an den Ausdruck der Urschrift gebunden, sondern blos die Sachen beybehalten, und diese in einen reinen deutschen Vortrag eingekleidet hätte. Alsdenn würde es aber nicht so wohl eine Uebersetzung, als eine neue Arbeit gewesen seyn, womit ich wenigstens bey der Art von Lesern einen schlechten Dank verdienet haben dürfte, welche sich lieber an eine getreue, als an eine freye Uebersetzung zu halten gewohnet sind. In ein und andern Stellen habe ich etwas weniges abgeändert [...]. Vielleicht findet man noch andere, die ich deutlicher hätte machen sollen; auf dem Fall aber wolle der geneigte Leser mich damit zu entschuldigen belieben, daß ich es mir bey der ganzen Uebersetzung zu einem Gesetze gemacht, mich überal, so genau als möglich, an die Urschrift zu binden. » [« En ce qui concerne la traduction, je suis convaincue qu'on aurait pu la lire plus facilement si je ne m'étais pas attachée autant à l'expression de l'original, mais avais seulement gardé les contenus, et les avais habillés dans un exposé proprement allemand. Dans ce cas, cela aurait été plutôt une œuvre nouvelle qu'une traduction, qui n'aurait pas trouvé grâce auprès de certains lecteurs habitués aux traductions fidèles et non pas aux traductions libres. À certains endroits, j'ai modifié des petites choses [...]. Peut-être qu'on en trouvera encore d'autres que j'aurais dû exprimer plus clairement ; mais dans ce cas, le lecteur attentif m'excusera du fait que dans toute la traduction je me suis fait un

Celui-ci nous livre aujourd'hui un témoignage précieux des mécanismes de concurrence du marché littéraire de l'époque. Il est révélateur de la primauté de certains traducteurs alors que d'autres sont relégués au second plan selon une règle de compétition commerciale : ‹ Premier venu, premier servi ›.

En Espagne et en Italie : contraintes et stratégies des traductrices

Les textes de Marie Leprince de Beaumont traversèrent rapidement les frontières et la diffusion de son œuvre en Italie et en Espagne[13] passa aussi bien par la présence de ses livres en français que par leurs traductions. En ce qui concerne ces dernières, les préfaces et modifications constituent d'intéressants témoignages culturels, qu'il s'agisse de stratégies déployées par des traductrices afin de s'implanter sur le marché littéraire ou pour échapper à une censure sévère. La participation féminine au processus de la traduction peut se présenter de plusieurs façons : parfois, la traductrice décide de laisser parler l'auteure d'origine, une stratégie adoptée, par exemple, par la traductrice espagnole María Antonia de Río y Arnedo. Sa traduction des *Lettres de Madame du Mon-*

---

devoir de m'attacher le plus près possible à l'original. »] Nos recherches en cours portent sur l'adéquation de ses propos préliminaires avec la réalité de son texte traduit.

13 Les exemples espagnols qui vont suivre sont issus du travail de Beatriz Onandia qui a retracé la fortune littéraire de Marie Leprince de Beaumont en Espagne dans sa thèse intitulée *Transferts culturels, traductions et adaptations féminines France/Espagne au XVIIIe siècle* (Soutenue le 20 juin 2016. Parution en cours). Je la remercie chaleureusement pour la mise à disposition de ses recherches.

tier à la marquise de*** sa fille[14] est introduite par des louanges sur Marie Leprince de Beaumont dont elle juge les propos préliminaires tellement ‹ fins › et ‹ convaincants › qu'elle n'a plus rien à ajouter et qu'il serait d'une « temeridad imperdonable querer añadir un ápice á las sabias y oportunas reflexiones de aquella muger insigne. Hable pues, por sí y por mí la misma Madama de Beaumont, supuesto que nada se puede decir ni mas fino, ni mas convincente que el Discurso preliminar que ella pone á su obra »[15]. (Le Prince de Beaumont 1798b : Préface)

En revanche, nous trouvons l'exemple d'une traductrice italienne, une certaine ‹ dama romana ›, qui n'hésite pas à rédiger une préface très détaillée en commençant par souligner la réputation des écrits de Leprince de Beaumont en tant qu'œuvre pédagogique de référence. Selon la traductrice, les œuvres de Marie Leprince de Beaumont étaient considérées comme une lecture recommandable en Italie et elle affirme dans sa traduction *La scuola delle faciulle nella loro puerizia* : « [...] L'originale francese è stato universalmente applaudito ; e non so alcun libro il quale per la buona educazione delle Fanciulle sia più opportuno, più dilettevole e più utile di

---

14 Le titre complet est : *Cartas de Madama de Montier, recogidas por Madama le Prince de Beaumont, traducidas del frances por Doña Maria Antonia de Rio y Arnedo.*

15 « Il aurait été d'une témérité impardonnable de vouloir ajouter la moindre chose aux réflexions opportunes et savantes de cette femme éminente. Madame de Beaumont elle-même parle donc pour elle et pour moi, vu qu'il n'est rien de plus fin ni de plus convaincant que le discours préliminaire qu'elle met dans son œuvre. »

questo[16] ». (N. N. 1834b : 14) L'éloge de l'auteure est suivi d'une expression de modestie typique dans les discours préliminaires : « Se in italiano non sarà ricevuto con quel favorevole accoglimento di cui vi siete lusingata, ne attribuirò alla mia insufficienza tutta la colpa [...][17] ». (N. N. 1834b : 14) La préface à la traduction italienne est inscrite dans un registre familier et porte comme titre *Lettera della dama romana che ha tradotti i presenti dialoghi ad un'altra dama sua amica*[18]. (N. N. 1834b : 13) Cette dame romaine a choisi ce texte préliminaire pour expliquer la nécessité et le but d'une éducation consistant à former les jeunes filles de façon éclairée :

> Per formare i costumi d'una fanciulla non basta solamente il suggerirle quello che deve fare o non fare ; quel che conviene o disdice ; quello, in somma, ch'è bene e quello ch'è male. Bisogna oltre di ciò persuaderla, e dirò ancora convincerla della necessità e della giustizia che l'obbliga a praticare quanto si esige da lei[19]. (N. N. 1834b : 17)

À cet égard, la traductrice nomme précisément l'objectif de Marie Leprince de Beaumont, tel que formulé dans l'avertissement du *Magasin des enfants* : « il faut nourrir

---

16 « L'original français a eu tant de succès ; et je ne connais aucun livre similaire pour la bonne éducation de la jeunesse, plus opportun, plus amusant et plus utile que celui-ci. »
17 « Si en italien ce livre, dont vous avez été ravie, n'est pas reçu avec un accueil favorable, j'en attribuerai la faute à ma médiocrité [...] ».
18 « Lettre d'une dame romaine, qui a traduit les dialogues présents à une autre dame, qui est son amie ».
19 « Pour former les habitudes d'une fille, il ne suffit pas de lui suggérer simplement ce qu'elle devrait faire ou ne pas faire ; ce qu'il convient ou ce qui est mal ; en somme, ce qui est bien et ce qui est mauvais. On a besoin d'autre chose pour la persuader, et encore pour la convaincre de la nécessité et de la justesse qui l'oblige à l'exercer quand on l'exige d'elle. »

l'esprit des enfants du vrai, le leur faire digérer ; travailler, non à vous soumettre leur esprit, à subjuguer leurs lumières pour leur faire adopter les vôtres, mais à les soumettre à l'empire de la raison ». (Leprince de Beaumont 1798a : 9)

> **LA SCUOLA**
> **DELLE FANCIULLE**
> NELLA LORO PUERIZIA
>
> *DIALOGHI*
>
> TRADOTTI DAL FRANCESE
>
> D'A
>
> **UNA DAMA ROMANA**
>
> *EDIZIONE PER LA PRIMA VOLTA CORREDATA*
>
> DELLE NOTIZIE SU LA VITA E SU LE OPERE
>
> DELL'AUTRICE
>
> *PRIMA EDIZIONE MILANESE*
>
> *VOLUME PRIMO*
>
> MILANO
> PER GIOVANNI SILVESTRI
> M. DCCC. XXXIV.

Page de titre : [N. N.], *La scuola delle Fanciulle nella loro puerizia. Dialoghi tradotti dal francese da una dama romana*, Volume primo, Milano, Giovanni Silvestri, 1834 [Traduction du *Magasin des enfants* par ‹ una dama romana › [première parution de l'original à Londres, J. Haberkorn, 1756]]. Source : bibliothèque privée de I. Lohrey.

En outre, la traductrice de l'œuvre *La Scuola delle Fanciulle nella loro Puerizia* cherche à rester fidèle à la conception des dialogues et à l'alternance entre conversations de Mademoiselle Bonne et ses élèves, d'une part, et histoires fictives et bibliques de l'autre. Toutefois, elle se permet d'intégrer de nombreux changements, sans doute afin de rendre l'œuvre éducative plus pertinente et agréable pour un public spécifiquement italien. Ainsi, elle intègre une femme savante dans les explications de Mademoiselle Bonne : Laura Bassi, mathématicienne et physicienne italienne du 18e siècle, incarne l'épanouissement d'une femme à un niveau intellectuel élevé, donnant ainsi une image positive de la femme érudite :

Donna Emilia.
Che cosa vuol dire *Università* ?

Maestra.
Sotto il nome di *Università* s'intendono le scuole pubbliche, dove s'insegnano alla gioventù le scienze, e vien conferito in esse il grado di dottore. Vi sono in *Italia* varie Università. Ne abbiamo una in Roma, che si chiama la *Sapienza.* Si scelgono i professori o sia maestri dell'Università gli uomini i più dotti e sperimentati che si possono trovare. In quella di *Bologna* si distinse un tempo la celebre *Laura Bassi,* la quale con la sua dottrina e saviezza ha fatto tanto onore al suo sesso ed all'*Italia.* [...]

Contessina Spiritosi.
Che bella gloria esser maestra di una *Università* !

Maestra.
Già mi aspettava che questa notizia v'avrebbe fatta impressione. È veramente un caso particolare. Ma appunto per questo non bisogna fissarvisi molto. La Provvidenza non ci ha destinate a far pubblica comparsa di sapere. Lo studio principale d'una donna consiste nel dare una buona

educazione a'suoi figliuoli, nell'invigilare al governo della casa e nel vivere cristianamente[20]. (N. N. 1834c : 184, 185)

L'éloge de la femme érudite par la *Maestra* est néanmoins soumis à une réserve importante dans la conversation quand elle rappelle les devoirs féminins prônés par la Providence : éduquer les enfants, s'occuper de la maison et vivre selon les préceptes chrétiens. Mais comme le discours enchaîne sur Laura Bassi et ses mérites, nous pouvons supposer que le rappel aux obligations traditionnelles de la condition féminine sert à échapper à la censure, qui aurait sûrement désapprouvé un éloge pur et simple de la femme savante. Il est également possible que les changements dans la traduction visent à réinterpréter l'équilibre mis au point dans la version originale française, notamment sa manière de négocier entre une pensée éducative moderne particulièrement audacieuse et,

---

[20] « *Mademoiselle Emilia.*
Qu'est-ce que ça veut dire, *Université* ?
Maîtresse.
Sous le nom *Université* on comprend une école publique, où l'on enseigne les sciences à la jeunesse et où l'on accorde le titre de docteur. En *Italie* il y a plusieurs universités. Il y en a une à Rome, qui s'appelle *Sapienza*. Les professeurs ou les enseignants de l'université y choisissent les personnes les plus érudites et éprouvées qu'on puisse trouver. Dans l'université de *Bologne* s'est illustrée la célèbre *Laura Bassi*, qui a apporté tant de gloire à son sexe et à l'Italie avec sa science et sa sagesse. [...]
Comtesse spirituelle.
Comme il serait beau d'être maîtresse d'une *Université* !
Maîtresse.
Je m'attendais à ce que cette nouvelle vous impressionne. Il s'agit vraiment d'une chose particulière. Mais justement pour cela il ne faudrait pas vous fixer trop. La Providence ne vous a pas destinée à participer publiquement au savoir. Les études principales d'une femme consistent à donner une bonne éducation à ses enfants, à surveiller et gouverner la maison et à vivre selon les doctrines chrétiennes. »

d'autre part, l'image de la femme traditionnellement déterminée par ses devoirs domestiques et familiaux. À cet égard, nous constatons que la connaissance des réalités sociales domine en grande partie les adaptations italiennes : les structures matrimoniales des familles nobles, les territoires, la géographie ainsi que les connaissances sur le monde font partie d'une vulgarisation des savoirs intégrée dans l'œuvre de Marie Leprince de Beaumont. Or, l'axe le plus visible reste une éducation aux bonnes mœurs, à savoir une éducation morale comme dans la version originale française. Marie Leprince de Beaumont tentait déjà, dans ses *Magasins*, de concilier les divers champs de l'éducation, notamment la religion et le savoir. Cette définition des champs éducatifs l'un par rapport à l'autre est répercutée dans un contexte italien qui présente un milieu socio-culturel différent de celui de la France ou de l'Angleterre, raison pour laquelle la traductrice ressent le besoin d'adapter son œuvre : « Ella ha composto i suoi Dialoghi per uso delle dame inglesi. Io li traduco a benefizio delle nobili e civili fanciulle italiane [21] ». (N. N. 1834a : 8)

---

21   « Ella ha composto i suoi Dialoghi per uso delle dame inglesi. Io li traduco a benefizio delle nobili e civili fanciulle italiane. Ha avuto ella de' riguardi in materia di Religione e di Sacra Scrittura, che non debbo aver io. Il costume della nazione per cui ha scritto, è molto diverso dal nostro. La maniera con cui si pensa e si parla in Inghilterra, esige delle istruzioni ed avvertimenti particolari, che per le donne d'Italia o sono affatto inutili, o meritano di esser usate con maggior riserbo e cautela. » [« Elle a composé ses dialogues pour l'usage des dames anglaises. Je les traduis au bénéfice des dames nobles et bourgeoises italiennes. Elle a porté son intérêt sur la religion et l'écriture sainte, chose que je ne ferai pas. Les coutumes de la nation pour laquelle elle a écrit sont très différentes des nôtres. La manière dont on pense et dont on parle en Angleterre exige des instructions et des avertissements parti-

La traductrice sera d'ailleurs critiquée par ses contemporains pour ce transfert à la réalité italienne. De telles objections sont évoquées dans son avertissement du tome 2 de la *Scuola delle fanciulle* :

> Voi però non contenta di conoscere e di approvare i ragionevoli motivi che mi hanno indotta a formare, dirò così, un libro italiano da un originale francese, [...] vorreste ch'io parlassi della Storia Santa, di cui ho stimato bene di dare un compendio meno sterile, ed assai più regolare ed esatto di quello che l'Autrice ha composto; vorrei insomma ch'io indicassi le ragioni, per le quali ho corrette e tralasciate alcune notizie di fisica, variato l'ordine della geografia, soppressa qualche novella, e preferita generalmente una parafrasi, lavorata sull'idea dell'opera, ad una traduzione letterale, che sarebbe stata meno utile e meno conforme al costume ed alla Religione d'Italia. Perdonatemi però, cara amica : io non vi posso ubbidire[22].
> (N. N. 1834° : 6–7)

Le ton de la modestie et les craintes d'insuffisance du premier avertissement sont remplacés par une apologie de la traduc-

---

22 culiers, qui sont inutiles pour les dames d'Italie, ou méritent d'être utilisés avec plus de circonspection et de prudence ».]
« Toutefois, vous ne vous contentez pas de savoir et d'approuver les motifs réfléchis qui m'ont amenée à former, je le dis ainsi, un livre italien à partir d'un original français, [...] vous voulez que je parle de l'Histoire-Sainte, de laquelle j'ai estimé donner un abrégé moins stérile, et passablement plus régulier et exact que celui que l'auteure a fait ; vous voulez en somme que je mentionne les raisons pour lesquelles j'ai corrigé et laissé quelques notices de la physique, varié l'ordre de la géographie, supprimé quelques nouvelles, et préféré en général une paraphrase, adaptée à l'idée générale de l'ouvrage, à une traduction mot par mot, laquelle aurait été moins utile et moins conforme aux coutumes et à la religion de l'Italie. Pardonnez-moi toutefois, chère amie, je ne peux pas vous obéir. »

trice, l'affirmation de soi occupant une place importante dorénavant dans ces explications préliminaires.

Nous retrouvons un développement similaire dans les traductions de Marie Leprince de Beaumont en Espagne où des débats intenses révèlent l'existence d'une véritable guerre entre traductrices et censeurs de l'Inquisition. La traductrice María Cayetana de la Cerda y Vera, comtesse de Lalaing, avait par exemple traduit *Les Américaines, ou la Preuve de la religion chrétienne par les lumières naturelles,* interdit de publication par la censure pour cause de désaccord au sujet de la foi chrétienne[23].

Bien que les exemples évoqués obéissent à des contextes culturellement et socialement différents les uns des autres, le combat des traductrices et donc de la femme érudite au 18e siècle répond également à un impératif de genre qui transcende les frontières : impératif déterminé par une tension entre une assimilation aux normes sociales nécessaire pour exister publiquement et, d'autre part, un désir de plaider pour leur propre activité professionnelle.

Marie Leprince de Beaumont, romancière, journaliste et pédagogue, compte parmi les auteurs les plus connus en

---

23 « Le censeur, Lorenzo Igual de Soria, argumenta le choix d'interdire la publication de cette œuvre en recourant à une épître biblique qui prêchait la soumission et le silence de la gent féminine face à l'autorité masculine dans toutes les affaires concernant la religion. [...] Après cela, un long combat épistolaire va opposer les censeurs et Cayetana de la Cerda, car la traductrice espagnole défend fermement sa traduction ; le dossier restera en suspens pendant quatorze ans pour être définitivement clos par le Consejo de Castilla le 22 mars 1804. » Onandia, Beatriz, *Transferts culturels, traductions et adaptations féminines France/ Espagne au XVIIIe siècle* (Thèse soutenue le 20 juin 2016. Parution en cours).

France et en Europe au 18ᵉ siècle. De nombreuses traductions de ses écrits éducatifs, en particulier de ses *Magasins*, témoignent de son succès jusqu'à la fin du 19ᵉ siècle. Son œuvre et les traductions dont elle fait l'objet sont donc particulièrement révélatrices des problèmes qui se posent aux femmes de lettres au siècle des Lumières, tels qu'ils se reflètent chez ses traductrices à travers l'Europe : leur statut de femme, les mécanismes du marché littéraire ainsi que leur désir de marquer les traductions de leur empreinte doivent composer avec l'invisibilité imposée à leur sexe.

Bibliographie

HERZ, Ramona, « ‹ *Ihre Werke sind in jedermanns Händen* › – *Marie Leprince de Beaumont und ihre Rezeption in Deutschland* », in Bernd Dolle-Weinkauff & Hans-Heino Ewers & Carola Pohlmann (Hg.), *Jahrbuch der Kinder- und Jugendliteraturforschung 2013/2014*, Frankfurt am Main, Peter Lang, 2014, pp. 25–40.

KALTZ, Barbara, *Jeanne Marie le Prince de Beaumont. Contes et autres écrits*, Oxford, Voltaire Foundation, 2000.

LEPRINCE DE BEAUMONT, Maria, *Der Frau Maria le Prince de Beaumont geheime Nachrichten aus dem vierzehnten Jahrhunderte, zur Geschichte der berühmten Frauen solcher Zeit*, Leipzig, Weidmannische Handlung, 1760.

LEPRINCE DE BEAUMONT, Maria, *Geheime Nachrichten des vierzehenden Jahrhunderts zum Behuf der Geschichte grosser und berühmter Frauen damaliger Zeiten, aus dem französischen übersetzet von Johannen Carolinen Greinerin*, Melchior, Frankfurth u. Leipzig, 1761.

LEPRINCE DE BEAUMONT, Marie, *Instructions pour jeunes Dames qui entrent dans le monde et se marient.* Second Avertissement, Lyon, Reguilliat et Bruyset Ponthus, 1765.

LEPRINCE DE BEAUMONT, Marie, *Magasin des enfans*, Tome I, Lyon, Rusand, 1798a.

LE PRINCE DE BEAUMONT, [Marie], *Cartas de Madama de Montier, recogidas por Madama le Prince de Beaumont, traducidas del frances por Doña Maria Antonia de Rio y Arnedo*, Madrid, García y Compañía, 1798b.

[N. N.], *Catalogus universalis, Oder Verzeichnis derer Bücher, welche in der Frankfurter und Leipziger Oster=Messe [...] herauskommen sollen*, Leipzig, Großische Handlung, 1759.

[N. N.], *Scuola delle Fanciulle nella loro puerizia, adolescenza e gioventù o corso d'istruzione progressiva opera tradotta da una dama romana*. Vol. II, Milano, Lorenzo Sonzogno, 1834a.

[N. N.], *La scuola delle Fanciulle nella loro puerizia. Dialoghi tradotti dal francese da una dama romana*, Volume primo, Milano, Giovanni Silvestrini, 1834b.

[N. N.], *La scuola delle Fanciulle nella loro puerizia. Dialoghi tradotti dal francese da una dama romana*, Volume secondo, Milano, Giovanni Silvestri, 1834c.

ONANDIA, Beatriz, *Transferts culturels, traductions et adaptations féminines France/Espagne au XVIIIe siècle* [Thèse soutenue le 20 juin 2016. Parution en cours].

« Unfolding Young Minds » : Mary Wollstonecraft and Sarah Austin as Translators of Children's Literature

GILLIAN LATHEY

Abstract

Women who sought a life of the mind in Britain across the course of the late eighteenth and early nineteenth centuries faced a barrage of largely male disapproval of what was regarded as unorthodox and unfeminine behaviour. Mary Wollstonecraft (1759–97), author of *A Vindication of the Rights of Woman* (1792), openly defied expectations of female conduct, whereas translator Sarah Austin (1793–1867) trod a more delicate path between the public and private spheres. Although separated by a generation and, apparently, by their views on female propriety, Wollstonecraft and Austin shared a financial dependence on their writings including translation. Both had occasion to translate texts written for children. The reasons why these two women of letters chose to translate for a young audience, the translation strategies adopted in each case, and the social and historical contexts in which they worked illuminate not only developments in the content of children's reading matter, but also the paradoxes of women's domestic and intellectual lives during the Enlightenment and early Victorian eras.

Women who sought a life of the mind in Britain across the course of the eighteenth and early nineteenth centuries faced a barrage of largely male disapproval of what was regarded as unorthodox and unfeminine behaviour (Eger and Peltz

2008 : 18). Cartoonist Thomas Rowlandson's infamous vision of hair pulling and fistfights at the longstanding women's educational and literary circle in « Breaking Up of the Bluestocking Club » of 1815 expresses a satirical disdain that found a ready audience. In the face of such attacks, Mary Wollstonecraft (1759–97), described by author Horace Walpole as a « hyena in petticoats » (Peltz 2008 : 117[1]), reflected anxiously in a letter to her lover, Gilbert Imlay, on the education of their young daughter Fanny : « I dread to unfold her mind, lest it should render her unfit for the world she is to inhabit » (Wollstonecraft [1796] 1989 : 269). Whereas Wollstonecraft herself defied expectations of female conduct by taking lovers, travelling alone to France during the Revolution or with the infant Fanny and a maid to Scandinavia, and earning a living as author and sometime translator, she knew at first hand the social opprobrium that accompanied female intellectual activity and feared for her daughter's future.

Sarah Austin (1793–1867), born some thirty years after Wollstonecraft, trod a more delicate path between the public and private spheres. According to a memoir of Austin by her friend M. Barthélemy St. Hilaire, she chose to devote her energies almost exclusively to translation rather than risk any criticism of original work, since in her opinion it was « improper in a woman to provoke a possible polemic » (Ross 1893 : viii[2]). Although separated by a generation and,

---

[1] Peltz cites a letter from Walpole to Hannah More of 24 January 1795, reproduced in W.S. Lewis, (ed.), *The Yale Edition of the Correspondence of Horace Walpole,* New Haven and London, 1937–83, Vol. XXXI, p. 397.

[2] Extracts from St. Hilaire's memoir were translated from French and published by Sarah Austin's granddaughter, Janet Ross, in

apparently, by their views on female propriety, Wollstonecraft and Austin shared a financial dependence on their own writings including translation and devoted considerable energy to the social and political issues of their times. Both also had occasion to translate texts written for children. The reasons why these two women of letters chose texts for a young audience, the translation strategies adopted in each case, and the social and historical contexts in which they worked illuminate not only developments in the content of children's reading matter, but also the polarities and paradoxes of women's domestic and intellectual roles during the Enlightenment and early Victorian eras.

Mary Wollstonecraft : ideological translation for the young in the Age of Enlightenment

In the eighteenth century translation was one means by which educated women could find a voice and earn an income. It has often been pointed out that an association between translation, long regarded as a secondary activity or « hack » work, and women resulted in numerous rhetorical links epitomised in the infamous phrase « les belles infidèles » (Chamberlain 1988), and in her critical analysis of gender in translation, Sherry Simon identifies the « tangle of concepts which relegates both women and translation to the bottom of the social and literary ladder » (Simon 1996 : 1). To translate for children, however, is to lower the translator's status by a fur-

Three Generations of Englishwomen : Memoirs and Correspondence. A New, Enlarged and Revised Edition, London, T. Fisher Unwin, 1893.

ther rung or two, given the marginal position of children's texts within the literary polysystem (Shavit 1986). What could seem more natural, uncontroversial – and therefore appropriately marginal – than that women should translate stories for the amusement and education of children? Yet any such assumption that writing or translating for children was a subordinate activity carried out far from the forefront of intellectual life ignores the preoccupation of leading figures during the Age of Enlightenment with the formation of the child's mind and behaviour. John Locke's *Some Thoughts Concerning Education* of 1693, Rousseau's *Emile, or On Education* (1762, first English edition 1763), and the work of the German educational reformers known as the Philanthropists had all nourished the cross-currents of educational experimentation across Europe that had a major impact on the work of female authors and translators in eighteenth-century Britain.

For female intellectuals of the Enlightenment age, including the so-called « bluestockings », education was a primary concern. Hannah More established a network of charity schools and wrote literature for the use of pupils, and Mary Wollstonecraft set up a school together with a friend and her sisters in Newington Green, north London, as well as working as a governess in Ireland. Reflection, advice and fiction on education from the pens of women was plentiful, from the wit and innovation of Sarah Fielding's *The Governess; or, Little Female Academy* of 1749 to Hester Chapone's treatise on rational education for girls in *Letters on the Improvement of the Mind* of 1773, in which she too expressed the dangers young women courted through « pedantry », and Maria Edgeworth's didactic stories in *The Parent's Assistant, or Stories for Children* (1796) and pedagogical opinion in *Practical Education*

(1798)[3]. As Mitzi Myers comments in her survey of the female tradition in Georgian children's books : « Female writers crowded into the juvenile market. Sharing their era's appetite for educational reform, this early generation of professional women found in children's books not just an outlet available to their sex, but a genuine vocation » (Myers 1986 : 33).

Myers' « female writers » included translators who were fully engaged in cross-European developments in educational thought. Maria Edgeworth began translating the reflections on pedagogy entitled *Adèle et Théodore ou lettres sur l'éducation* (1782) by Mme de Genlis from the French at the behest of her father until a rival version of 1783, credited rather vaguely to « some ladies », pipped her to the post. Joseph Johnson, publisher of Mary Wollstonecraft's early work *Thoughts on the Education of Daughters : With Reflections on Female Conduct, in the More Important Duties of Life* in 1787, regarded her as a sound investment in a rapidly expanding market in books for women and children. He paid Wollstonecraft's debts and employed her as reviewer and translator from both French and German[4]. Johnson published Wollstonecraft's three translations for the young, namely a version of *Young Grandison. A series of letters from Young Persons to their friends* from the Dutch of Madame de Cambon in 1790[5]; leading German Philanthropist Christian Gotthilf

[3] Edgeworth wrote these works together with her father, Richard Lovell Edgeworth.
[4] In a letter to George Blood of 16 May 1788, Wollstonecraft joyfully refers to an advantageous contract for a translation that, together with other employments, should enable her to « clear above two hundred pounds this year » (Wardle 1979 : 174).
[5] According to William Godwin's biography of Mary Wollstonecraft, this was in fact a rewriting of an existing translation.

Salzmann's didactic tales entitled *Elements of Morality*, published in three volumes between October 1790 and March 1791 (Wardle 1979 : 175–6), and a set of gymnastic exercises for use in schools from the German of J.C.F. Guthsmuths in 1800[6].

Wollstonecraft's determination to unfold children's minds, despite qualms in relation to her daughter, becomes transparent in her translation of Salzmann's *Moralisches Elementarbuch* (1782–4) as *Elements of Morality for the Use of Children* (1790). In a prefatory « Advertisement », she claims that the text : « accidentally fell into my hands, when I began to learn German, and, merely as an exercise in that language, I attempted to translate it » (Wollstonecraft [1790] 1989 : 5). What began as a language learning exercise, however, soon became a translation of conviction. Wollstonecraft compares the « very rational book » that « chance had thrown my way » to her own earlier publication, *Original Stories from Real Life* of 1788 in its emphasis on the social and moral instruction of children through fables and stories taken from daily life. The tales begin factually; there is no « once upon a time » or concession to the young who, once literate, were expected to read as adults :

> In the city of Bristol lived an honest and industrious merchant, whose name was Jones. He had been so attentive to business, that in the course of ten or twelve years he acquired a considerable fortune, sufficient to procure not only

---

6 *Gymnastics for Youth: or a Practical Guide to Healthful and Amusing Exercises for the Use of Schools* by J. C. F. Guthsmuths, London, Joseph Johnson, 1800. The translation is attributed to Mary Wollstonecraft in the catalogue of the Pierpont Morgan Library, *Early Children's Books and their Illustration*, 1975, p. 214.

the necessaries, but even the luxuries of life. (Wollstonecraft [1790] 1989 : 17)

Wollstonecraft readily admits that hers is not a literal translation and that what she calls in her preface « naturalisation », a term predating Venuti's « domestication » by some two hundred years, was essential to the didactic task she had set herself :

> I term it a translation, though I do not pretend to assert that it is a literal one; on the contrary, beside making it an English story, I have made some additions, and altered many parts of it, not only to give it the spirit of an original, but to avoid introducing any German customs or local opinions. My reason for naturalizing it must be obvious – I did not wish to puzzle children by pointing out modifications of manners, when the grand principles of morality were to be fixed on a broad basis. (Wollstonecraft [1790] 1989 : 5)

« Naturalisation » leads to the Anglicisation of names – Bristol and Jones rather than an unnamed German town and the family name Herrmann – of food and of other culturally bound items. On the culinary front « Märkische Rüben » and « Schöpsenbraten » (Salzmann, second edition, 1819 : 206) become « mutton-chops and apple-dumplings » (Wollstonecraft [1790] 1989 : 143), all good eighteenth-century fare. Children were not to be distracted by speculation on unfamiliar names or dishes when « grand principles » were at stake.

Even more intriguing is Wollstonecraft's reference in the preface to a lengthy addition to Salzmann's text : « I have also here inserted a little tale, to lead children to consider the Indians as their brothers, because the omission of this subject appeared to be a chasm in a well-digested system » (*Ibid.* : 6). On comparing source text and translation, it becomes clear that this observation concerns a parable by a curate who finds the young protagonist, Charles, lost in a wood and succumbing to panic. Wollstonecraft replaces the curate's story about a cowardly German hussar designed to combat the child's anxiety with a similar tale about a British soldier set in the American War of Independence. That war had taken place between 1775 and 1782, and had ended less than ten years before Wollstonecraft wrote her translation, so the reference was recent enough to be of interest to her young readers and their parents. When, in Wollstonecraft's version of the curate's parable, the British soldier loses his way in the dark in a pathless American forest, his unjustified fear of the so-called « Indians », the native « copper coloured men », is dramatically exposed and questioned as a native American rescues him and attends to his injury. Wollstonecraft drives home her point when the curate refers to this American as « one of those men, whom we Europeans with white complexions, call savages » (*Ibid.* : 28).

What might today be regarded as a surprisingly early expression of anti-racism was, within the context of the Enlightenment and the anti-slavery movement, an example of egalitarianism as intellectual construct, since a rational approach to humankind simply could not allow one race to be considered inferior to another. Wollstonecraft was doubtless also aware of the tradition of salacious « captivity tales » published in America and Britain, for example William Fleming's *A Narrative of the Sufferings and Surprizing Deliverance of William and Elizabeth Fleming, Who were taken captive by Capt. Jacob, Commander of the Indians* of 1756, a tradition that she wished to counteract. An advocacy of tolerance is a foundation stone of Salzmann's « well-digested system », and in the spirit of those values Wollstonecraft is at pains to dispel prejudice in the young through a story with a humane message, even when that entails taking a cavalier approach to a source text. She adopted a similar approach in her translation of *Young Grandison*, stating in her « Advertisement » that in a text « intended for the instruction of youth [...] the whole has been abridged, and *material* alterations made, to render it more extensively useful » (Wollstonecraft, *Young Grandison* [1790] 1989 : 215). Nothing must stand in the way of the development of a reasoned, enlightened approach to human interaction. In *A Vindication of the Rights of Woman,* published two years after her translation of Salzmann, Wollstonecraft argues that « children cannot be taught too early to submit to reason » (Wollstonecraft [1792] 1989 : 227). Certainly a respectable number of adult buyers agreed with such sentiments, since *Elements of Morality* ran to several editions in the UK, Ireland and the USA.

As a consequence of their desire to impress upon children's minds a rational, intellectual approach to learning and social behaviour, Wollstonecraft and her contemporaries dismissed the fanciful, romantic or supernatural as unnecessary distractions to young minds. Maria Edgeworth condemned fairy tales in the preface to *The Parent's Assistant, or Stories for Children* of 1796 with a question : « Why should the mind be filled with fantastic visions, instead of useful knowledge? » (Edgeworth [1796] 1800 : xi), and she reassures parents that in the stories to follow : « care has been taken to avoid inflaming the imagination, or exciting a restless spirit of adventure » (*Ibid.* : x). Any tendencies in the young reader for affective or sensual response were to be tempered in the interests of acquiring knowledge and improving social behaviour. In a similar vein, albeit with her own sex as the target rather than children, Wollstonecraft censures in *A Vindication of the Rights of Woman* a preoccupation with novels and with what she calls the « hocus-pocus » of horoscopes. She concludes that : « Another instance of that feminine weakness of character, often produced by a confined education, is a romantic twist of the mind, which has been very properly termed *sentimental* » (Wollstonecraft [1792] 1989 : 255). Just as her own moral tales and Salzmann's were drawn from real life and designed to be « useful », Wollstonecraft regarded unscientific practices and pathos as detrimental to the intellects of both adult women and child readers and was critical of the contemporary cult of sensibility.

Sarah Austin :
translation within the domestic sphere

« Sentimental » is, however, an epithet commonly applied in reviews or histories of children's literature to Friedrich Wilhelm Carové's *Das Märchen ohne Ende*, translated in 1834 by Sarah Austin (1793–1867)[7] as *The Story without an End*. Often used pejoratively, as in Mary Wollstonecraft's condemnation of the trait, « sentimental » suggests an excess of surface emotion that panders to the requirements of younger or female readers. Yet within the context of post-Enlightenment children's literature « sentimental » signals a reintroduction

---

[7] According to Lotte and Joseph Hamburger's biography of John and Sarah Austin, there is a tenuous link between Mary Wollstonecraft and Sarah Austin. Austin's mother Mary Taylor's circle of friends knew Wollstonecraft who was widely admired in Norwich (Hamburger, 1985 : 21).

of aspects of the fanciful that had never in fact disappeared – literate children had of course continued to read fantasy, fairy tales and romances throughout the eighteenth century (Lathey 2010) in the form of chap books or folio editions – but such popular literature had languished under a shadow of disapproval. Austin's translation arose from the reading pleasure of her daughter. Rather than translating for the child as an abstraction as Wollstonecraft does[8], Austin's preface reveals her daughter's love for a story first read in its source language : « The story you love so much in German, I dedicate to you in English » (Carové 1834 : v). Austin's only child, Lucie, had lived for some years with her parents in Germany and was fluent in German[9].

Before taking a closer look at this translation in relation to contemporary developments in children's literature, an introduction to its position as a curious interlude in the œuvre of a highly respected translator and editor will illustrate both parallels and contradictions with the literary career of Mary Wollstonecraft. Sarah Austin, née Taylor, was a member of what can only be called a veritable clan of transla-

---

[8] Mary Wollstonecraft translated Salzmann's tales before the birth of her first child, Fanny Imlay, in 1794. She did begin to write one textbook with Fanny in mind, a reading primer entitled « Lessons » published in *Posthumous Works of the Author of A vindication of the Rights of Woman*, London, J. Johnson and G. G. and J. Robinson, 1798.

[9] Lucie Austin (later Lucie Duff-Gordon, 1821–1869) was a playmate of Marcus, son of the German historian Barthold Georg Niebuhr. Lucie translated *Griechische Heroengeschichten von B. G. Niebuhr an seinen Sohn erzählt* (Hamburg, Friedrich Perthes, 1842) as *Stories of the Gods and Heroes of Greece told by Berthold Niebuhr to his Son*, in an edition edited by Sarah Austin (London, John W. Parker, 1843).

tors. She was born into the renowned mercantile and Unitarian Taylor family in Norwich, East Anglia; children of the various branches of the Taylor family enjoyed a broad education that included the learning of languages[10] and an introduction to European literature. Edgar Taylor (1793–1839), the first translator of the Grimms' tales into English, was descended from the same great grandfather as Austin[11]; another distant cousin, Edward Taylor, produced a later edition of tales by the Grimms not yet translated by Edgar (*The Fairy Ring*, 1846), and Sarah Austin's cousin Harriet Martineau (1802–1876) – also a children's author and educationalist – translated and condensed the work of French sociologist Auguste Comte (*The Positive Philosophy of Auguste Comte*, 1853)[12]. Sarah Taylor spent long periods in France and Germany after marriage to the sober and melancholic lawyer John Austin and chose to remain out of the limelight as she developed her talents as translator, editor and intellectual companion.

Unlike Wollstonecraft, then, Sarah Austin conducted her intellectual life in the sedate surroundings of the salon, preferring the camouflage of domesticity to public activity.

---

10   According to her granddaughter, Sarah Austin learned French, German, Italian and Latin as a child (Ross 1912 : 23).

11   The dissenting preacher John Taylor (1694–1761). Austin collaborated with Edgar Taylor in the publication *Lays of the Minnesingers and German Troubadours of the Twelfth and Thirteenth Centuries*, 1825, London, Longman, Hurst, Rees, Orme, Brown and Green.

12   According to the « Open Letter » by Sylvia Hershey, published in the quarterly journal *The Century* in 1896, the two cousins were not on the best of terms, since Harriet Martineau « hated her [Sarah Austin] bitterly » (vol. 51, April 1896, p. 953). Susanne Stark also mentions their « diametrically opposed » views, particularly on the role of women (Stark 1999 : 42).

Sylvia R. Hershey, writing an appreciation of Sarah Austin thirty years after her death in the journal *The Century*, hailed her as the « beautiful realization of perfect wifehood », citing Austin's painstaking editorial work on John Austin's chaotic papers after his death that resulted in a series of influential volumes on jurisprudence (Hershey 1896 : 952). Several of Austin's male friends and correspondents enhanced this identification with the domestic sphere by referring to her in maternal terms : to John Stuart Mill she was « ein liebes Mütterlein » (dear little mother), and to French statesman Michel Chevalier « la petite mère du genre humain » (little mother of humanity) (Hershey 1896 : 953). Translation offered a further means of self-effacement. In the preface to *Germany from 1760 to 1814 ; or, Sketches of German Life* (1854), a compilation of translated extracts, Austin claims with almost coquettish modesty to have « secured myself behind the welcome defence of inverted commas » (Austin, 1854 : vi).

Nonetheless, Austin's reputation in intellectual circles was high. It was Sarah Austin, rather than her husband, who attracted leading intellectuals and literary figures to the Austins' various homes; she met and corresponded with social reformers Jeremy Bentham and John Stuart Mill and, in Germany, with historian Georg Niebuhr and poet Heinrich Heine. Translation was no mere pastime, but rather an additional source of income on which the family depended during periods when John Austin suffered from nervous illness; insights into Austin's correspondence with her publisher John Murray reveal the astute negotiator and businesswoman at work (Stark 1999 : 45; Hamburger 1985 : 74). Austin's translations of travel writing, including Hermann von Pückler-Muskau's *Tour in England, Ireland, and France in the Years 1828 and 1829. By a German Prince* in 1832, and of historical works such as Leopold Ranke's *The Ecclesiastical and Political History of the Popes of Rome during the Sixteenth and Seventeenth Centuries* (1840), both from German, drew praise from her contemporaries. Susanne Stark, in her study of translators from German in the nineteenth century that bears Austin's phrase *Behind Inverted Commas* as its title, cites the opinion of William Whewell, Master of Trinity College, Cambridge, that Sarah Austin had « raised the standard of translation so high that it is not easy to find somebody of a similar quality » (Stark 1999 : 40). Stark also, however, pinpoints the tension between the « reproducing and self-denying » characteristics of women's translation activity in this period on the one hand and its increasingly « professional and assertive dimension » (Stark 1999 : 43) on the other, a tension that Austin seems to have embodied. It is within this context of professional ambiguity that Austin's only translation for children finds its place as a successful work arising from an initially private understanding of a child reader's requirements.

Austin's version of Carové's whimsical *Kunstmärchen* stands apart from her translation and editorial work both in its purpose and literary mode; she rendered into English Carové's fanciful work of fiction as a mother who understands and follows her child's impulses. Austin was not driven by grand educative design in the manner of Wollstonecraft's translation of Salzmann, although she does argue in favour of national and compulsory education both in the preface to her translation of Victor Cousin's *State of Public Instruction in Prussia* (1834) and in a synthesis of French and German debates and her own opinions published in 1839 as *On National Education*. Nor is Carové's text an overtly didactic tale in the manner of Salzmann's collection despite the odd moral message, for example when will-o'-the-wisps regretfully relate their previous lives as deceptive and arrogant children. In what is undoubtedly a lush piece of prose, an unnamed child protagonist listens to stories told by insects, a drop of water and flowers in a meandering narrative that closes with the apotheosis of springtime. The first lines of Austin's translation set the tone :

> There was once a Child who lived in a little hut, and in the hut there was nothing but a little bed and a looking-glass which hung in a dark corner. Now the Child cared nothing at all about the looking-glass ; but as soon as the first sunbeam glided softly through the casement and kissed his sweet eyelids, and the finch and the linnet waked him merrily with their morning songs, he arose, and went out into the green meadow. And he begged flour of the primrose, and sugar of the violet, and butter of the butter-cup ; he shook dew-drops from the cowslip into the cup of a hare-bell; spread out a large lime leaf, set his little breakfast upon it, and feasted daintily. (Carové, trans. Sarah Austin, 1834 : 10)

The contrast with sober tales of everyday reality such as those of Salzmann, where the constraints and niceties of social interaction rather than the natural world take the foreground, is immediately apparent. Austin's translation of a book that is, as she writes to her daughter in the preface, « yours by right » (*Ibid.* : 1834: v) indicates a facility as storyteller and a good ear for read-aloud qualities, both confirmed by Austin's granddaughter who paints a delightful picture of an elderly Austin surrounded by children eager to hear fairy tales « so well and graphically told » (Ross 1893 : iv). In the opening passage of *The Story without an End* cited above, Austin maintains narrative flow and a lilting rhythm by inserting « Now » at the beginning of the second sentence, beginning the third with « And » and simplifying Carové's syntax to create three sentences from two.

Austin adheres very closely to Carové's German text, following her own forthright advice in the foreword to a translation of the *Characteristics of Goethe* by Johann Falk and Friedrich von Müller (1833) to attend to the « form and colour » of the source text (Austin 1833 : xxxiv), since « A nation that demands of its translators that they give its own *tournure* to all works of foreign growth, will have bad translations – flat, colourless, or repulsively incongruous » (*Ibid.* : xxxv). Thus Austin apparently chooses, in Schleiermacher's terms, to move the reader towards the author of the source text and culture, and becomes a fierce advocate of Venuti's (2008) estranging foreignization *avant la lettre*. In a translator's footnote in *The Story without an End* to the phrase « currant bush » she advises young readers that « the red currant is called in Germany, *Johannis-beere*, St John's berry » (*Ibid.* : 1834 : 40) and rather than using the English « cornflower », she retains the German « Cyane » (*Ibid.* : 115). Both strategies indicate Austin's determination to alert the child to the fact that he or she is reading a text originally written in another language and another country. Whereas Wollstonecraft was eager to iron out alien cultural markers that might divert the child's attention from Salzmann's moral messages or her own insertion, Austin retains the foreign as a piquant reminder of the story's origins and of the « national and individual peculiarities of thought and speech » (*Ibid.* : 1833 : xxxvi) that she believed a translator should convey to a target audience. As analyses by both Susanne Stark (1999 : 151–3) and Judith Johnston (2013 : 59–74) of Austin's translation of Pückler-Muskau's *Tour of England, Ireland and France* indicate, Austin was by no means above the occasional manipulation and censorship of texts for adults despite her pronouncements to the contrary. In translating a story that her daughter already knew well in German, however, she adhered to her own previously stated principles since a literal rendering was essential: anyone who has read stories to children knows the alarm caused by the slightest slip or change to a much-loved text.

What Carové's tale offers the young reader is on the one hand an immersion in nature, associated with the child since the Romantic era, together with the delights of the miniature, a classic trope of children's literature from *Le Petit Poucet* of Charles Perrault (1697) and Hans Christian Andersen's *Tommelise* (*Thumbelina*) (1835) to Mary Norton's *The Borrowers* (1952), and on the other a sharing with the protagonist of vicarious emotion, that frequently criticised « sentimental » touch. The tale is also, in contrast to Salzmann, shot through with the mystical, the irrational and indeed the psychological in its representation of a child whose dreams shift from a heady trip in a golden boat surrounded by stars glittering on dark water, to a frightening fall into the « dark, gloomy caverns of a mountain » (Carové 1834 : 29) and who, disturbed by the « evil tongues » (*Ibid.* : 54) of a spiteful mouse and lizard, wanders distraught through a forest. Moments of insight into affect and psyche prefigure developments in children's literature in the late nineteenth century, notably Heidi's sleepwalking through the streets of Frankfurt in Swiss children's author Johanna Spyri's eponymous novel (1880–81).

Austin's dedication praises Carové's work as « a wide and magnificent book, which contains more wonderful and glorious things than all our favourite fairy-tales put together » (v–vi), thereby emphasizing its place at the cusp of the sanctioned revival of the marvelous in children's literature. The edifying literature of the eighteenth century began in the nineteenth to yield to the recognition of the child's affinity with works of fantasy and imagination. In the preface to his Grimm translation Austin's relative Edgar Taylor makes plain his disapproval of purely didactic texts for the young :

> Philosophy is made the companion of the nursery : we have lisping chemists and leading-string mathematicians : this is the age of reason, not of imagination; and the loveliest dreams of fairy innocence are considered as vain and frivolous. Much might be argued against this rigid and philosophic (or rather unphilosophic) exclusion of works of fancy and fiction. (Taylor 1823 : iv)

Austin echoes Taylor in the same preface to *Characteristics of Goethe* that includes her reflections on translation strategies. She expresses impatience with didactic works that force authors into imparting information, regretting that « Children are trained in this confusion of ideas » (Austin 1833 : xxiv) and delivering a pointed message to the moralists :

> It is true that a work of Art may be made to inculcate a *moral* (as it is vulgarly called), or to teach a scientific truth – just as the Apollo Belvedere might serve as a tailor's block – but are these the aims of Art? (*Ibid.* : xxv)

The gradual shift in the content of British children's literature signalled in these works is reflected across the first half of the nineteenth century in the publication of William Roscoe's illustrated narrative poem *The Butterfly Ball and the Grasshopper's Feast* of 1807, the translation of Grimms' tales in 1823 and, eventually, the flowering of the tradition of fantasy as a mode for children marked by the publication of Lewis Carroll's *Alice in Wonderland* in 1865. Although generally neglected in critical discussion (neither Susanne Stark, 1999, nor Judith Johnston, 2013, mention Carové's tale in their discussion of Austin's work as translator), Austin's boon for a beloved daughter played its small part in this revival of the imaginative qualities of stories for children. *The Story without an End* enjoyed several new editions across the nineteenth and twentieth centuries[13] and was, as Austin's granddaughter remarked in memoirs published in 1912, « the delight of several generations of small folk » (Ross 1912 : 175). It even spawned a sequel in 1842, *The Child and the Hermit; or, a Sequel to The Story without an End*, by Clara Moore, and was both sufficiently popular within a year of publication and sufficiently overblown to be seized upon by Charles Dickens as the basis for a political parody entitled *A Story without a Beginning* (published in the newspaper *The Morning Chronicle*, December 18, 1834).

Conclusions

Two women who applied their intellectual prowess to issues of their day, in Wollstonecraft's case primarily revolutionary

---

13   These include an edition by the Ashendene Press of 1909 and an edition illustrated by Frank C. Papé published by Duckworth and Co. in 1912. A reprint of an edition of 1868 with lavish illustrations by Eleanor de Vere Boyle was republished as a Dover Children's Classic as recently as 2015 and, in a reversal of the customary invisibility of the translator, is attributed to Austin as author on the cover and title page. The text on the back cover reads : « Author Sarah Austin translated this timeless tale from the German original by Friedrich Wilhelm Carové. »

politics, education and female emancipation, and in Austin's jurisprudence, liberalism, education and European culture, and who shared a professional dimension by earning income through the pen, offer contrasting perspectives on the conduct of women of letters. Wollstonecraft, living in the Enlightenment period, rode the crest of the wave of early feminism. Austin's choice to confine herself to the marital domain and to avoid producing original work may seem to be a retrograde step in attitude, though not in terms of her considerable achievements as translator and editor. Wollstonecraft and Austin therefore demonstrate in their professional lives the fluctuating tactics women employed across the eighteenth and nineteenth centuries when seeking intellectual fulfilment and economic independence, either through disrupting social expectations or leading double lives.

In translating for children, Wollstonecraft and Austin selected texts that unfolded the child's mind in radically different directions in line with contemporary trends in children's literature. Wollstonecraft's laudable commitment to the enlightenment and rational education of the child, evident in the translation strategies applied to Salzmann's didactic tales, produced a text that may not have appealed directly to young readers, but which took children's social learning seriously and was of use to parents and educators. Austin's child-centred translation of a late romantic tale deliberately retains thought-provoking traces of its origins and, in a text that privileges the fantastical and offers glimpses into the child's interior world, follows the trajectory of children's literature towards the highly imaginative fiction of the mid- and late nineteenth centuries. Whether promoting the female intellect as a flamboyant radical or exercising the mind behind a domestic façade, both Wollstonecraft and Austin epitomise in their translations of oppositional strands in fiction for the young the extremes of a pivotal moment in the history of English-language children's literature.

Bibliography

Austin, Sarah, *Characteristics of Goethe. From the German of Falk, von Müller etc. With Notes, Original and Translated, illustrative of German Literature*, 3 vol., London, Effingham Wilson, 1883.

– *On National Education*, London, John Murray, 1839.

– *Fragments from German Prose Writers*, London, John Murray, 1841.

– (ed.), *Stories of the Gods and Heroes of Greece, told by Berthold Niebuhr to his Son. Translated from the German. Edited by Sarah Austin*, trans. Lucie Duff-Gordon, London, John W. Parker, 1843.

– *Germany from 1760 to 1814; or, Sketches of German Life, from the Decay of the Empire to the Expulsion of the French*, London, Longman, Brown, Green and Longmans, 1854.

– *The Story without an End* [reprint of the 1868 edition published by Scribner, Welford and Co., New York], illus. Eleanor Vere Boyle, Mineola, New York, Dover Publications, 2015.

Carové, Friedrich Wilhelm, *Das Märchen ohne Ende. The Story without an End. Mit englischen Noten von H. Mathias*, London, Franz Thimm, 1852.

– *The Story without an End*, trans. Sarah Austin, London, Effingham Wilson, 1834.

– *The Story without an End*, trans. Sarah Austin, illus. Frank C. Papé, London, Duckworth and Co, 1912.

CHAMBERLAIN, Lori, « Gender and the Metaphorics of Translation », in *Signs*, vol. 13, no. 3, 1988, pp. 454–472.

CHAPONE, Hester, *Letters on the Improvement of the Mind. Addressed to a Young Lady*, 2 vol., London, J. Walter, 1773.

COUSIN, Victor, *Report on the State of Public Instruction in Prussia; addressed to the Count of Montalivet*, trans. Sarah Austin, London, Effingham Wilson, 1834.

EDGEWORTH, Maria, *The Parent's Assistant, or Stories for Children*, third edition, London, Joseph Johnson, 1800.

EGER, Elizabeth & PELTZ, Lucy, *Brilliant Women : 18th-Century Bluestockings*, London, National Portrait Gallery Publications, 2008.

HAMBURGER, Lotte and Joseph, *Troubled Lives : John and Sarah Austin*, Toronto and London, University of Toronto Press, 1985.

HERSHEY, Sylvia, « Sarah Austin : A Modern Theodora », in *The Century*, vol. 51, no. 6, 1896, pp. 952–954.

JOHNSTON, Judith, *Victorian Women and the Economics of Travel, Translation and Culture 1830–1870*, Farnham, Surrey, Ashgate, 2013.

LATHEY, Gillian, *The Role of Translators in Children's Literature : Invisible Storytellers*, New York, Routledge, 2010.

MOORE, Clara, *The Child and the Hermit ; or, a Sequel to The Story without an End*, London, Darton and Clark, 1842.

MYERS, Mitzi, « Impeccable Governesses, Rational Dames, and Moral Mothers : Mary Wollstonecraft and the Female Tradition in Georgian Children's Books », in *Children's Literature : Annual of the MLA Division on Children's Literature and*

The Children's Literature Association, vol. 14, New Haven and London, Yale University Press, 1986, pp. 31–59.

PELTZ, Lucy, « ‹ A Revolution in Female Manners › : Women, Politics and Reputation in the Late Eighteenth Century », in Elizabeth Eger and Lucy Peltz, *Brilliant Women : 18th-Century Bluestockings*, London, National Portrait Gallery Publications, 2008, pp. 94–125.

VON PÜCKLER-MUSKAU, Hermann, *Tour in England, Ireland, and France in the Years 1828 and 1829 ; with Remarks on the Manners and Customs of the Inhabitants ; And Anecdotes of Distinguished Public Characters. In a series of Letters. By a German Prince*, trans. Sarah Austin, London, Effingham Wilson, 1832.

RANKE, Leopold, *The Ecclesiastical and Political History of the Popes of Rome during the Sixteenth and Seventeenth Centuries*, trans. Sarah Austin, London, John Murray, 1840.

ROSS, Janet, *Three Generations of Englishwomen : Memoirs and Correspondence. A New, Enlarged and Revised Edition*, London, T. Fisher Unwin, 1893.

— *The Fourth Generation : Reminiscences by Janet Ross*, London, Constable, 1912.

SALZMANN, Christian Gotthilf, *Moralisches Elementarbuch,* second edition, Leipzig, Friedrich Christian Wilhelm Vogel, 1819.

SHAVIT, Zohar, *The Poetics of Children's Literature*, Athens, University of Georgia Press, 1896.

SIMON, Sherry, *Gender in Translation : Cultural Identity and the Politics of Transmission*, London, Routledge, 1996.

STARK, Susanne, *Behind Inverted Commas. Translation and Anglo-German Cultural Relations in the Nineteenth Century*, Clevedon, Multilingual Matters, 1999.

TRIMMER, Sarah, Mrs., *The Guardian of Education, Vol. 2,* London, J. Hatchard, 1803.

VENUTI, Lawrence, *The Translator's Invisibility : A History of Translation*, second edition, New York and London, Routledge, 2008.

WARDLE, Ralph M., *Collected Letters of Mary Wollstonecraft*, Ithaca and London, Cornell University Press, 1979.

WOLLSTONECRAFT, Mary, « Elements of Morality for the Use of Children », in Janet Todd & Marilyn Butler (eds.), *The Works of Mary Wollstonecraft, Vol. 2,* London, William Pickering, [1790] 1989, pp. 1–210.

— « Young Grandison. A Series of Letters from Young Persons to their Friends. Translated from the Dutch of Madame de Cambon with Alterations and Improvements », in Janet Todd & Marilyn Butler (eds.), *The Works of Mary Wollstonecraft, Vol. 2,* London, William Pickering, [1790] 1989, pp. 211–354.

— « A Vindication of the Rights of Woman » in Janet Todd & Marilyn Butler (eds.), *The Works of Mary Wollstonecraft, Vol. 5,* London, William Pickering, [1792] 1989, pp. 61–266.

— « Letters Written during a Short Residence in Sweden, Norway and Denmark », in Janet Todd & Marilyn Butler (eds.), *The Works of Mary Wollstonecraft, Vol. 6*, London, William Pickering [1796] 1989, pp. 243–348.

Métamorphoses de la sympathie :

Traduction et commentaire critique de la *Theory of Moral Sentiments* d'Adam Smith par Sophie de Grouchy, Marquise de Condorcet

JUSTINE ROULIN & SIMONE ZURBUCHEN

Abstract

In 1798, Sophie de Grouchy published her French translation of Adam Smith's *Theory of Moral Sentiments*, together with eight *Letters on Sympathy*, in which she comments on Smith's theory and also develops her own moral and political philosophy. The article proposes to reassess the originality of de Grouchy's theory of sympathy by taking account of the French-Scottish debates on sociability in the second half of the eighteenth century. This debate turned on the question whether men socialize with others out of love for themselves or whether they are driven by other motives. While Smith aimed to show, against Mandeville and Rousseau, that sympathy can by no means be understood as an egoistic principle, de Grouchy profoundly alters Smith's theory. By attempting to demonstrate how moral sentiments derive from men's physical sensations, she ultimately anchors sympathy in the sensibility for our own pleasures and pains. At the same time, she argues that as a natural tendency sympathy can be developed by cultivating one's imagination and reflection.

Femme intelligente et ambitieuse, Sophie de Grouchy (1764–1822) a bénéficié d'une remarquable éducation et a tenu avec le marquis de Condorcet, son premier mari, un salon philosophique célèbre, qui a pris une tournure politique au début de la Révolution. En 1798, elle publie une traduction française de l'œuvre du philosophe écossais Adam Smith, *The Theory of Moral Sentiments* (6ᵉ éd., 1790), faisant ainsi partie des nombreuses femmes qui font œuvre de traduction au dix-huitième siècle. Elle y joint huit *Lettres sur la sympathie*, dans lesquelles elle commente le texte original, tout en livrant ses propres idées morales et politiques[1]. Elle explique sa démarche dans l'« Avertissement » de sa traduction :

> Dans les Lettres sur la Sympathie, qui paraissent à la suite, quelques opinions de Smith sont examinées, modifiées et même combattues. Ces Lettres ont paru propres à tracer la ligne qui sépare les *deux Écoles de Philosophie Française et Écossaise* ; ou plutôt à leur servir peut-être de point de ralliement, car il n'est pas impossible qu'ici, comme dans beaucoup d'autres cas, la dispute roule uniquement sur des mots[2].

La posture critique qu'adopte la traductrice dans certaines de ses *Lettres* montre néanmoins que la dispute ne concerne pas que des mots. Elle affirme par exemple, à propos de la sympathie, que Smith « s'est borné à en remarquer l'existence, et à en exposer les principaux effets » sans « pénétrer jusqu'à sa première cause » ni montrer « comment elle doit appartenir à tout être sensible et susceptible de réflexion » ; elle a eu, quant à elle, « la témérité de suppléer à ses omissions »

---

[1] Le destinataire des *Lettres* est désigné par « C*** ». Dans une note de l'édition établie par Bernier et Dawson (Grouchy 2010 : 29, note 1), on remarque qu'il ne fait aucun doute qu'il s'agit de Georges Cabanis (1757–1808).

[2] L'« Avertissement » ne figure pas dans la nouvelle édition de la traduction de Grouchy révisée par Laurent Folliot (Smith 2016). Nous empruntons la citation à l'édition originale de 1798 (Smith 1798, t. 1 : 8).

(Grouchy 2010 : 30). Elle n'hésite parfois pas à émettre une opinion « contraire à celle de l'illustre Smith » (Grouchy 2010 : 57) et c'est dans un style ironique qu'elle lui reproche par exemple ses considérations condescendantes sur l'amour :

> Il est étonnant que la passion de l'amour paraisse avoir toujours quelque chose de ridicule à un philosophe, dont l'ouvrage prouve qu'il a observé sans préjugé, l'homme de la nature et celui de la société ; on croirait que cette opinion ne peut être le partage que de cette jeunesse frivole qui juge l'amour avant d'avoir aimé, et qui pense suivre la route du vrai bonheur, parce qu'elle ne veut acheter les plaisirs par aucune peine. (Grouchy 2010 : 59)

Une littérature critique importante existe déjà sur Sophie de Grouchy, tant sur sa vie ou ses œuvres en général, que sur sa traduction, sur ses *Lettres*, ou encore sur le rapport entre les deux[3]. Dans ce contexte, nous nous proposons d'interroger sa pensée à partir d'une question précise, celle de la sociabilité[4]. Cet angle d'approche nous permettra de souligner les principales divergences conceptuelles entre Adam Smith et Sophie de Grouchy – et donc de mettre en relief l'originalité de cette dernière –, mais également d'expliquer leurs différences par le contexte intellectuel et historique dans lequel ils ont vécu, en retraçant les influences multiples et réciproques entre la

---

3 Voir notamment la nouvelle édition des *Lettres sur la sympathie* de Bernier et Dawson (2010), qui comprend également des études critiques ainsi qu'une bibliographie. Nous empruntons d'ailleurs l'expression « métamorphoses de la sympathie » à la présentation des *Lettres* par Bernier.

4 Notre approche renoue avec une des thématiques qui nous préoccupent dans le cadre du projet de recherche FNS « Le droit naturel en Suisse et au-delà : sociabilité, égalité naturelle, inégalités sociales », voir http://lumieres.unil.ch/projets/.

France et l'Écosse au dix-huitième siècle. Il apparaîtra clairement que le concept même de « sympathie » change d'un contexte à l'autre : alors qu'il sert avant tout à décrire un mécanisme dans la théorie d'Adam Smith, il est compris et défini comme un sentiment par Sophie de Grouchy.

Les écrits d'Adam Smith ont eu une influence importante en France avant la Révolution déjà. Plusieurs traductions de son ouvrage majeur, *The Wealth of Nations* (1776), paraissent en français dès la seconde moitié des années 1770 et ses arguments économiques sont repris successivement par des cercles de penseurs différents, parfois opposés, jusqu'au début du dix-neuvième siècle (Whatmore 2002). *The Theory of Moral Sentiments* (1759) connaît trois traductions successives en français : celle de Marc-Antoine Eidous (1764), celle de Jean-Louis Blavet (1774–5) et celle de Sophie de Grouchy (1798). Cette dernière traduction marque une étape importante dans la réception de Smith en France : non seulement Sophie de Grouchy traduit la dernière version de l'œuvre considérablement modifiée par Adam Smith à la fin de sa vie[5], mais sa traduction est immédiatement saluée pour sa qualité

---

5   La sixième et dernière version paraît en 1790, l'année de la mort de Smith. Grouchy travaille sur la septième édition (inchangée) de 1792 (Smith 1798). La dernière version comprend notamment un Avertissement, où Smith rend compte des principales modifications qu'il a introduites, un chapitre supplémentaire dans la première partie, qui traite du problème de la corruption des sentiments moraux, de nombreuses corrections dans la troisième partie, une sixième partie entièrement nouvelle sur le caractère de la vertu et enfin un chapitre supplémentaire sur le stoïcisme dans la septième partie. Voir l'introduction par les traducteurs M. Biziou, C. Gautier et J.-F. Pradeau dans Smith 1999 : 3. Dans cet article en français nous avons d'ailleurs choisi, en tant que philosophes, de nous en remettre à cette dernière traduction qui fait foi actuellement.

et sa précision, même par ses contemporains les plus hostiles, à l'instar de Germaine de Staël ou de Wilhelm von Humboldt (Badinter 2010 : 125).

Mais ce n'est pas uniquement la mauvaise qualité des traductions précédentes, ni les nombreuses modifications que Smith apporte au texte original à la fin de sa vie, qui permettent d'expliquer ce nouvel attrait pour la *Théorie des sentiments moraux* dans le contexte de la Terreur. Selon Michel Malherbe, l'engouement pour la sympathie à ce moment particulier de la Révolution s'explique avant tout par « l'urgence [de la] situation » (Malherbe 2010 : 152) ; en effet, les violences qui en résultent « ont fait plus que renverser l'ordre social antérieur : [elles] ont affecté le lien social lui-même, cette solidarité, sinon volontaire, du moins acceptée, sans laquelle les hommes ne sauraient vivre ensemble ordinairement » (Malherbe 2010 : 152). Pour comprendre pourquoi Sophie de Grouchy, dans ses réflexions sur le lien social à ce moment particulier de l'histoire, se réfère à l'œuvre morale de Smith, il n'est pas vain de situer le projet que poursuit le philosophe écossais dans la *Théorie des sentiments moraux* à cet égard. Or s'interroger sur ses sources d'influence implique un détour par le contexte francophone, et notamment par le *Second Discours* de Rousseau.

En mars 1756, Smith – qui n'a encore rien publié et qui n'est pas encore professeur de philosophie morale à Glasgow – écrit une lettre à la *Edinburgh Review* dans laquelle il reproche aux éditeurs de ne pas suffisamment s'intéresser à ce qui se publie hors d'Écosse, et surtout en France (Smith 1982). Sa lettre s'attache à décrire ce qui différencie la Grande-Bretagne de la France : à la première, il associe l'imagination, le génie et l'invention, alors qu'à la seconde, il reconnaît une grande faculté de jugement, de convenance et d'ordre, ainsi qu'une remarquable habileté dans l'élégance du style (Smith 1982 : 243). Il évoque deux domaines de comparaison en particulier : la philosophie naturelle et la philosophie morale. En ce qui concerne la philosophie morale, Smith affirme que si les œuvres de Malebranche, par exemple, ne sont que des raffinements de Descartes, les penseurs britanniques tels que Hobbes, Locke, Mandeville, Shaftesbury, Butler, Clarke et Hutcheson ont quant à eux proposé des systèmes originaux qui ont trouvé un écho dans les œuvres francophones. À cet égard, il s'attarde en particulier sur Rousseau (Smith 1982 : 250).

Selon Smith, le *Second Discours* de Rousseau s'inspire largement de la *Deuxième partie* de la *Fable des abeilles* (*The Fable of the Bees, Part II,* 1729) de Bernard Mandeville, dans laquelle l'auteur répond, sous forme dialoguée, aux critiques virulentes qui lui ont été adressées suite à la publication du premier tome de la *Fable* en 1714. Le principal cheval de bataille de Mandeville consiste à démasquer la fausse vertu, et surtout la sociabilité, qu'il décrit comme une forme de politesse hypocrite par laquelle les hommes tentent de confirmer l'opinion excessivement positive qu'ils ont d'eux-mêmes. Or le principal point commun que Smith relève entre Mandeville et Rousseau est leur refus de conférer à l'homme une faculté qui le pousserait à rechercher la société pour elle-même ou, en d'autres termes, leur négation du caractère sociable de l'être humain. Selon Mandeville, l'homme chercherait la société pour sortir d'un état misérable, alors que selon Rousseau, il y serait poussé suite aux circonstances accidentelles qui ont donné naissance aux passions de l'ambition et de la vanité. Tous deux soutiendraient que les règles de justice ont été inventées à l'origine par les riches et les puissants pour leur permettre de maintenir une supériorité injuste sur les autres (Smith 1982 : 250–251).

Rousseau n'aurait certes pas apprécié ce rapprochement[6], mais il est pourtant judicieux, car la distinction rousseauiste entre « amour de soi » et « amour-propre » recoupe la distinction mandevillienne entre « *self-love* » et « *self-liking* ». De plus, les deux penseurs expliquent la socialisation de l'homme à l'aide de l'amour-propre (ou du *self-liking*), motif égoïste qui implique une comparaison dans laquelle chacun cherche à établir sa propre supériorité sur les autres. Smith remarque néanmoins un désaccord entre Mandeville et Rousseau en ce qui concerne la pitié : pour Rousseau, la pitié serait capable de produire toutes les vertus dont Mandeville nierait l'existence. Toutefois, dans la mesure où elle est possédée à un plus haut degré par les personnes les moins raffinées et les moins éduquées, elle semble disparaître au profit de l'amour-propre au fur et à mesure que la société se développe. Une seconde différence que Smith relève entre Mandeville et Rousseau concerne leur description de l'état primitif de l'homme : alors qu'il s'agit d'un état misérable sous la plume de Mandeville, c'est au contraire la situation la plus heureuse et la plus propre à la nature humaine selon Rousseau. Smith conclut sa

---

6   Dans la préface de *Narcisse*, Rousseau cherche à se distancer de Mandeville : « Les Hobbes, les Mandeville et mille autres ont affecté de se distinguer même parmi nous ; et leur dangereuse doctrine a tellement fructifié, que quoiqu'il nous reste de vrais philosophes, ardents à rappeler dans nos cœurs les lois de l'humanité et de la vertu, on est épouvanté de voir jusqu'à quel point notre siècle raisonneur a poussé dans les maximes le mépris de l'homme et du citoyen. » (Rousseau 2011 : 7)

comparaison en louant le style de Rousseau, qui parvient à rendre acceptable au lecteur les idées de Mandeville :

> It is by the help of this style, together with a little philosophical chemistry, that the principles and ideas of the profligate Mandeville seem in him to have all the purity and sublimity of the morals of Plato, and to be only the true spirit of a republican carried a little too far. (Smith 1982 : 251)

Cette conclusion renforce le propos général de sa lettre, qui vise à montrer que les penseurs britanniques forment les idées et élaborent les systèmes que les auteurs français reprennent dans un style plus élégant. Mais le style seul de Rousseau ne suffit néanmoins pas à rendre le scandaleux Mandeville aussi sublime et pur que Platon : il faut y ajouter « *a little philosophical chemistry* », qui consiste à transformer la misère de l'état primitif de l'homme en condition heureuse. Ainsi, la critique de la sociabilité serait rendue acceptable par Rousseau, dans la mesure où elle ne reposerait pas sur une prémisse négative concernant la nature humaine[7]. Finalement, on peut conclure que Smith propose un rapprochement nuancé et judicieux entre Mandeville et Rousseau : le principal point commun qu'il leur trouve – la négation du caractère sociable de l'homme – et les différences fondamentales qu'il relève entre eux – leur vision divergente de la condition naturelle de l'homme et le rôle de la pitié chez Rousseau – sont convaincants.

---

7   L'interprétation de l'expression « a little philosophical chemistry » fait débat dans la littérature critique (Rasmussen 2006 : 631–632). Nous reprenons ici l'interprétation que Rasmussen lui-même défend dans son article.

Plusieurs passages de la *Théorie des sentiments moraux* laissent entrevoir combien Smith se montre soucieux de répondre à Mandeville et à Rousseau quant au caractère fondamentalement égoïste de l'être humain. L'incipit de l'œuvre en est un :

> Aussi égoïste que l'homme puisse être supposé, il y a évidemment certains principes de sa nature qui le conduisent à s'intéresser à la fortune des autres et qui lui rendent nécessaire leur bonheur, quoiqu'il n'en retire rien d'autre que le plaisir de les voir heureux (Smith 1999 : 23).

Smith refuse d'emblée de réduire tous les motifs humains à l'égoïsme. Dans la septième et dernière partie de l'œuvre, il s'attache d'ailleurs à montrer que sa théorie synthétise et complète tous les systèmes qui l'ont précédé, à la fois en tenant compte de leurs avantages et en évitant leurs écueils. Il s'en prend à deux reprises à Mandeville, d'abord dans un chapitre intitulé « Des systèmes licencieux », où il lui reproche d'avoir réduit le désir de l'homme d'être approuvé par les autres au désir frivole de l'éloge à tout prix, en d'autres termes à la vanité (Smith 1999 : 413). Ensuite, dans un chapitre où il est question de Hobbes « et nombre de ses partisans » (Smith 1999 : 421), et parmi eux Mandeville, Smith argumente qu'il est erroné d'expliquer la socialisation de l'homme par l'amour de soi et « non par un amour naturel qu'il éprouverait pour ses semblables » (Smith 1999 : 421). Il confirme, dans ce contexte, que « la sympathie ne peut être en aucune manière regardée comme un principe égoïste » (Smith 1999 : 423)[8].

---

8   Sur le rapport entre amour de soi (*self-love*), intérêt égoïste (*self-interest*) et sympathie chez Smith, voir également l'introduction de Jean-Pierre Dupuy dans Smith 2016 : 7–29.

Smith utilise le terme « sympathie » dans deux sens distincts : il peut s'agir soit du sentiment sympathique lui-même (qu'il décrit comme une harmonie ou une coïncidence de sentiments entre deux personnes) soit du processus ou du mécanisme qui génère le sentiment sympathique. Dans son explication du phénomène, Smith insiste sur la notion de « situation ». Le sentiment sympathique résulte en effet moins de la perception de l'émotion chez l'autre que des circonstances ou de la situation dans laquelle il se trouve. L'ensemble du processus comprend une succession d'étapes : tout d'abord, le spectateur se projette dans la situation donnée au moyen de l'imagination ; puis, il considère quelle serait sa propre réaction émotionnelle dans cette situation particulière ; après quoi, il compare l'émotion de la personne concernée avec l'émotion qu'il éprouverait à sa place ; enfin, s'il constate que son émotion serait similaire à celle de la personne qu'il observe, alors il éprouve du plaisir ou, au contraire, s'il constate que son émotion serait différente, il éprouve de la peine. Le plaisir provoqué par le sentiment sympathique est un fait que Smith n'explique pas. Deux aspects doivent encore être mentionnés à ce propos : premièrement, le processus de sympathie implique au moins deux personnes dont l'une est agente (elle se trouve réellement dans la situation donnée), alors que l'autre est spectatrice (elle est extérieure à la situation dans laquelle elle se projette à l'aide de l'imagination) ; deuxièmement, la sympathie requiert un effort et une volonté (l'agent doit réduire l'intensité de son émotion, alors que le spectateur doit l'augmenter au moyen de l'imagination pour que leurs deux émotions puissent s'harmoniser). L'importance que Smith accorde à la situation pour expliquer la sympathie a fait dire au critique Marc André Bernier que, pour Smith, « le rapport à autrui se joue sur la scène d'un théâtre intérieur où se produisent des impressions enfantées par l'imagination » (Bernier 2010 : 10). La sympathie n'est en effet pas décrite par Smith comme une harmonie physique entre deux personnes, mais comme un mécanisme complexe qui implique des projections issues de l'imagination. Or cet aspect distingue la théorie de la sympathie de Smith de celle de Grouchy.

Présenter la *Théorie des sentiments moraux* comme une réponse à ceux qui réduisent le lien social à une manifestation de l'égoïsme permet d'insister sur le fait que, pour Smith, la sympathie est un principe de sociabilité naturel à l'homme et, en ce sens, impossible à déduire d'un principe égoïste tel que l'amour-propre ou l'amour de soi. Or cette conception va inspirer les philosophes français à repenser le lien social dans leur propre contexte, à savoir la crise de la Terreur de 1793. Comme Ruth Scurr (2009) l'a montré, on trouve des informations intéressantes à ce propos dans les *Cours d'organisation sociale* que Pierre-Louis Roederer – homme politique et publiciste, qui a siégé parmi les girondins – a donnés en 1793 au Lycée, et dans lesquels il vise à renforcer les fondements de la société et de la politique au moyen d'une nouvelle science sociale[9]. Selon Roederer, il s'agit de montrer, contre Rousseau, que la sociabilité est naturelle à l'homme, et pour ce faire, il faut analyser et catégoriser les passions humaines et expliquer, comme Smith le fait dans la *Théorie des sentiments moraux*, comment celles-ci peuvent servir de fondement aux vertus aussi bien qu'aux vices. Ce qui intéresse Roederer en particulier, dans ce contexte, c'est le fait que

---

9   Sur Roederer et ses cours, voir Rademacher 2009.

Smith conteste que l'intérêt personnel soit l'unique motif de l'agir humain et qu'il dégage, par son analyse des sentiments moraux, un autre principe, celui de la sympathie. Dans une tournure qui doit surprendre à la lecture de Smith que nous venons de proposer, Roederer cherche ensuite à montrer, en renouant avec la théorie de la sociabilité développée par Helvétius dans *De l'esprit* (1758), que selon Smith l'intérêt personnel et la sympathie sont deux principes différents, mais néanmoins apparentés, dans la mesure où leur origine est la même : la sympathie, aussi bien que l'intérêt personnel, est une émanation immédiate de l'amour de soi et de la sensibilité (Scurr 2009 : 444–447).

Lorsque Roederer rend compte, quelques années plus tard, de la nouvelle traduction de l'œuvre de Smith par Sophie de Grouchy et de ses *Lettres sur la sympathie*, il revient sur cette question et propose une lecture plus critique de Smith, qui lui permet de mettre en relief l'originalité de l'approche de la citoyenne Condorcet. Dans sa recension de la traduction, Roederer constate d'abord que beaucoup de moralistes français ignorent encore que *La théorie des sentiments moraux* est « le plus beau recueil d'observations dont la science de la morale ait été enrichie jusqu'à présent » (Roederer 1856 : 496). Selon lui, la mauvaise qualité des deux premières traductions ne suffit pas à expliquer cette ignorance, il faut plutôt l'attribuer au fait que Smith aurait inséré ses observations dans un système faux :

> C'est qu'il a cherché la faculté d'où procèdent tous les phénomènes de nos affections morales hors du système de l'entendement, au lieu de montrer comment elle en fait partie ; c'est qu'il a supposé que cette faculté primitive, originale, étrangère à toutes celles dont on a reconnu, dont lui-même avoue que l'esprit de l'homme est composé, nous

> transporte dans les autres, nous fait jouir et souffrir en eux ; c'est qu'il a prétendu que nous parvenions à des idées de devoir et à des principes de morale que par le secours de cette sympathie mystérieuse. (Roederer 1856 : 497)

Tout en louant les « beaux détails » de l'analyse des sentiments moraux de Smith, Roederer reproche au philosophe écossais de n'avoir jamais expliqué d'où vient la sympathie, et apprécie les *Lettres* de Sophie de Grouchy « comme une véritable correction » : « elles expliquent très-bien l'origine de la sympathie que Smith a cru être l'origine de tout et ne dépendre de rien ; elles l'attribuent, avec raison, à la mémoire et à l'imagination, et la ramènent avec justesse et précision au principe commun de la sensibilité » (Roederer 1856 : 497). En ralliant les phénomènes recueillis par Smith et par elle-même à la « science de l'entendement », la citoyenne Condorcet se révèle être « une médiatrice éclairée entre Smith et Locke » (Roederer : 498).

Dans sa recension, Roederer montre parfaitement en quoi consiste l'originalité de l'approche de la sympathie de Sophie de Grouchy. Celle-ci cherche en effet à rendre compte de ce qu'elle appelle le « sentiment de l'humanité » (Grouchy 2010 : 39), qui consiste en une inclination générale de bienveillance et de compassion, ou en un sentiment actif qui tend à soulager les autres ou à faire leur bien. Cette conception de la sympathie générale, qui constitue selon elle le véritable sentiment moral (Dumouchel 2010 : 145), résulte d'une relecture de la théorie de Smith à la lumière du sensualisme français. En fait, Grouchy reproche à Smith de s'être borné à constater l'existence de la sympathie et à en avoir exposé les principaux effets, alors qu'il s'agit de « pénétrer jusqu'à sa première cause » et de montrer « comment elle doit appartenir à tout être sensible et susceptible de raison » (Grouchy

2010 : 30). On peut voir dans la démarche de Grouchy « une entreprise analytique de type condillacienne », qui vise à montrer l'enracinement des sentiments moraux les plus complexes dans des sensations physiques (Dumouchel 2010 : 139–140). En définissant la sympathie comme « la disposition que nous avons à sentir d'une manière semblable à celle d'autrui » (Grouchy 2010 : 31), Grouchy procède donc à la reconstruction du sentiment moral de l'humanité.

Retraçons brièvement les principales étapes de cette reconstruction, en nous intéressant avant tout au rôle que Grouchy accorde à la sensibilité, à l'imagination et à la réflexion[10]. La première étape consiste à comprendre la sympathie que nous éprouvons à l'occasion du mal physique, lorsque nous voyons souffrir un être semblable ou que nous savons qu'il souffre (Grouchy 2010 : 32). L'auteur se base ici sur l'analyse de la sensation que produit toute douleur physique dans celui qui la reçoit. Cette sensation est composée de deux éléments, à savoir la douleur locale dans la partie affectée par la cause, et une impression douloureuse générale qui affecte tous les organes et notamment ceux qui sont les plus essentiels aux fonctions de la vie. Cette sensation générale peut continuer d'exister sans la douleur locale et peut se renouveler lorsque nous nous souvenons des maux que nous avons soufferts. De même, nous ressentons cette impression générale de douleur lorsque nous voyons souffrir un être sensible ou que nous savons qu'il souffre. La reproduction de la sensation générale dépend d'une part de la force de la sensibilité, dont la vivacité provient de l'exercice, et d'autre part de celle

---

10   Pour une reconstitution plus complète, voir Dumouchel 2010.

de l'imagination, qui permet de recevoir et de conserver les idées qui la reproduisent. L'imagination peut encore être renforcée par la mémoire, qui nous rappelle les maux que nous avons soufferts nous-mêmes lorsque nous voyons souffrir un autre.

La sympathie qu'il éprouve face à la souffrance d'un être semblable est donc naturelle à l'homme, mais en tant que disposition, elle demande à être exercée pour se développer pleinement. Ainsi, Grouchy déplore que cette « école » si efficace de la douleur et de l'adversité manque aux riches et aux puissants et elle rappelle aux parents et aux instituteurs combien il importe d'exercer la sensibilité des enfants pour éviter que celle-ci ne se concentre exclusivement dans les passions de l'égoïsme et de la vanité (Grouchy 2010 : 34–35). Pour conclure l'analyse des premières causes de la sympathie, Grouchy explique que les impressions de plaisir suivent les mêmes lois que celles de la douleur, mais que cette sympathie est plus difficile à exciter et plus rare (Grouchy 2010 : 36). Tout en se démarquant de Smith par l'analyse des causes de la sympathie, Grouchy le rejoint donc en étendant la sympathie au plaisir.

La deuxième étape de la reconstruction du sentiment moral de l'humanité consiste à rendre compte du rôle de la réflexion : celle-ci étend et conserve en nous l'effet de la vue de la douleur ; elle « fixe dans notre âme la présence d'un mal que nos yeux n'ont vu qu'un moment ». De cette façon, la réflexion « force notre compassion à être active en lui offrant de nouveau les objets qui n'avaient fait sur elle qu'une impression momentanée ». De plus, la réflexion nous rapproche de l'être opprimé par la douleur « par un mouvement d'émotion et d'attendrissement sur nous-mêmes », en nous rappelant notre propre vulnérabilité (Grouchy 2010 : 38). La réflexion permet enfin que l'humanité devienne en nos âmes un sentiment actif et permanent qui cherche le bonheur des hommes dans les travaux de science ou qui en devient le consolateur dans la douleur de l'infortune. En considérant le sentiment de l'humanité comme « un germe déposé au fond du cœur de l'homme » (Grouchy 2010 : 39) qu'il s'agit de développer par la réflexion, Grouchy considère la sympathie non pas comme un sentiment naturel qui ressemblerait à la pitié dont témoignent certains animaux ou à « l'impulsion intérieure de la commisération » que Rousseau attribue à l'homme sauvage (Rousseau 1969 : 56), mais comme un acquis de l'homme intellectuel. Ainsi, elle considère que les habitants de la campagne, et de manière générale tous ceux qui n'ont pas l'opportunité de cultiver la réflexion, sont peu susceptibles de compassion. Pour cette raison, il serait important que les lois fassent naître une égalité de fortune entre les citoyens pour leur permettre le degré d'aisance nécessaire à la perfection des sentiments naturels par la réflexion (Grouchy 2010 : 39–40).

La troisième étape de la réflexion de Grouchy consiste à rendre compte de la sympathie à l'égard des souffrances morales « communes à tous les êtres humains de notre espèce » (Grouchy 2010 : 41). Elle explique la naissance de cette sympathie générale en retraçant les étapes intermédiaires des sympathies particulières qui en sont la cause : la sympathie morale est d'abord inégale et partiale et s'attache aux personnes dont notre bien-être dépend immédiatement. Cette sympathie particulière est néanmoins susceptible d'être élargie à travers les relations que nous établissons avec d'autres personnes au-delà des rapports familiaux, comme les rapports d'utilité, de plaisir et de goûts. Dans le processus de généralisation de la sympathie, qui conduit à la sympathie générale à l'égard des souffrances morales, Grouchy accorde un rôle très important à la sympathie individuelle. Daniel Dumouchel a sans doute eu raison de constater que les pages qu'elle consacre à l'amour et à l'amitié constituent « l'une des pièces maîtresses de l'argument principal de l'ouvrage » (Dumouchel 2010 : 145), car Grouchy y démontre la pertinence de l'analyse des sentiments moraux à l'aide de phénomènes concrets, en disciple fidèle et en même temps originale de Smith[11].

Pour conclure ce bref aperçu, retenons encore qu'après avoir expliqué la sympathie générale à l'égard des souffrances physiques et morales communes à tous les êtres humains, Sophie de Grouchy passe, à l'instar de Smith, à l'explication des idées du bien et du mal ainsi qu'à celle du juste et de l'injuste (*Lettres V–VIII*). Dans ce contexte, elle semble s'éloigner progressivement de la *Théorie des sentiments moraux* de Smith, notamment lorsqu'elle explique l'idée du juste et de l'injuste en prenant appui sur une théorie des droits, tels que le droit de propriété et le droit de liberté[12]. Dans sa recension, Roederer commente les *Lettres* que Grouchy consacre aux idées de morale et de justice de façon à nous faire comprendre leur pertinence dans le contexte français. Selon lui, elle montre, « contre l'opinion de Smith », que les idées morales procèdent immédiatement de la sensibilité physique, et elle fait consis-

---

11 Par son traitement de l'amour et du sentiment de l'humanité Grouchy se démarque de Smith, qui considère le premier comme une passion ridicule et potentiellement dangereuse, notamment pour les femmes, et l'humanité comme une vertu féminine moins importante que la vertu masculine de générosité. Voir à ce sujet Dawson 2010 : 187–189.
12 Sur cette partie de la théorie de Grouchy voir Forget 2001 : 326–328, et Malherbe 2010.

ter l'art d'améliorer l'espèce humaine « dans les bonnes habitudes de la raison et de la sensibilité, et non dans l'assujettissement de toutes les facultés à une puissance invisible dont chaque imposteur se fait l'interprète » (Roederer 1856 : 500). Cette remarque montre parfaitement qu'aux yeux de ses contemporains, l'enquête de la marquise de Condorcet sur les causes de la sympathie contribue au projet général de reconstituer le lien social sur la base de la sensibilité physique qu'il s'agit de cultiver à l'aide de l'imagination et de la raison. Roederer lui attribue, en outre, d'avoir adéquatement montré « que tous les vices ont eu pour principe nos mauvaises lois et nos institutions despotiques » (Roederer 2010 : 500), mais il regrette qu'elle n'ait pas montré comment de nouvelles institutions pourraient contribuer à régénérer les mœurs pour éviter que la porte ne s'ouvre à l'anarchie.

Finalement, si on comprend aisément le choix de Grouchy de traduire *The Theory of Moral Sentiments* dans le contexte social et politique qui est le sien, vouloir concilier la sympathie avec le sensualisme français, comme elle le fait, n'est possible qu'au moyen d'une profonde réinterprétation de la théorie de Smith. Ainsi, plutôt que de compléter la théorie du philosophe écossais (comme elle l'affirme), Grouchy en modifie la nature même. En effet, elle n'évoque pas le changement imaginaire de situation pourtant fondamental dans le mécanisme décrit par Smith ; elle affirme au contraire que la sympathie procède de notre sensibilité à nos propres peines ou plaisirs, explication que Smith cherche soigneusement à éviter[13]. Laurie Bréban et Jean Dellemotte (2016) montrent

---

13   Pour une description plus complète des points communs et des divergences entre Adam Smith et Sophie de Grouchy, voir l'article

d'ailleurs que le cadre conceptuel qu'impose Sophie de Grouchy à la théorie de la sympathie de Smith n'est pas sans influence sur sa traduction. Les libertés prises par la traductrice témoignent ainsi de l'implication de Sophie de Grouchy dans les problèmes intellectuels, moraux et politiques de son temps, ainsi que de sa capacité à s'inspirer d'un système de pensée tout en l'adaptant à son propre contexte, aussi bien pratique que théorique.

> de Schliesser « Sophie de Grouchy, Adam Smith, and the Politics of Sympathy » (à paraître) et pour une interprétation des enjeux de la pensée de Sophie de Grouchy dans le cadre du libéralisme, voir Schliesser « Sophie de Grouchy, The Tradition(s) of Two Liberties, and the Missing Mother(s) of Liberalism » (à paraître).

Bibliographie

BADINTER, Elisabeth, « Esquisse d'un portrait », in Marc André Bernier & Deidre Dawson (éds.), *Les* Lettres sur la sympathie *(1798) de Sophie de Grouchy : philosophie morale et réforme sociale*, Oxford, Voltaire Foundation, 2010, pp. 107–126.

BERNIER, Marc André, « Présentation : les métamorphoses de la sympathie au siècle des Lumières », in Marc André Bernier & Deidre Dawson (éds.), *Les* Lettres sur la sympathie *(1798) de Sophie de Grouchy : philosophie morale et réforme sociale*, Oxford, Voltaire Foundation, 2010, pp. 1–17.

— « Sophie de Condorcet, lectrice française d'Adam Smith », in *Travaux de littérature* XXII, 2009, pp. 227–236.

— & DAWSON, Deidre (éds.), *Les* Lettres sur la sympathie *(1798) de Sophie de Grouchy : philosophie morale et réforme sociale*, Oxford, Voltaire Foundation, 2010.

BRÉBAN, Laurie & DELLEMOTTE, Jean, « From one form of sympathy to another : Sophie de Grouchy's translation of and commentary on Adam Smith's *Theory of Moral Sentiments* », 2016, ‹ hal-01435828 ›.

DAWSON, Deidre, « Droits de la femme et droit au bonheur », in Marc André Bernier & Deidre Dawson (éds.), *Les* Lettres sur la sympathie *(1798) de Sophie de Grouchy : philosophie morale et réforme sociale*, Oxford, Voltaire Foundation, 2010, pp. 179–193.

DUMOUCHEL, Daniel, « Une éducation sentimentale : sympathie et construction de la morale dans les *Lettres sur la sympathie* de Sophie de Grouchy », in Marc André Bernier & Deidre Dawson (éds.), *Les* Lettres sur la sympathie *(1798) de Sophie de Grouchy : philosophie morale et réforme sociale*, Oxford, Voltaire Foundation, 2010, pp. 139–150.

FORGET, Evelyn, « Cultivating Sympathy : Sophie Condorcet's *Letters on Sympathy* », in *Journal of the History of Economic Thought* 23/3, 2001, pp. 319–337.

GROUCHY, Sophie de, « Lettres à C***, sur la théorie des sentiments moraux », in Marc André Bernier & Deidre Dawson (éds.), *Les* Lettres sur la sympathie *(1798) de Sophie de Grouchy : philosophie morale et réforme sociale*, Oxford, Voltaire Foundation, 2010, pp. 29–103.

MALHERBE, Michel, « Justice et société chez Sophie de Grouchy », in Marc André Bernier & Deidre Dawson (éds.), Oxford, *Les* Lettres sur la sympathie *(1798) de Sophie de Grouchy : philosophie morale et réforme sociale*, Oxford, Voltaire Foundation, 2010, pp. 151–165.

RADEMACHER, Ingrid, « La science sociale républicaine de Pierre-Louis Roederer », in *Revue française d'histoire des idées politiques* 13, 2001, pp. 25–55.

RASSMUSSEN, Denis, « Rousseau's ‹ Philosophical Chemistry › and the Foundations of Adam Smith's Thought », in *History of Political Thought* 27/4, 2006, pp. 620–641.

ROEDERER, P.-L., *Œuvres*, pub. A. M. Roederer, t. 4, Paris, Typographie Firmin Didot Frères, Fils & Cie, 1856.

ROUSSEAU, Jean-Jacques, *Discours sur l'origine et les fondements de l'inégalité parmi les hommes*, Jean Starobinski (éd.), Paris, Gallimard, 1969.

– « Préface », *Narcisse ou l'Amant de lui-même*, pub. Ernest et Paul Fièvre, Édition Théâtre Classique, 2011, pp. 3–12.

http://www.theatre-classique.fr/pages/pdf/ROUSSEAU_-NARCISSE.pdf.

Schliesser, Eric, « Sophie de Grouchy, Adam Smith, and the Politics of Sympathy », in Eileen O'Neill & Marcy Lascano (eds.), *Feminist History of Philosophy : The Recovery and Evaluation of Women's Philosophical Thought* (à paraître).

– « Sophie de Grouchy, The Tradition(s) of Two Liberties, and the Missing Mother(s) of Liberalism », in Jacqueline Broad & Karen Detlefsen (eds.), *Women and Liberty 1600–1800 : Philosophical Essays,* Oxford, Oxford University Press (à paraître).

Scurr, Ruth, « Inequality and political stability from Ancien Régime to revolution : The reception of Adam Smith's *Theory of Moral Sentiments* in France », in *History of European Ideas* 35, 2009, pp. 441–449.

Smith, Adam, *Théorie des Sentiments Moraux, ou Essai Analytique sur les Principes des Jugemens que portent naturellement les Hommes, d'abord sur les Actions des autres, et ensuite sur leurs propres Actions ; Suivi d'une Dissertation de l'Origine des Langues,* trad. de l'Anglais, sur la septième et dernière Édition, par S. Grouchy, V^{e}. Condorcet, 2 t., Paris, F. Buisson, 1798.

– *Théorie des sentiments moraux,* trad. Michaël Biziou, Claude Gautier, Jean-François Pradeau, Paris, PUF, 1999.

– *Théorie des sentiments moraux,* trad. Sophie de Grouchy, marquise de Condorcet, trad. révisée Laurent Folliot, Paris, Éditions Payot & Rivages, 2016.

— « Letter to the *Edinburgh Review* », in W. P. D. Wightman & J. C. Bryce (eds.), *Essays on Philosophical Subjects*, Indianapolis, Liberty Fund, 1982, pp. 242–256.

WHATMORE, Richard, « Adam Smith's Role in the French Revolution », in *Past & Present* 175, 2002, pp. 65–89.

Émilie du Châtelet as Translator:

Reading Sociability and Agency in Contexts of Multiple (In)visibilities

AGNÈS WHITFIELD

Abstract

Émilie du Châtelet (1706–1749), physicist, mathematician, philosopher, woman of letters, translator, was a remarkable figure of the French Enlightenment. Even today, however, her visibility as a thinker and writer in her own right remains problematic. On the one hand, contemporary historians continue to view the structures of sociability that enabled du Châtelet to advance her scientific inquiries – her relationships and correspondence with leading male intellectuals of her time, especially Voltaire – through a domestic lens, thus obscuring her agency as an intellectual. On the other hand, the variety of her intellectual activities leads to multiple (in)visibilities particularly in today's context of disciplinary compartmentalization. This article explores the reception of du Châtelet as scientist and particularly as translator in Anglophone and Francophone publications since the mid-2000s. It shows that a misunderstanding of the historic context in which du Châtelet translated, when translation was a multi-faceted activity, forming a patchwork of interacting and overlapping functions related to tensions between Latin and French, evolving educational expectations, and changing social roles for women, has contributed significantly to her present-day invisibility as translator.

Émilie du Châtelet (1706–1749), physicist, mathematician, philosopher, woman of letters, translator, was a remarkable figure of the French Enlightenment. The flowering of articles on women in science since the 1990s and the renewed interest generated by the 2006 tricentennial of du Châtelet's birth have contributed greatly to recovering du Châtelet's exceptional accomplishments as a woman scientist and philosopher. Notwithstanding, the very structures of sociability that enabled her to advance her scientific inquiries as a woman in 18th-century France, her relationships and correspondence with leading male intellectuals of her time, and especially her long-term domestic arrangements with Voltaire and her role as his amanuensis, continue to cast a long shadow over her visibility as a thinker and writer in her own right. Du Châtelet's work as translator, in particular, has been firmly placed in a secondary, derivative frame. Despite the success of her most important translation, her posthumously published rendering of Newton's *Principia Mathematica*, her exceptional achievement as translator has been obscured by translation's own status as a feminine, ancillary activity, and the male framework, namely Voltaire's preface and Clairaut's commentary, in which her translation was originally set.

The Cambridge online dictionary defines visibility in two ways : 1) « how clearly objects can be seen, or how far you can see clearly, usually because of weather conditions »; and 2) « the degree to which something is seen by the public ». Invisible is presented more succinctly (excluding a financial usage) as « impossible to see ». Certainly, as an aristocrat and companion of Voltaire, du Châtelet has always been « visible », however partially or inaccurately. In her case the issue is therefore not one of invisibility *per se*, but rather the nature of her visibility. In addition, the great variety of her intellectual activities leads to what one could consider multiple (in)visibilities, depending on whether one is seeking to see du Châtelet's accomplishments as mathematician, educator, physicist, scientist or translator, to name only these. In 2002, I published a detailed portrait of du Châtelet as translator, with a focus on her rendition of Newton's *Principia Mathematica*. At the time, of all du Châtelet's endeavours, translation appeared to be the one for which she was given least credit even by modern scholars. Fifteen years later, the situation has not changed significantly and « weather conditions » continue to impede her visibility in other intellectual sectors as well. This article explores du Châtelet's (in)visibility as scientist and more particularly as translator, in Anglophone and Francophone publications since the mid-2000s in an attempt to assess what these weather conditions are and how they could be overcome.

Émilie du Châtelet as Scientist : Reception Trends

In her 1998 doctoral thesis, *Physics, Frivolity and « Madame Pompon-Newton » : The Historical Reception of the Marquise du Châtelet from 1750 to 1996*, Lydia Allen identified four periods in the historical reception of du Châtelet : 1) the reception of du Châtelet by her contemporaries, dominated by her relationship with Voltaire; 2) the silence of some 75 years following du Châtelet's death (Allen 1998 : 17) ; 3) the 19th-century romantic and anecdotal discovery of du Châtelet, predominantly in her role as aristocratic mistress (*Ibid.* : 141); and 4) the 20th-century rediscovery of du Châtelet, starting with the late 1940s publication by Voltaire specialist Ira Wade of new documents on du Châtelet's life with Voltaire at Cirey (Wade 1941) demonstrating du Châtelet's scientific activities and culminating in the feminist recovery of du Châtelet as woman of science. The beginning of the 21st century marks a fifth, mixed, period of reception. While serious research into du Châtelet's numerous activities continues to enhance her visibility in multiple domains, it co-exists with restrictive views that stubbornly contain or conceal her work within a patriarchal mold. The references that follow, while not a comprehensive overview of work on du Châtelet, serve to indicate some of the main trends.

The 2006 tricentennial of du Châtelet's birth was an important impetus to new scholarship and promotion of her work in French and English. In France, the Bibliothèque nationale presented an exhibition on du Châtelet and published a catalogue *Madame du Châtelet. La femme des Lumières* co-edited by Élisabeth Badinter, a long-time champion of du Châtelet, and Danielle Muzerelle (Badinter and Muzerelle 2007). The Centre international d'étude du XVIIIe siècle marked the event with a conference. Published under the title, *Émilie du Châtelet, éclairages et documents nouveaux*, the proceedings offer new appreciations of du Châtelet's *Institutions de physique* : its pedagogical importance (Guyot 2008), its role in Leibniz studies (Rey 2008), its impact on the development of physics, and its influence among German-speaking intellectuals (Böttcher 2008 ; Iverson 2008). Articles also shed fresh light on du Châtelet as *épistolière* (Bessire 2008; Siess 2008; Didier 2008), her relationship with the scientific institutions of the time (Bléchet 2008; Mazzotti : 2008), and the range of her intellectual pursuits, including her readings of Homer

(Kölving and Brown 2008) and her *Grammaire raisonnée* (Douay-Soublin 2008).

In the Anglo-Saxon world, American historian Judith Zinsser continued to play a prominent role in enhancing du Châtelet's visibility as a leading woman scientist. Zinsser published two well-documented biographical volumes : *La dame d'esprit : A Biography of the Marquise du Châtelet* (Zinsser 2006) and *Émilie du Châtelet : Daring Genius of the Enlightenment* (Zinsser 2007). She also co-edited with Julie Candler Hayes a collection of essays, *Émilie du Châtelet : Rewriting Enlightenment Philosophy and Science* focusing primarily on *Institutions de physique*, with texts on du Châtelet's *Recueil de poésies*, *Examens de la Bible* and *Discours sur le Bonheur* (Zinsser and Hayes 2006). Other recent scholarly publications highlight the originality of du Châtelet's *Institutions de physique* (Lascano 2011 ; Hagengruber 2012).

Particularly significant for du Châtelet's visibility are several Francophone and Anglophone initiatives to recover hitherto inaccessible texts by du Châtelet, publish new editions, translations or online texts, or develop new research and bibliographical tools. Fritz Nagel's discovery of du Châtelet's complete *Essai sur l'optique* in the Bernoulli archive has opened up a wealth of new avenues of research (Hagengruber 2012 : 6). In 2009, Zinsser edited and co-translated *Selected Philosophical and Scientific Writings*, making many of du Châtelet's writings, including excerpts from du Châtelet's preface to her translation of Mandeville's *The Fable of the Bees*, her commentary on Newton's *Principia*, and her *Dissertation sur la nature et la propagation du feu*, *Institutions de physique*, *Examens de la Bible*, and *Discours sur le Bonheur*, available for the first time in English translation.

Hagengruber's volume contains an updated bibliography (Rodrigues 2012). In 2015, the Centre international d'étude du XVIIIe siècle published a new, critical edition of du Châtelet's translation of Newton's *Principia*. Interestingly, the book attributes co-authorship to du Châtelet and Newton (du Châtelet and Newton 2015).

One comprehensive new website on du Châtelet is Project Vox launched at Duke University in the field of history of philosophy (Project Vox : 2015). The Project Vox website offers numerous bibliographical resources on du Châtelet, including a list of relevant links to other websites. Also of interest are the Women in Science website at the University of Michigan, the online *Stanford Encyclopedia of Philosophy* and the website of the Centre international d'étude du XVIIIe siècle.

Notwithstanding, du Châtelet's visibility continues to be problematic. Despite the renewed interest generated by the 2006 tricentennial studies of her work, the majority of the entries in Rodrigues' bibliography are from the 1990s, with considerably fewer since (Rodrigues 2012). Many academic and professional websites on women in science or philosophy still offer an ambivalent portrait of du Châtelet. These sites may appear to be well-meaning, but ubiquitous mentions of du Châtelet's relationship with Voltaire or her social life as an aristocrat subtly reinforce the focus on a domestic narrative at the expense of her intellectual achievements. Her celebrity as Voltaire's companion is the starting point for a Bibliothèque nationale site as well as an article by the American Physical Society (Bibliothèque nationale de France 2006 ; American Physical Society 2008).

The portrayal of du Châtelet provided by EpiGeneSys, an EC-funded Network of Excellence, in its women in science section, shows how easily such references to du Châtelet's personal situation can overshadow recognition of her intellectual talents. After a largely decontextualized and tendentious introduction – « She was not just an intellectual but also a ‹ party animal ›. She liked to dance, could play the harpsichord, sang opera, was an amateur actress and a ‹ calculated gambler › » – the article moves on to a long section on du Châtelet's personal life entitled « Traditional husbands, enlightened lovers » (EpiGeneSys). A large part of the Bibliothèque nationale site also focuses on du Châtelet's romantic and social relationships, as does the French Wikipedia site, which devotes considerable space to negative comments by women contemporaries on her appearance (Wikipédia). While providing useful information about du Châtelet as scientist, the English site highlights her relationship with Voltaire and includes short anecdotes (« As a teenager, short of money for books, she used her mathematical skills to devise highly successful strategies for gambling ») that diminish her intellectual pursuits (Wikipedia).

David Bodanis's *Passionate Minds : The Great Enlightenment Love Affair* encapsulates this impasse within which du Châtelet's visibility seems condemned to operate. Bodanis's stated goal is to « do justice to our characters by bringing back the science that had been so important to them both », but he quickly adds : « I realized that it was important I didn't overemphasize that and produce merely another one-sided view. Instead, I've concentrated on their love and built a narrative around that » (Bodanis 2006 : 8–9). Bodanis's reflection that highlighting du Châtelet's visibility as a thinker would necessarily lead to a « one-sided » representation of the Marquise suggests how deeply engrained the need to focus on du Châtelet's domestic life is even among contemporary historians. As Zinsser notes, the « image of the marquise as Voltaire's promiscuous mistress and a dabbler in physics and mathematics remains seductively popular and Nancy Mitford's 1957 *Voltaire in Love* and Élisabeth Badinter's *Émilie, Émilie : L'ambition féminine au XVIIIe siècle* of 1983 continue to be recommended as the most authoritative accounts of du Châtelet's life. » (Zinsser 2016 : 3). Zinsser's own volume, *Émilie du Châtelet : Daring Genius of the Enlightenment*, does not entirely escape this conundrum. The publisher's back cover blurb unashamedly sexualizes du Châtelet : « After marrying a marquis at the age of eighteen, she proceeded to fulfill the prescribed-and delightfully frivolous-role of a French noblewoman of her time ».

Du Châtelet as Translator

Scholarly studies devoted to du Châtelet's translation activity remain relatively rare. The *Benjamins Translation Studies Bibliography* lists only one entry on du Châtelet, my own 2002 article « Émilie du Châtelet, traductrice d'Isaac Newton, ou la ‹ traduction-confirmation › ». The *Bibliography* contains 18 entries on Voltaire, most on Voltaire as translated author rather than as translator, and 270 entries on the 18th century. The most pertinent is Julie Candler Hayes' *Translation, Subjectivity, and Culture in France and England, 1600–1800*. Her focus is French neoclassical translation theory among English translators, but she addresses the general context of Anglo-French intellectual exchange in the Enlightenment (Hayes 2009). Only 18 of the 270 entries on the 18th century deal with translation and science; of these, only one deals with women translators of science, but in the English context (Knellwolf 2001).

Curiously, more articles on du Châtelet's translations can be found in publications outside Translation Studies, not listed in the *Benjamins Bibliography*. In one case, the author is nonetheless a Translation Studies scholar: Adrienne Mason examines du Châtelet's unpublished translation of Mandeville's *The Fable of the Bees* from the sociological perspective of cultural transfer (Mason 2006). Working on the same translation but from the point of view of the history of ideas, Felicia Gottmann makes a close comparison of du Châtelet's changes to the original, concluding somewhat dismissively that « du Châtelet's translation then has little in common with Mandeville's original » (Gottman 2012 : 226). Elena Muceni relates du Châtelet's changes in Mandeville's text to more general issues of cultural difference, observing that « Mandeville's reflections on morality must have constituted the main barriers to the acceptance of his work by the French public » (Muceni 2015 : 454).

Mathematician physicist Gérard G. Emch and historian Antoinette Emch-Dériaz assess the scientific accuracy of du Châtelet's translation of Newton's *Principia* (Emch and Emch-Dériaz 2006). Writing from a philosophical perspective, Ursula Winter's main focus is the theoretical importance of du Châtelet's work on Newton and Leibniz, but her observations on du Châtelet's translation activity are particularly insightful. Winter notes that « du Châtelet's scientific and philosophical development presents itself as a continuous process from critical translations of a predefined discourse to independent commentaries, research, calculations and theoretical reflections » (Winter 2012 : 177), and that this approach to translation as part of scientific reflection was common during the Enlightenment when « basic cultural transfers were considered to be almost as important as philosophical theorems » and « even famous philosophers such as Diderot and Buffon [...] translate[d] introductory and influential philosophical works into French » (Winter 2012 : 186).

Particularly noteworthy in the context of the common perception of translation as a derivative activity, Winter points out that du Châtelet consistently took a critical distance from the author she was translating, situating her translation not in a relationship of subservience but as part of « a critical dialogue with the author » (Winter 2012 : 186). In other words, Winter reclaims du Châtelet's role as author, even when she is translating. Using the same reasoning and working with du Châtelet's own declarations, Winter also shifts the status of du Châtelet's commentary on Newton from that of a derivative paratext in which she remains in an ancillary position to Newton, to that of an independent, authoritative, original text : « What this shows is that du Châtelet understands her commentary on Newton to be a discourse in its own right; her work seeks to uphold an objective view of Newton's work, while at the same time introducing her own definitions and terms » (Winter 2012 : 182). Further reinforcing du Châtelet's position as author, Winter considers du Châtelet, not only as translator-author, but as author translated, citing Adolph von Steinwehr's translation of du Châtelet's *Institutions* into German in 1743 (Winter 2012 : 184).

These few studies are not unproblematic for du Châtelet's visibility as translator. Winter adroitly moves the discussion of du Châtelet's translation activity beyond the reductive dichotomy of translation vs original to a broader engagement with du Châtelet as author-agent, but a narrower reproductive perception of translation, based on the concept of fidelity, implicitly and somewhat negatively, colours Goffman and Muceni's appreciation. Furthermore, these studies co-exist with others that explicitly view du Châtelet's translation work and translation generally, as being secondary, and therefore of lesser value than « original » writing.

The effect of this persistent problematic perception of translation can be quite perverse for du Châtelet's visibility both as translator and scientist. On the one hand, du Châtelet's visibility as thinker in her own right can be subtly obstructed by an over-focus, however positive, on her translation work, her translation of Newton being considered as « one of her greatest accomplishments » (Women of History 2012). On the other hand, other sites explicitly evoke the translation vs original dichotomy, reasserting du Châtelet's visibility as scientist, but to the detriment of her agency and visibility as translator : « to characterize du Châtelet the mathematician as merely a translator of Newton does her a disservice, for she produced a significant amount of original work as well » (Mathematician of the Week : Émilie du Châtelet).

Mapping Variable Weather Conditions

What then are the weather conditions that continue to impede du Châtelet's visibility as a woman intellectual? Zinsser offers three explanations for du Châtelet's erasure from the narratives of science, philosophy, and the Enlightenment :

> First, there was the interdisciplinarity of her interests. That she concerned herself with metaphysics, physics, philoso-

phy, and mathematics became irrelevant as questions of primary causation were set aside in the name of a pure descriptive science. [...] Second, the social construction of these new demarcated sciences led to institutional practices and the revival of old customs that made a woman's participation on any kind of equal footing almost impossible. [...] Third, during the nineteenth century a scientific canon evolved and with it an ‹ anti-canon › [...] ; this ‹ culture › incorporated the division of disciplines and the ‹ implicit system of authority › that excluded women. (Zinsser 2016 : 7).

Clearly, all three factors continue to obscure du Châtelet's accomplishments as scientist. By unduly compartmentalizing her work along contemporary discipline lines, partial visibilities go hand in hand with partial concealments. At the same time, general « weather conditions » have not changed greatly since 2000. Recent studies confirm that women remain under-represented and discriminated against in science, mathematics and philosophy (Febbraro and Pickering 2015 : 1–2). In *Headstrong : 52 Women who Changed Science – and the World*, Rachel Swaby observes cuttingly that putting « domesticity before personal achievement » when representing women scientists is still common : « We simply don't speak of men in science this way. Their marital status isn't considered necessary context in a biochemical breakthrough » (Swaby 2015 : xi).

Disciplinary compartmentalisation also accounts in part for du Châtelet's (in)visibility as translator. On the one hand, scholars working on du Châtelet from a philosophical or scientific perspective, not understanding the complexity of the translation process, can undervalue or misapprehend her work as translator. On the other hand, Translation Studies, as a developing discipline, has not yet fully incorporated research on translation occurring in neighbouring disciplines, such as the History of Ideas, 18th-Century or French Studies, or wholly explored the different specialised translation contexts. Scientific translations are notably lacking in the section on translation in 18th-century France in Michel Ballard's *Histoire de la traduction*. Voltaire receives a short mention for his translations of Shakespeare (Ballard 2013 : 143), but du Châtelet is absent, even from the index. As a result, light shed on du Châtelet as translator tends to be dispersed. Her translations become a diffuse research subject figuring more often on the periphery rather than as central focus, and her overall visibility as translator is reduced.

Other factors, inherent to the functions of translation historically, have created their own fog. When du Châtelet was translating, translation was a multi-faceted activity, forming a patchwork of interacting and overlapping functions related to continued tensions between Latin and French, evolving educational expectations, and changing social roles for women, all of which have left traces in our present-day understanding of translation in general and of du Châtelet's work as translator in particular.

While the major movement for translating classic works from Latin into the French vernacular occurred in the seventeenth century, engendering the well-known « belles infidèles » debate, issues connected to the respective status of Latin and French and their roles in the spread of knowledge began earlier and continued to inform the function and perceptions of translation in the 18th century. Pascal Duris and Joëlle Ducos note that « l'intérêt croissant que [l'astronomie] suscite auprès du public mondain alimente un puissant mouvement de traduction d'œuvres variées » (Duris and Ducos

2008 : 8–9). Access to French translations facilitated knowledge acquisition by « débutants qui ne maîtrisent pas le latin », although « toute traduction scientifique ne répond[ait] pas forcément à ce souci pédagogique » (Duris and Ducos 2008 : 9). This pedagogical practice of translation of scientific texts for the amateur co-existed with what we would call today a research practice, dedicated scientists using translation, whether from Latin or from other vernacular languages, as a means of learning about, developing or contesting contemporary theories. The boundaries between the two forms of practice were often porous, leading by the end of the 18th century to what Patrice Bret considers « la traduction comme pratique sociale de la science » (Bret 2008 : 125). Clearly the agency and status accorded to du Châtelet as a scientific translator depends greatly on whether her translations are seen as a fundamentally scientific activity or part of a derivative project of popularisation.

The historic pedagogical function of translation also affects present-day appreciations of du Châtelet's translation activity. In her time, translation's traditional function as a school exercise for learning Latin (Gipper 2013 : 20) co-existed with a new, more autonomous, literary function as it became « peu à peu le moyen universel d'aborder les textes anciens » (Furno 2012 : 191). This same process towards greater autonomy can be seen within the practice of individual translators, such as Anne Dacier : « Elle commence en effet par éditer des textes anciens, puis elle agrémente ses éditions d'une traduction et de quelques notes pour enfin ne plus proposer qu'une traduction accompagnée de notes abondantes qui tendent progressivement vers une prise de parole indépandante d'un texte donné » (Bastin-Hamou 2013 : 121). Translation's pedagogical connection did not disappear, as the numerous *Ad usum Delphini* translations of the Classics at the time attest (Furno 2012 : 196). For Dacier, too, translation's role in a process of entry into authorship remains tributary to its educational purpose. Translation's persistent connection to a pedagogical function, perceived as ancillary, clearly work against perceptions of du Châtelet's translation activity as an autonomous activity of authorship or knowledge acquisition.

Finally, translation's relationship to changing views of women's education and roles has problematic consequences for du Châtelet's visibility as scientific translator, even today. The 18th century saw an increasingly dynamic and multifaceted debate about women's education, framed positively in philosophical terms, for instance, by François Poullain de la Barre's late 17th-century *De l'Égalité des deux sexes, discours physique et moral où l'on voit l'importance de se défaire des préjugés* (Poullain de la Barre 1673) and Condorcet's *Sur l'admission des femmes au droit au cité* (Condorcet 1790). Du Châtelet herself saw learning as a way for women to overcome to some degree the limitations imposed on them by society, as she wrote in her *Discours sur le bonheur* published posthumously :

> Il est certain que l'amour de l'étude est bien moins nécessaire au bonheur des hommes qu'à celui des femmes. Les hommes ont une infinité de ressources pour être heureux, qui manquent entièrement aux femmes. Ils ont d'autres moyens d'arriver à la gloire, et il est sûr que l'ambition de rendre ses talents utiles à son pays et de servir ses citoyens, soit par son habileté dans l'art de la guerre, ou par ses talents pour le gouvernement, ou les négociations, est fort au-dessus de [*celle*] qu'on peut se proposer pour l'étude ; mais les femmes sont exclues, par leur état, de toute espèce de gloire, et quand, par hasard, il s'en trouve quelqu'une qui

> est née avec une âme assez élevée, il ne lui reste que l'étude pour la consoler de toutes les exclusions et de toutes les dépendances auxquelles elle se trouve condamnée par état. (Du Châtelet 1997 [1779] : 53).

If du Châtelet saw no intellectual limits to what a woman could study, her view co-existed with much more restrictive visions of instruction for women. As Dena Goodman points out, by the second half of the 18th century, a wealth of new pedagogical materials had been developed to help girls and women perfect their letter writing skills. While these materials necessarily had some emancipatory value, their primary epistolary aim was geared to facilitating women's maternal roles in keeping with their traditional attributes of « sensibilité and maternal love » (Goodman 2009 : 55). The ensuing development of a market of books by women for women readers tended to operate in this same framework, opening up the possibility of viewing women's writing at the time from within an essentially feminine, secondary sphere, focused, as Gillian Dow suggests with reference to the translation of Louise d'Épinay's 1774 *Les Conversations d'Émilie*, on providing « appropriate reading » to advance the « moral education of both the daughter and the reader » (Dow 2011 : 1).

Beyond the issue of gender and the very real need to improve opportunities for women, interest in women's education necessarily evolved within a particular social worldview even within contemporary intellectual circles. Claudine Picardet (1735–1820) lived after du Châtelet, but Bret's study of Picardet's practice of translation in a space of « sociabilité urbaine entre sphère privée et sphère publique » (Bret 2008 : 127) where « amateurs éclairés », translators and scientists could meet is nonetheless pertinent for the appreciation of du Châtelet's visibility as translator. Paradoxically, if this sociability facilitated women's access to scientific and translation activities, it seems to have fed, rather than contain, a certain trivialisation of their achievements from a present-day perspective. Sociability can be seen as non-professional, or frivolous, while the proliferation of works for a women's readership (one thinks of Francesco Algarotti's *Newtonianism for Ladies* (1737) or Jérôme de Lalande's *Astronomie des Dames* (1785)) can become the pretext to displace women's agency from a general sphere of sociability to an alternate, feminized one. In contrast, Mazzotti's analysis of *Newtonianism for Ladies* shows that Algarotti's essay, far from being a kind of frivolous vehicle of popularization for women readers, was in fact :

> an essential part of his overall pro-Newtonian campaign. In acting as an academic experimenter or as a popular writer Algarotti was following one and the same strategy: building alliances that would isolate his opponents while strengthening the position of Newtonianism on the continent. Genteel conversation and light-hearted literature could succeed where scientific instruments, and prisms in particular, had so far failed. (Mazzotti 2004 : 121)

This outline is too brief to do justice to the different social functions and implications of translation in du Châtelet's time, but it highlights how the overlapping of the pedagogical and literary roles of translation, intermeshed with the development of women's education and women's evolving, but still limited, access to the public sphere, work both to open up a space for women's agency as translators, and to feminize (and implicitly diminish) their accomplishments. In the same way du Châtelet's social activities serve to obscure her visibility as scientist, by linking her inexorably with her male friends, colleagues and lovers, the social embeddedness of translation impedes her visibility as translator by undermining the status of translation and translators' autonomy and authorship. To fully see du Châtelet as translator (and as scientist) requires an appreciation of the multifaceted inter-connectedness of intellectual endeavor and sociability within which she practiced.

Sociability, Translation and Community of Practice

The inter-connected nature of science and translation as social practices in the Enlightenment suggests that a community of practice approach to du Châtelet's multi-dimensional activities could help mitigate the « weather conditions » that obscure her visibility. As developed by Jean Lave and Etienne Wenger in the context of research into the learning process, communities of practice are « groups of people who share a concern or a passion for something they do and learn how to do it better as they interact regularly » (Wenger 2006 : 1). Communities of practice share and create knowledge through a process of « both participation (conversations, activities, reflections) and reification (artifacts, documents, processes, methods) » (Bond and Lockee 2014 : 1).

From this point of view, the structure of sociability within which du Châtelet carried out her scientific and translation activities can be seen to function very much like a community of practice. Through her « mondanités », her meetings with tutors, and her correspondence with other members of the community of like-minded intellectuals engaged in similar endeavours, du Châtelet participated in conversations, activities and reflections that generated new knowledge. Through her writings, she created documents and outlined processes that allowed for the reification of this knowledge. Seeking relationships with other members of the community of practice in order to share information and ideas, submitting her *Dissertation sur la nature et la propagation du feu* to the Académie des sciences, writing essays such as *Institutions de physique*, carrying out a critical translation of Newton's *Principia*, being accepted in the Institut de Bologne all fall within the kinds of activities carried out by many other members as part of their commitment to the community of practice.

Du Châtelet's correspondence amply attests to the importance she attributes to her intellectual exchanges with other members of her community of practice. In 1736, for instance, in letters to Algarotti, she discusses plans for scientific collaboration (« J'attends votre retour d'Angleterre pour faire les expériences sur la lumière, et pour voir l'anneau de Saturne ») and the equipment needed (« l'abbé Nollet m'a envoyé ma chambre obscure, plus obscure que jamais : il prétend que vous l'aviez trouvée fort claire à Paris ») (du Châtelet 1878 : 91, 93). She also understands the community rules for the production, recognition and dissemination of her work, taking care, a few weeks before her death, to make sure that the manuscript of her translation of Newton's *Principia Mathematica* was duly registered, even though she would have liked to continue her revisions. Her letter to Abbé Sallier, bibliothécaire du roi, is particularly touching, given that her apprehension about her delivery was proven premonitory :

> J'use de la liberté que vous m'avés donné Monsieur de remettre entre vos mains des manuscrits que jay grand inte-

> ret qui restent aprés moi [.] Jespere bien que je vous remercierai encore de ce service et que mes couches, dont je n'attens que le moment, ne seront pas aussi funestes que je le crains, je vous suplierai de vouloir bien mettre un numero a ces manuscrits et les faire enregistrer afin qu'ils ne soient pas perdus. (du Châtelet and Newton 2015 : 126)

A community of practice approach could provide a way to side-step contemporary disciplinary divides, by allowing for relationships and overlap among different communities of practice, including those related to translation and pedagogy as social practices. It would promote a rich and nuanced appreciation of du Châtelet's work by building on an understanding of how the particular communities of practice in which she participated functioned in their time and place, thus diminishing the risk of an inappropriate confusion of contemporary and historical conceptual grids. It could alleviate the tendency to sexualise unduly du Châtelet's participation in the community of practice while allowing for a discussion of the obstacles she had to overcome as a woman in order to become a member. Above all, it could offer to some degree at least a solution to the conundrum that continues to impede du Châtelet's multiple visibilities and encourage new research into her remarkable achievements by recognising and validating her deep commitment to intellectual endeavor and her capacity for independent action. As she writes in *Discours sur le bonheur*, « J'ai dit que l'amour de l'étude était la passion la plus nécessaire à notre bonheur ; c'est une ressource sûre contre les malheurs, c'est une source de plaisirs inépuisable. [...] songeons à cultiver le goût de l'étude, ce goût qui ne fait dépendre notre bonheur que de nous-mêmes » (du Châtelet 1997 : 54–55, 75). Ultimately, her intellectual work, all the more so within a dynamic community of practice, goes hand in hand with personal agency and independence.

Bibliography

Primary Sources

Du Châtelet, Émilie, *Lettres de la Mse du Châtelet, réunies par Eugène Asse*, Paris, Bibliothèque Charpentier, G. Charpentier et E. Fasquelle éditeurs, 1878.

– *Discours sur le bonheur*, 1779, Paris, Rivages poche, 1997.

Du Châtelet, Émilie & Newton, Isaac, *Principes mathématiques de la philosophie naturelle. La traduction française des Philosophiae naturalis principia mathematica*, Édition critique du manuscrit par Michel Toulmonde, Paris, Centre international d'étude du XVIIIe siècle, 2015.

Secondary Sources

Allen, Lydia, *Physics, Frivolity and « Madame Pompon-Newton » : The Historical Reception of the Marquise du Châtelet from 1750 to 1996*, PhD, University of Cincinnati, 1998.

American Physical Society, « APS News – This Month in Physics History », 2008. URL: https://www.aps.org/publications/apsnews/200812/physics history.cfm (last consulted on 10 June 2017).

Badinter, Élisabeth, *Madame du Châtelet, Madame d'Épinay : ou l'Ambition féminine au XVIIIème siècle*, Paris, Flammarion, 2007a. Revised edition of *Émilie, Émilie ou l'ambition féminine au XVIIIème siècle*, Paris, Flammarion, 1981, 1983, 1984, 1993.

– *Les Passions intellectuelles I : Désirs de gloire (1735–1751)*, Paris, Fayard, 2007b [1999].

BADINTER, Élisabeth & MUZERELLE, Danielle (éds.), *Madame du Châtelet. La femme des Lumières*, Paris, Bibliothèque Nationale de France, 2006.

BAILLON, Jean-François, « Retraduire la science. Le Cas de *L'Optique* de Newton, de Pierre Coste (1720) à Jean-Paul Marat (1787) », in Pascal Duris (éd.), *Traduire la science : Hier et aujourd'hui*, Pessac, Maison des Sciences de l'Homme d'Aquitaine, 2008, pp. 69–88.

BALLARD, Michel, *Histoire de la Traduction : Repères historiques et culturels*, Bruxelles, De Boeck, 2013.

BASTON-HAMOU, Malika, « Traduire ou ne pas traduire Aristophane en France aux siècles classiques : 1684–1784, un siècle de ‹ traduction › en langue française des comédies d'Aristophane », in Yen-Mai Tran-Gervat (éd.), *Traduire en français à l'âge classique : Génie national et génie des langues*, Paris, Presses Sorbonne nouvelle, 2013, pp. 117–135.

BENJAMINS TRANSLATION STUDIES BIBLIOGRAPHY.
URL : https://benjamins.com/online/tsb/ (last consulted on 11 June 2017).

BERNARD-PRADELLE, Laurence & LECHEVALIER, Claire, « Introduction », in Laurence Bernard-Pradelle & Claire Lechevalier (éds.), *Traduire les Anciens en Europe du Quattrocento à la fin du XVIIIe siècle : d'une renaissance à une révolution ?*, Paris, Presses de l'Université Paris-Sorbonne, 2012, pp. 7–13.

BESSIRE, François, « Mme du Châtelet épistolière » in Ulla Kölving & Olivier Courcelle (éds.), *Émilie du Châtelet, éclairages et do-*

cuments nouveaux, Paris, Publications du Centre international d'étude du XVIIIe siècle 21, 2008, pp. 25–35.

BIBLIOTHÈQUE NATIONALE DE FRANCE, « Madame du Châtelet, La femme des Lumières », 2006.
URL: http://expositions.bnf.fr/lumieres/pedago/fiche_2.pdf (last consulted on 18 August 2017).

BLÉCHET, Françoise, « La marquise du Châtelet et les institutions : l'Académie royale des sciences et la Bibliothèque du roi », in Ulla Kölving & Olivier Courcelle (éds.), *Émilie du Châtelet, éclairages et documents nouveaux,* Paris, Publications du Centre international d'étude du XVIIIe siècle 21, 2008, pp. 99–109.

BODANIS, David, *Passionate Minds : The Great Enlightenment Love Affair*, London, Little, Brown, 2006.

BOND, Aaron M. & LOCKEE, Barbara B., *Building virtual communities of practice for distance educators*, Berlin, Springer, 2014.

BÖTTCHER, Frauke, « La réception des *Institutions de physique* en Allemagne » in Ulla Kölving & Olivier Courcelle (éds.), *Émilie du Châtelet, éclairages et documents nouveaux,* Paris, Publications du Centre international d'étude du XVIIIe siècle 21, 2008, pp. 243–54.

BRET, Patrice, « Les promenades littéraires de Madame Picardte. La traduction comme pratique sociale de la science au XVIIIe siècle », in Pascal Duris (éd.), *Traduire la science : Hier et aujourd'hui*, Pessac, Maison des Sciences de l'Homme d'Aquitaine, 2008, pp. 125–152.

CAMBRIDGE ONLINE DICTIONARY, « visibility » and « invisible ». URL : http://dictionary.cambridge.org/dictionary/english/visibility (last consulted on 10 May 2017).

CENTRE INTERNATIONAL D'ÉTUDE DU XVIIIE SIÈCLE. URL : site http://c18.net/ (last consulted on 10 May 2017).

CONDORCET, Marie-Jean-Antoine-Nicolas de Caritat, Marquis de, *Sur l'admission des femmes au droit de cité, Journal de la Société de 1789*, 3 juillet 1790, no. V.

DIDIER, Béatrice, « La correspondance de Mme du Châtelet, un journal intime ? » in Ulla Kölving & Olivier Courcelle (éds.), *Émilie du Châtelet, éclairages et documents nouveaux,* Paris, Publications du Centre international d'étude du XVIIIe siècle 21, 2008, pp. 53–60.

DOUAY-SOUBLIN, Françoise, « Nouvel examen de la *Grammaire raisonnée* », in Ulla Kölving & Olivier Courcelle (éds.), *Émilie Du Châtelet, éclairages et documents nouveaux,* Paris, Publications du Centre international d'étude du XVIIIe siècle 21, 2008, pp. 173–196.

DOW, Gillian, « Introduction », in Hilary Brown & Gillian Dow (eds.), *Women Readers in Europe : Readers, Writers, Salonnières : 1750–1900*, Women's Writing XVIII, 1, February 2011, pp. 1–14.

DUCOS, Joëlle, « La traduction comme mode de diffusion scientifique au Moyen Âge », in Pascal Duris (éd.), *Traduire la science : Hier et aujourd'hui*, Pessac, Maison des Sciences de l'Homme d'Aquitaine, 2008, pp. 11–23.

DURIS, Pascal & DUCOS, Joëlle, « Introduction », in Pascal Duris (éd.), *Traduire la science : Hier et aujourd'hui*, Pessac, Maison des Sciences de l'Homme d'Aquitaine, 2008, pp. 7–10.

EMCH-DÉRIAZ, Antoinette & EMCH, Gérard G., « On Newton's French translator : how faithful was Mme du Châtelet ? », in Judith Zinsser & Julie Candler Hayes (eds.), *Émilie du Châtelet : Rewriting Enlightenment Philosophy and Science*, Oxford, Voltaire Foundation, 2006, pp. 226–251.

EPIGENESYS, « Women in Science ».
URL : https://www.epigenesys.eu/en/science-and-you/women-in-science/662-emilie-du-chatelet (last consulted on 10 May 2017).

FEBBRARO, Angela R. & PICKERING, Donna I., *Women in Science, Technology, Engineering, Mathematics, and Management : Implicit Bias Challenges and Interventions*, Ottawa, Defence Research and Development Canada, 2015.

FURNO, Martine, « Traductions d'apprentissage et traduction littéraire du XVIe au XVIIIe siècle : Histoire d'une banalisation », in Laurence Bernard-Pradelle & Claire Lechevalier (éds.), *Traduire les Anciens en Europe du Quattrocento à la fin du XVIIIe siècle : d'une renaissance à une révolution ?*, Paris, Presses de l'Université Paris-Sorbonne, 2012, pp. 191–202.

GIPPER, Andreas, « L'ordre naturel, la traduction et la découverte du génie de la langue », in Yen-Mai Tran-Gervat (éd.), *Traduire en français à l'âge classique : Génie national et génie des langues*, Paris, Presses Sorbonne nouvelle, 2013, pp. 15–27.

GOODMAN, Dena, *Becoming a Woman in the Age of Letters*, Ithaca/New York, Cornell University Press, 2009.

GOTTMANN, Felicia, « Du Châtelet, Voltaire, and the Transformation of Mandeville's Fable », *History of European Ideas*, XXXVIII, 2, 2012, pp. 218–232.
URL : http://dx.doi.org/10.1080/01916599.2011.632239 (last consulted on 11 August 2017).

GUYOT, Patrick, « La pédagogie des *Institutions de physique* » in Ulla Kölving & Olivier Courcelle (éds.), *Émilie du Châtelet, éclairages et documents nouveaux*, Paris, Publications du Centre international d'étude du XVIIIe siècle 21, 2008, pp. 267–281.

HAGENGRUBER, Ruth, (ed.), *Émilie du Châtelet between Leibniz and Newton*, Dordrecht/New York, Springer, 2012.

— « Emilie du Châtelet Between Leibniz and Newton : The Transformation of Metaphysics », in Ruth Hagengruber (ed.), *Émilie du Châtelet between Leibniz and Newton*, Springer, 2012, pp. 1–58.

HAYES, Julie Candler, *Translation, Subjectivity, and Culture in France and England, 1600–1800*, Stanford, Stanford University Press, 2009.

IVERSON, John, « Émilie du Châtelet, Louise Gottsched et la Société des Aléthophiles : une traduction allemande de l'échange au sujet des forces vives », in Ulla Kölving & Olivier Courcelle (éds.), *Émilie du Châtelet, éclairages et documents nouveaux*, Paris, Publications du Centre international d'étude du XVIIIe siècle 21, 2008, pp. 283–299.

KNELLWOLF, Christa, « Women translators, gender and the cultural context of the scientific revolution », in Roger Ellis & Liz Oakley-Brown (eds.), *Translation and nation : towards a cultural politics of Englishness*, Clevedon/Buffalo, Multilingual Matters, 2001, pp. 85–119.

KÖLVING, Ulla & COURCELLE, Olivier (éds.), *Émilie du Châtelet, éclairages et documents nouveaux*, Paris, Publications du Centre international d'étude du XVIIIe siècle 21, 2008.

— & BROWN, Andrew, « Émilie du Châtelet, lectrice d'une *Apologie d'Homère* » in Ulla Kölving & Olivier Courcelle (éds.), *Émilie du Châtelet, éclairages et documents nouveaux,* Paris, Publications du Centre international d'étude du XVIIIe siècle 21, 2008, pp. 135–165.

LASCANO, Marcy P., « Émilie du Châtelet on the Existence and Nature of God : An Examination of Her Arguments in Light of Their Sources », in *British Journal for the History of Philosophy* 19(4), 2011, pp. 741–758.

LECHEVALIER, Claire, « Un philologue entre traduction et imitation : Guillaume Dubois de Rochefort et *L'Électre* de Sophocle », in Laurence Bernard-Pradelle & Claire Lechevalier (éds.), *Traduire les Anciens en Europe du Quattrocento à la fin du XVIIIe siècle : d'une renaissance à une révolution ?*, Paris, Presses de l'Université Paris-Sorbonne, 2012, pp. 213–243.

MAGLO, Koffi, « Mme du Châtelet, l'*Encyclopédie* et la philosophie des sciences », in Ulla Kölving & Olivier Courcelle (éds.), *Émilie du Châtelet, éclairages et documents nouveaux,* Paris, Publications du Centre international d'étude du XVIIIe siècle 21, 2008, pp. 255–266.

MASON, Adrienne, « ‹ L'air du climat et le goût du terroir › : translation as cultural capital in the writings of Mme du Châtelet », in Judith Zinsser & Julie Candler Hayes (éds.), *Émilie du Châtelet : Rewriting Enlightenment Philosophy and Science*, Oxford, Voltaire Foundation, 2006, pp. 124–141.

MATHEMATICIAN OF THE WEEK : ÉMILIE DU CHÂTELET, 2008. URL : https://threesixty360.wordpress.com/2008/09/09/mathematician-of-the-week-emilie-du-chatelet (last consulted on 5 August 2017).

MAZZOTTI, Massimo, « Newton for the ladies : gentility, gender, and radical culture », in *British Journal for the History of Science,* XXVII, 2, 2004, pp. 119–46.

— « Mme du Châtelet académicienne de Bologne », in Ulla Kölving & Olivier Courcelle (éds.), *Émilie du Châtelet, éclairages et documents nouveaux,* Paris, Publications du Centre international d'étude du XVIIIe siècle 21, 2008, pp. 121–126.

MCINTOSH-VARJABEDIAN, Fiona, « Écrire ou traduire l'histoire quand on est une femme : Un effacement volontaire », in Andrée Lerousseau (éd.), *Des femmes traductrices : Entre altérité et affirmation de soi*, Paris, L'Harmattan, 2013, pp. 43–57.

MUCENI, Elena, « Mandeville and France : The Reception of *The Fable of the Bees* in France and its Influence on the French Enlightenment », in *French Studies,* LXIX, 4, 2015, pp. 449–461.

POULLAIN DE LA BARRE, François, *De l'Égalité des deux sexes, discours physique et moral où l'on voit l'importance de se défaire des préjugés*, Paris, Chez Jean du Puis, 1673, Fayard, 1984.

PROJECT VOX. URL : http://projectvox.library.duke.edu/content/duch%C3%A2telet-1706-1749 (last consulted on 5 August 2017).

REY, Anne-Lise, « La figure du leibnizianisme dans les *Institutions de physique* », in Ulla Kölving & Olivier Courcelle (éds.), *Émilie du Châtelet, éclairages et documents nouveaux*, Paris, Publications du Centre international d'étude du XVIIIe siècle 21, 2008, pp. 231–242.

RODRIGUES, Ana, « Émilie du Châtelet, a Bibliography », in Ruth Hagengruber (éd.), *Émilie du Châtelet between Leibniz and Newton*, Springer, 2012, pp. 207–246.

SIESS, Jürgen, « Image de la philosophe et égalité des sexes dans la correspondance de Mme du Châtelet », in Ulla Kölving & Olivier Courcelle (éds.), *Émilie du Châtelet, éclairages et documents nouveaux*, Paris, Publications du Centre international d'étude du XVIIIe siècle 21, 2008, pp. 37–52.

STANFORD ENCYCLOPEDIA OF PHILOSOPHY.
URL : https://plato.stanford.edu/entries/emilie-du-chatelet/ (last consulted on 5 August 2017).

SWABY, Rachel, *Headstrong : 52 Women Who Changed Science – and the World*, New York, Broadway Books, 2015.

WADE, Ira, *Voltaire and Madame du Châtelet : an essay on the intellectual activity at Cirey*, Princeton, Princeton University Press/Milford, Oxford University Press, 1941.

WENGER, Etienne, « Communities of practice, a brief introduction », 2006.
URL : http://www.linqed.net/media/15868/COPCommunities_of_practiceDefinedEWenger.pdf (last consulted on 10 August 2017).

WEINMANN, Frédéric, « Les traductrices littéraires dans la France du XIXe siècle », in Andrée Lerousseau (éd.), *Des femmes tra-*

ductrices : Entre altérité et affirmation de soi, Paris, L'Harmattan, 2013, pp. 19–42.

WHITFIELD, Agnès, « Émilie du Châtelet, traductrice d'Isaac Newton, ou la ‹ traduction-confirmation › », in Jean Delisle (éd.), *Portraits de traductrices*, Ottawa, Presses de l'Université d'Ottawa, 2002, pp. 87–115.

WIKIPEDIA. URL :
https://fr.wikipedia.org/wiki/%C3%89milie_du_Ch%C3%A2telet (last consulted on 30 August 2017).

WIKIPEDIA. URL :
https://en.wikipedia.org/wiki/%C3%89milie_du_Ch%C3%A2telet (last consulted on 30 August 2017).

WINTER, Ursula, « From Translation to Philosophical Discourse – Émilie du Châtelet's Commentaries on Newton and Leibniz », in Ruth Hagengruber (ed.), *Émilie du Châtelet between Leibniz and Newton*, Dordrecht/New York, Springer, 2012, pp. 173–206.

— « Übersetzungsdiskurse der französischen Aufklärung. Die Newton-Übersetzung Emilie du Châtelets (1706–1749) », in Brunhilde Wehinger & Hilary Brown (eds.), *Übersetzungskultur im 18. Jahrhundert : Übersetzerinnen in Deutschland, Frankreich und der Schweiz*, Hannover, Wehrhahn, 2008, pp. 19–36.

WOMEN OF HISTORY. URL :
http://womenofhistory.blogspot.ca/2012/04/emilie-du-chatelet.html (last consulted on 5 August 2017).

WOMEN IN SCIENCE. URL :
http://womeninscience.history.msu.edu/Contact/
(last consulted on 5 August 2017).

ZINSSER, Judith, *La dame d'esprit : a biography of the Marquise du Châtelet*, New York, Viking, 2006.

- *Émilie du Châtelet : Daring Genius of the Enlightenment*, New York, Penguin Books, 2007.

- (ed.), *Selected Philosophical and Scientific Writings*, Introduction by Judith Zinsser, trans. Isabelle Bour & Judith P. Zinsser, Chicago, University of Chicago Press, 2009.

- « Betrayals : An Eighteenth-Century Philosophe and Her Biographers », in *French Historical Studies*, XXXIX, 1, (February) 2016, pp. 3–33.

- & CANDLER HAYES, Julie (eds.), *Émilie du Châtelet : Rewriting Enlightenment Philosophy and Science*, Oxford, Voltaire Foundation, 2006.

Die Arbeitsbibliothek der kulturellen Übersetzerin Luise Gottsched

Englische Literatur im *Catalogue de la bibliotheque choisie de feue Madame Gottsched, née Kulmus*

GABRIELE BALL

Abstract

Luise Adelgunde Victorie Gottsched (1713–1762) is undoubtedly the most famous translator of the early Enlightenment. Her journalistic activity, for example, was closely connected with her translation work. She rendered the most famous moral weekly, *The Spectator*, into German, together with her husband and Johann Joachim Schwabe, and translated *The Guardian* and *The Freethinker* alone. Against the background of her œuvre, the English section of her book collection impressively mirrors her activities as a translator of moral weeklies. It tells us about Luise Gottsched's literary, pedagogical, philosophical and scientific learnings as well as other key aspects. This is rather surprising for the period, since the English language did not play a prominent role during the first decades of 18th-century Germany. France was the centre of attention – as both a role model and a rival. This contribution aims at analyzing Luise Gottsched's auction catalogue to shed light on her English preferences and the reasons for translating those outstanding journals. In addition, the book collection is a unique opportunity to single out her underrated competence as cultural translator between the English and the German world during the early Enlightenment.

Themeneinordnung

Im Mittelpunkt des vorliegenden Beitrags steht Luise Gottscheds Rezeption und Übersetzung englischer Literatur, die sie als kulturelle Akteurin der frühen Aufklärung ausweist. Die Vermittlerrolle ist untrennbar mit ihrem Status als ‹ gelehrte Frau › in einem von Leipzig ausstrahlenden europäischen Netzwerk verknüpft.

Deutlichster Beweis ihrer Belesenheit und zugleich Hinweis auf ihr gesamtes Œuvre ist die universalistisch angelegte, über 1200 Losnummern und weitaus mehr Bände umfassende Bibliothek, die der Nachwelt durch einen seltenen Druck ihres Auktionskatalogs erhalten geblieben ist. Sie bestätigt sowohl die Breite ihrer inhaltlichen Interessen als auch die Sprachkenntnisse Luise Gottscheds, die das Französische, Englische, Lateinische und Griechische einschließen.

Die größte Überraschung bei der Rekonstruktion der gelehrten Privatbibliothek bietet der überaus reiche Bestand englischer Literatur – es handelt sich um weit mehr als 300 Bände –, welcher Bücher angelsächsischer Autoren und (aus dem Französischen, Lateinischen und Arabischen) ins Englische übertragene oder aus dem Englischen ins Französische übersetzte Werke und manchmal auch solche anonymer Provenienz umfasst.

Luise Gottscheds Anglophilie und das umfängliche Œuvre ihrer Übersetzungen aus dem Englischen ist ein durchaus bekanntes Phänomen, das in der Forschungsliteratur hie und da erwähnt und manchmal auch gewürdigt wird[1].

---

1 Zuletzt Gutsche/Niefanger (2016 : 201) : « Gerade im Hinblick auf ihre Übersetzungen muss Luise Adelgunde Victorie Gottsched als

Dass dennoch ihr tatsächlicher Rang und die außergewöhnlichen Verdienste um eine direkte Vermittlung englischer Literatur im Rahmen von Kulturtransferstudien oder Arbeiten zur Rezeptionsgeschichte englischer Werke in Deutschland noch immer nicht systematisch untersucht, ja oft ignoriert wurden (Dumiche 2012 ; Maurer 1987 u. 2004), hat literaturhistorische Gründe.

Der Streit um die rechte Poetologie, der zwischen Johann Christoph Gottsched und den Schweizern, Bodmer und Breitinger, ausgetragen wurde und sich an Miltons *Paradise Lost* entzündet hatte, wurde zuungunsten des Leipzigers entschieden. In der Folge gerieten historisch wichtige Leistungen der Gottsched-Bewegung, wie die Verdienste um Buch- und Literaturgeschichtliches, Förderung der Naturlehre und sprachwissenschaftliche Forschungen aus dem Blick. Der universalistische Zugriff auf Wissensgeschichte und der am 17. Jahrhundert orientierte breite Literaturbegriff führte innerhalb der Gottsched-Schule zwar zu unzähligen Übersetzungen aus dem Lateinischen, Französischen und Griechischen, jedoch wurde denselben keine nennenswerte Rezeption zuteil. Diese Entwicklung betraf in den 1740er Jahren insbesondere auch die England-Rezipientin, Autorin und Überset-

Schlüsselfigur bei der Verbreitung aufklärerischer Ideen gelten, machte sie doch zentrale Schriften aus dem Englischen und Französischen einem breiten Publikum überhaupt zugänglich » ; Kinzel (2016 : 258); Lütteken auf beide Gottscheds bezogen (2016 : 36) ; Brown (2014 : passim), Brown (2012), Stockhorst (2010 : 17), Brown (2008 : 37–52); Willenberg (2008: passim), Bernofsky (2005 : 1), Paulin (2003 : passim), Ball (2000: passim) ; Stackelberg (1984 : 125–143), Blinn (1982 : passim). – Eine vom Deutschen Übersetzerfonds in Berlin ausgelobte Förderung trägt seit mehr als zehn Jahren Gottscheds Namen : *Luise-Adelgunde-Victorie Gottsched-Stipendium*. S. www.uebersetzerfonds.de

zerin Luise Gottsched. Ihre auf ein breites Publikum zugeschnittenen Übertragungen der englischen Moralischen Wochenschriften und die Übersetzung von philosophisch-naturwissenschaftlichen Texten Isaac Newtons, John Eachards und Alexander Popes gerieten in Vergessenheit. Der Auftakt der Aufnahme englischer Literatur wird in der Germanistik mit Namen wie Johann Arnold Ebert, Johann Joachim Eschenburg und Gotthold Ephraim Lessing verbunden, mit Autoren, die der rationalistischen Poetik des Gottsched-Kreises eine Absage erteilten (Kinzel 2013 u. 2016 : 255–270).

Ziel dieses Beitrags ist es, Luise Gottsched mittels ihrer Privatbibliothek als Akteurin und Übersetzerin im englischen Kulturtransfer aufzurufen und als wichtigste Verbindung zwischen Deutschland und England vor 1750 nicht nur zu belegen, sondern langfristig und durch weitere Forschungsarbeiten zu etablieren.

Im ersten Teil des Beitrags stehen die für die weitere Analyse grundlegenden Informationen zur Anglophilie Luise Gottscheds im Vordergrund (1.). Nach einer ersten Einordnung des Englandbestands ihrer Bibliothek (2.) folgt schließlich ein Exempel, nämlich die frühe Rezeption und Übersetzung der englischen Moralischen Wochenschriften (3.), um ihr Wirken als Vermittlerin und Akteurin im englisch-deutschen Kulturtransfer zu konkretisieren.

Zur Biographie im Kontext der Themenstellung

Luise Adelgunde Victorie kam 1713 als Tochter des Arztes Johann Georg Kulmus und der wohlhabenden und gebildeten Katharina Schwenck in Danzig zur Welt. Früh wurde sie vom Vater für philosophisch-mathematische Themen, von der

Mutter für französische Literatur begeistert. Ihre besondere Liebe galt der damals kaum verbreiteten englischen Sprache und Literatur, was zu Beginn des 18. Jahrhunderts deshalb noch als ungewöhnliche Hinwendung galt. Bis in die 1750er Jahre hinein wurden in adeligen und bürgerlichen Kreisen englische Autoren nicht im Original, sondern in (meist französischen) Übersetzungen gelesen (Martino 1993 : 211). Anders verhielt sich Luise Kulmus, die mit Blick auf die englische Sprache nicht nur ein Naturtalent gewesen zu sein scheint und schon früh englische Bücher las, sondern auch, und das bereits in den 1730er Jahren, englische Zitate in den Briefwechsel mit ihrem Verlobten Johann Christoph einfließen ließ und sich siebzehnjährig – obwohl noch kaum mit dem Poetikprofessor bekannt – selbstbewusst für die Vorteile des Englischen aussprach[2].

Die englische Sprache lernte die junge Frau durch ihren Halbbruder und dessen Lehrer John Tompson. Es war dabei von großem Vorteil, dass sie in einer weltläufigen Handelsstadt lebte, in der vielfältige Kontakte nach England gepflegt wurden, was sich auch in ihrem unmittelbaren verwandtschaftlichen Umfeld widerspiegelte. Hier ist, nach dem frühen Tod ihres Vaters, ihr Ziehvater, der Arzt Johann Adam Kulmus, hervorzuheben, der sich – als Mitglied der *Royal Society* – längere Zeit in England aufhielt und seine Nichte in ihrem Interesse weiter bestärkte (Goodman 2006 : 13–37).

---

2   Döring/Otto et al. (2007 : 451) : « Die englische Sprache hat vielen Vorzug in meinen Augen. Wenn ich mehr davon wüßte, schriebe ich Ihnen lauter englische Briefe. Ich hoffe es noch so weit zu bringen, und Sie sollen die Erstlinge meines Fleißes erhalten ».

Die Eheschließung im Jahre 1735 mit dem Professor, Zeitschriftenherausgeber und Gründer der ‹Deutschen Gesellschaft› Johann Christoph Gottsched führte sie in das kulturelle und vor allem als Buchhandelszentrum berühmte Leipzig. Johann Christoph war wie Luise Bücherliebhaber und Bibliotheksbesitzer, und er war vor allem ein Mann, der angetreten war, die deutsche Sprache und Literatur grundlegend zu reformieren. Dieses Ziel verfolgte er mit Verve, zusammen mit Anhängern aus ganz Europa und seit 1735 auch mit tatkräftiger Hilfe seiner Frau mittels Grammatiken, Rhetoriken, Dramensammlungen (*Deutsche Schaubühne*), der Neuberschen Theaterreform, der Herausgabe von Moralischen Wochen- und anderen Zeitschriften. Luise nutzte ihre guten Startbedingungen und setzte im damaligen literarischen und kulturellen Zentrum Leipzig ihren Weg als gelehrte Frau fort. Sie erhielt im Verlauf ihres Lebens durch Johann Christoph Gottsched Zugang zu einem riesigen Netzwerk, das über Kontinentaleuropa hinaus bis nach England (und Russland) reichte. So konnte sie sich zu einer versierten Kennerin der Leibniz-Wolffschen Philosophie, einer Anhängerin der Physikotheologie und, last but not at all least und alle Gattungen und Themenfelder überschreitend, zu einer Vermittlerin englischer Literatur entwickeln, die in der frühen Aufklärung ihresgleichen sucht.

Im Folgenden steht die am Bibliotheksbestand ablesbare Englandrezeption im Mittelpunkt[3], um sich Luise Gott-

---

3   Mein Dank gilt Katherine R. Goodman, die mir vor vielen Jahren eine genaue Übersicht des Bücherkatalogs aus dem *Ehrenmaal* zukommen ließ. Ebenso danke ich Rüdiger Otto und den KollegInnen des Projekts *Edition des Briefwechsels von Johann Christoph Gottsched*, welche mir einen alphabetischen Katalog mit (re-

scheds Biographie zu nähern, die sie als selbstständige, von ihrem Gatten unabhängige und richtungsweisende Übersetzerin zeigt. So verehrte Luise die Werke Anthony Ashley Coopers, des Grafen von Shaftesbury und Edward Youngs, Autoren, die nicht zu den Favoriten ihres Mannes gehörten. Daneben unterhielt sie von ihrem Mann unabhängige Freundschaften zu Männern und Frauen, die im literarischen Leben eine herausragende Rolle spielten. Dadurch war sie gleichsam prädestiniert, unterschiedliche Milieus zu verbinden : die gesellschaftliche Gruppe der unstudierten Frauen mit jener der gelehrten Männer und die der Bürgerlichen mit der des männlichen und weiblichen Adels (z. B. Graf Ernst Christoph von Manteuffel und Gräfin Charlotte Sophie von Bentinck)[4]. Luise Gottsched darf somit als *cultural broker* gelten, welche die verschiedenen Welten verband und in Deutschland die junge Gattung der Übersetzung (aus dem Englischen) förderte und als erste ihres Stands und Geschlechts den Weg zur produktiven kulturellen Akteurin einschlug[5].

cherchierten) AutorInnen und Werken zur Verfügung stellten, die ich mit meinen Ergebnissen abgleichen konnte.

[4] Vgl. Goodman (2009) ; Schlobach (1998) ; der umfängliche Manteuffel-Gottsched-Briefwechsel zeugt von einem beeindruckenden Vertrauensverhältnis zwischen dem Adeligen und der bürgerlichen Frau. S. Döring/Otto et al. (2007ff.). S. auch Bronisch (2010 : passim).

[5] Jobs/Mackenthun (2013 : passim). Mit der produktiven Anwendung der Begriffe *cultural broker*, *border-crosser*, *mediator* und *go-between* auf weibliche aktive Vermittler zwischen den Geschlechtern bzw. Adel u. Bürgertum in der Frühen Neuzeit setzt sich die Verfasserin derzeit auseinander. In dem Beitrag Peter Burschels (2013) ist im transkulturellen Kontext von der Entwicklung zum *author of his own* und vom *bird which could also swim* die Rede. In diesem Sinne erweitert Luise Gottsched m. E. in ihrer Rolle als *border-crosser* die Möglichkeiten sowohl für sich selbst als Übersetzerin als auch für das von ihr besonders adressierte

Besonders fruchtbringend für ihre Tätigkeit war die enge, auch räumlich enge Beziehung zum Drucker Christoph Bernhard Breitkopf, in dessen Leipziger Haus, dem *Goldenen Bären*, sie bis zu ihrem Tod wohnte. Dort wuchs ihre Bibliothek im Verlauf der Jahre stetig an. Aufgestellt waren die Bücher getrennt von denen ihres Mannes. Die Verauktionierung der Werke schließlich fand ebenfalls separat von jener Johann Christophs im *Goldenen Bären* statt, und im gedruckten Katalog finden wir etwa 1250 Losnummern[6]. Dieser Bestand kann noch gut um ein Drittel vermehrt werden, denn zahlreiche Nummern sind mit weiteren Werken verknüpft[7]. Mit diesem Verzeichnis ihres umfangreichen Buchbestandes nimmt die Gottschedin auch hier eine historische Sonderstellung ein. Auktionskataloge für bürgerliche Frauen im 18. Jahrhundert sind ansonsten nicht bekannt, und das kleine und sehr seltene Werk ist damit tatsächlich auch im (geschlechter-)historischen Sinne eine Kostbarkeit.

Das Bücherverzeichnis wurde erstmals in einem « Der Frau Luise Victoria Gottschedinn, geb. Kulmus » gewidmeten *Ehrenmaal* (1763) gedruckt, das ihr Gatte verantwortete und

---

weibliche Publikum. Vgl. auch Bachmann-Medick (2006 : 5 ; *Translational Turn* : 238–283) ; Burke (2009) ; Struve (2013).

6   Vgl. zu Gottscheds Auktionskatalog Ball (2006 : 218–228), Ball/Korolev (2015 : 135f.). Im Folgenden verweisen die Siglen BGK (Bibliothek Luise Gottscheds, geb. Kulmus) auf den Auktionskatalog. Die Werktitel werden kursiviert angegeben.

7   Unter der Losnummer BGK 630 finden sich beispielsweise sechs Werke: *The constant Couple, a Comedy, by Mr. George Farquhar.* London, 1716, 8. – *The scornful lady, a Comedy.* London. 1720. 8. – *The half-pay'd Officers, a Comedy,* London, 1720, 8. – *The loyal Brother, or the Persian Prince, a Tragedy.* 1721. 8. – *The Ladies Visiting-Day, a Comedy.* London 1733. 8. – *Ignoramus, or the English Lawyer, a Comedy.* London, 1726. 8.

kurz nach ihrem Tod bei Breitkopf publizierte[8]. In der Form des gedruckten (und inhaltlich identischen) Auktionskatalogs ist das Verzeichnis dagegen eine Rarität[9], wogegen der Versteigerungskatalog ihres Gatten als Reprint aus den 1970er Jahren in zahlreichen Bibliotheken zu finden ist. Dort liest man auf dem Zwischenblatt einen Hinweis auf den « weiblichen » Katalog, der im Nachdruck fehlt : « Hiebey wird auch noch ein besonderer Catalogus von der schönen Bücher-Sammlung der sel. Frau Prof. Gottschedinn ausgegeben, zu welcher man einen Liebhaber im Ganzen wünschet » : Die quantitativ stärksten Abteilungen stellen in ihrem Katalog die « BELLES LETTRES » (IV.) und die Rubriken « RELIGION, MORALE, SATIRE, CRITIQUE » (V.) dar. Es folgen die Abteilungen « LIVRES PHILOSOPHIQUES » (II.) und « ANTIQUITES ET HISTOIRE » (III.) und schließlich die « AUTEURS GRECS ET LATINS LA PLUS PART TRADUITS EN FRANCOIS, ITALIEN, ANGLOIS ET ALLEMAND » (I.). Mit letzterer, jener der griechischen und lateinischen Übertragungen und wenigen Originale, wird der Auktionskatalog eingeleitet, was noch einmal symptomatisch für die Relevanz von Übersetzungen am Beginn des 18. Jahrhunderts und für die Popularisierungstendenz der Gottsched-Bewegung steht, welche bürgerliche und auch explizit weibliche Publikumsschichten einzuschließen beabsichtigte. Die Theologie, noch im 18. Jahrhundert

---

8   *Ehrenmaale*, pp. [485]–532. Das Kapitel [Luise Gottscheds] « Übersetzungen » (pp. 129–154) enthält von ihrem Gatten ausgewählte französische Übertragungen, z. B. von Antoinette Deshoulières.
9   Loh (2002 : 67). Vgl. zu Ergänzungen dieser Recherchen Ball (2006 : 219). An der Russischen Nationalbibliothek in St. Petersburg lässt sich der bisher einzige Separatdruck dieses Versteigerungskatalogs nachweisen. S. Ball (2016 : 139).

hervorragender Bereich in den Büchersammlungen und deshalb in der Regel in Katalogen an exponierter Stelle zu finden, wird abgelöst durch säkulares Schrifttum und rückt zusammen mit den moralischen, kritischen und satirischen Schriften ans Ende ihres *Catalogus*, in die fünfte Abteilung (s. o.).

Englische Literatur im Auktionskatalog[10]

Bedenkt man den kaum existierenden deutsch-englischen Kulturtransfer des beginnenden 18. Jahrhunderts, dann ist die Bibliothek der Gottschedin eine wahrlich frühe und in vielfacher Hinsicht überraschende Fundgrube. In ihrer Arbeit *Luise Gottsched as Translator* (2012) geht Hilary Brown auf Übertragungen aus dem Englischen ein und bestätigt die frühe Rezeption englischer Literatur, auch mittels eines ausführlichen Appendix, der u. a. die englischen Übersetzungen und Adaptionen aufführt (Brown 2012 : 207–214). Sie übermittelt damit gleichsam das Resultat jahrelanger Übersetzertätigkeiten auf Seiten Luises. Mit der Analyse des Auktionskatalogs kann nun außerdem festgehalten werden, dass englischsprachige Bücher, dienten sie nun der kontextualisierenden Lektüre oder waren notwendige Hilfsmittel für die Übersetzungen, wie Grammatiken und Lexika, oder repräsentierten sie schlicht ihre Hinwendung zur englischen Sprache und Literatur, einen stattlichen Anteil des gesamten Bibliotheksbestands ausmachten. Es lassen sich mehr als hundert englischsprachige Autoren nachweisen, die häufig mit mehreren Werken vertreten sind. Unter diesen finden sich die Au-

---

10 Die jeweilige Losnummer wird im weiteren Verlauf durch eine in Klammern gesetzte, römische Ziffer ergänzt, welche die Rubrik kennzeichnet, in der das jeweilige Buch eingeordnet ist.

toren der von ihr übersetzten Werke, so Joseph Addison, Isaac Newton, Thomas Parnall, Ambrose Phillips, Alexander Pope und Richard Steele; außerdem lassen sich Thomas Hobbes, George Lillo, William Shakespeare und Jonathan Swift nachweisen. Überblickt man den Gesamtbestand an englischer Literatur, sind sämtliche Gattungen, mit der zeitbedingten deutlichen Dominanz des Dramas und des Epos (Richard Blackmore, John Dennis, Richard Glover), vertreten. Mit dieser Gattung war sie als Dramenautorin und -übersetzerin sehr vertraut. Nach einer ersten Analyse sammelte Luise Gottsched englische Dramen, besonders englische Komödien, systematisch. Man findet darüber hinaus, ihren vielfältigen Interessen gemäß, Reiseberichte (George Anson), Reflexionen über pädagogische Fragen (Thomas Baker, John Locke), Polemiken gegen den Klerus (John Eachard), und ein Blick in die Sektion « Kritik » belegt die berühmten Übersetzungen des *Spectator* und *Guardian*. Dazu kommen eine stattliche Anzahl anonymer englischer Werke, so beispielsweise ein Exemplar geistlicher Lieder und Psalmen[11]. Auf der Folie des Auktionskatalogs erhält die England-Rezeption Luise Gottscheds einen anderen, weitaus gewichtigeren Stellenwert, und die fortgesetzte Auseinandersetzung mit ihrem Gesamtwerk, insbesondere den Archivalien, wird über Lektüregewohnheiten, Arbeitsweisen und Themenvorlieben und die Zirkulation der Bücher weitere Auskunft geben. So brachte die vor einigen Jahren vorgelegte Buchbestandsanalyse der philosophischen

---

11 BGK 995 (V.) *Heir followis ane compendeous Bucke, of godlye Psalmis and Spirituale Songis, translatit out of Latine, inte Inglois &c.* 1565. Vgl. auch BGK 306 (II.) *Ancient accounts of India and China, by two Mahommedan Travellers by Euseb. Renaudot.* Lond. 1733. med. 8.

Werke, von denen eine Vielzahl in englischer Sprache in der Bibliothek vorhanden gewesen war, unter Hinzuziehung des Briefwechsels das Ergebnis, dass Luise, anders als Johann Christoph, der Physikotheologie anhing (Ball 2006 : 231–233). Wenn man weiterhin den Bestand der antiken Literatur in englischer Sprache bedenkt, dann sieht man sich mit Cicero, Demosthenes, Homer, Juvenal, Marc Aurel, Terenz und Vergil konfrontiert. Luise Gottsched nutzte die Alten als literarische Vorbilder für ihre (Übersetzungs-)Arbeit, besonders als Dramenautorin und Satirikerin, und sie war am Tugendideal der antiken Autoren interessiert, das sie als vorbildlich für ein christliches Leben im frühaufklärerischen Sinne propagierte[12]. Diese für das beginnende 18. Jahrhundert im deutschen Kulturraum repräsentative Haltung bildete sich auch in den englischen Moralischen Wochenschriften ab, was die Rezeption und den Übersetzungswunsch auf Seiten Luise Gottscheds motiviert haben mochte. – Die Hilfsmittel in ihrer Bibliothek, die sie als Übersetzerin aus dem Englischen nutzte, verdienen ebenso Erwähnung. Es handelt sich um Grammatiken[13], Wörterbücher[14], landeskundliche Werke[15] und Literaturgeschichten[16].

---

12 Im Rahmen der Themenstellung sowie der *Aemulatio-* und *Querelle-*Diskussion wären hier ebenso die Auswahlkriterien Luise Gottscheds für die Beschaffung der im Auktionskatalog nachgewiesenen englischen Übersetzungen von John Denham, John Dryden, Alexander Pope und Laurence Echard / Roger L'Estrange zu untersuchen. S. zu diesem Komplex Toepfer (2011).

13 Es folgt für jedes der Hilfsmittel ein Beispiel aus der Privatbibliothek. BGK 846 (V.) *An Essay towards a practical English Grammar, by James Greenwood.* London, 1729. 8.

14 BGK 744 (V.) *A new general English dictionary, begun by Thomas Dyche, and finish'd by William Bardon.* Dublin, 1744. m. 8.

Auffällig und im deutlichen Gegensatz zu Büchersammlungen von bürgerlichen Männern der Zeit ist die große Anzahl weiblicher Autor-Übersetzer, die mit Drucken vertreten sind[17]. Darunter befinden sich elf Französinnen[18], eine Holländerin[19], drei deutsche[20] und ebensoviele englischsprachige, nämlich Aphra Behn (1640?–1689), Susanna Centlivre (1669?–1723) und Charlotte Lennox (1730?–1804)[21]. Letztere sandte Luise ihre Werke aus London zu[22].

15 BGK 324.25 (III.) *A new view of London, or an ample Account of that City.* Vol. I. II. London, 1708. 8.
16 BGK 320 (III.) *An historical Account of the Lives and Writings of the most eminent English Poets, by Giles Jacob, with Cuts.* Lond. 1733. 8.
17 Vgl. beispielsweise die Bibliothek Barthold Heinrich Brockes' in Kemper/Ketelsen/Zelle (1998) II, pp. 395–498, in der sich nur zwei Werke von Autorinnen auffinden lassen: Anne Daciers berühmte Terenz-Übersetzung (3. Ausg. von 1716) u. Maria Sibylla Merians anonym erschienenes Buch *Der Raupen wunderbare Verwandelung* von 1679 ebd. II, p. 415 resp. II, p. 461.
18 Marie Anne Barbier, Anne Dacier, Antoinette Deshoulières, Marie Anne Le Page du Bocage, Gabrielle Émilie du Châtelet, Anne Marguerite Petit Dunoyer, Madeleine-Angélique Poisson de Gomez, Françoise de Grafigny, Anne Thérèse de Lambert, Henriette de Coligny La Suze und Madeleine de Scudéry.
19 Anna Maria van Schurman.
20 Magdalena Sybille Rieger, Kurfürstin Maria Antonia von Sachsen (Ermelinda Talea) und Gottsched selbst.
21 Bemerkenswerterweise verdienten sowohl Behn als auch Centlivre mit gut besuchten Stücken ihren Lebensunterhalt. S. Becker-Cantarino (1985: 95). Luise Gottsched widerstrebte nicht nur jegliche Vereinnahmung als gelehrte Frau, sondern sie beschrieb ihre Arbeit auch als (unbezahlte) Nebenstunden-Beschäftigung. Vgl. Ball (2006: 226). In England existierte ein anderes Selbstverständnis unter den weiblichen Gelehrten. Vgl. Schabert (2011).
22 BGK 579.81 (IV.) *Shakespeare illustrated, or the Novels and Histories on which the Plays of Shakespear are founded & c. collected by the autor [sic] of the Female Quixote, Vol. I. II. III.* London, 1753. m. 8. Dieß hat die Verfasserinn aus London, der Wohlsel. selbst

Die Vorliebe der Übersetzerin Luise Gottsched für von Frauen verfasste Literatur lässt sich im gesamten Werk nachweisen, und die Verantwortung für Frauenbildung wird bereits in ihrer ersten Arbeit, ein aus dem Französischen übersetztes Werk Anne-Thérèse de Lamberts von 1736 *Neue Betrachtungen über das Frauenzimmer* erkennbar. Dieses Engagement und Interesse deckt sich mit dem Wunsch ihres Mannes und der gesamten Gottsched-Bewegung, das (männliche und weibliche) Publikum zu erziehen; denken wir an die erste deutsche ‹Frauenzeitschrift› *Die Vernünftigen Tadlerinnen*, an der Luise Gottsched in der zweiten und dritten Auflage mitwirkte[23].

Das Beispiel der *moral weeklies*

Die neue, aus England kommende Gattung, die Moralischen Wochenschriften, verfolgte mit Verve das Ziel der Publikumserweiterung, das mit der Absicht einer wirtschaftlichen Gewinnmaximierung geschickt verknüpft wurde. Eine Besonderheit dieser neuen Zeitschriftengattung kam der wirtschaftlichen Rentabilität dabei sehr entgegen. Die Moralische Wochenschrift konnte, nachdem sie als periodische Zeitschrift zu einem Ende kam, nochmals in Buchform vermarktet werden. Ihre moralisch-philosophische Aktualität blieb bestehen, und möglicherweise gewann sie, schön gebunden

---

überschicket. – BGK 631.32 (IV.) *The female Quixotte, or the adventures of Arabella, Vol. I. II. The sec. edit.* London, 1752. 8. Auch dieß hat die Frau Lenox der Wohlsel. zum Geschenke gesandt. Vgl. Damrau (2012), der Lessings Versuch erwähnt, J. Chr. Gottsched satirisch als Don Quixote darzustellen.

23   Die 2. Auflage von 1738 wurde ihr gewidmet. S. *Die Vernünftigen Tadlerinnen* (1993 : Anhang, unpag.).

und mit einer Vorrede versehen, sogar noch an Attraktivität[24]. Johann Christoph Gottsched wiederum nutzte seine Macht als Herausgeber, indem er hauseigene Journale zur Ankündigung der Übersetzung des *Spectator* instrumentalisierte, um so den Absatz zu steigern :

> VIII. Der Zuschauer. Aus dem Englischen übersetzt in groß Octav. Davon wird wöchentlich in Leipzig bey Bernh. Chr. Breitkopf ein ganzer Bogen ausgegeben, welcher auch an vielen andern Orten, sonderlich aber in Berlin, Breßlau, Dreßden, Görlitz, Danzig, Königsberg, Jena, Halle, Hamburg, Lübeck, Magdeburg, auch in der Schweiz zu Bern und Zürch in denen Buchläden, theils wöchentlich, theils monatlich auf gleiche Weise zu bekommen ist. Alle halbe Jahre wird ein Theil geschlossen, und jederzeit ein Register der vornehmsten Sachen beygefüget. Bis Weihnachten Sind also zwey Theile complet, und wird bis zu Ende dieses Werks, continuirt werden (*Critische Beyträge* 1739 : 350f.)

Die genannte und berühmteste Wochenschrift wurde von beiden Gottscheds und Johann Joachim Schwabe übersetzt. Auf Luise allein gehen die Übersetzungen des *Guardian* und des *Freethinker* zurück[25]. Der *Zuschauer* und der *Aufseher* finden

---

24 In gebundener Form sind die jeweiligen Ausgaben im Bücherkatalog zu finden.

25 Ein interessantes Faktum erwähnt Goodman (2006 : 31), wenn sie schreibt, dass in John Tompsons Anthologie *English miscellanies* (1737) bereits Originalzitate des *Spectator* u. des *Freethinker* (neben anderen später von Luise Gottsched übersetzten Texten) abgedruckt wurden. Damit hätte die jugendliche Kulmus, so Goodman, bereits in ihrer Danziger Zeit die englischen Moralischen Wochenschriften über ihren Lehrer Tompson im Original kennengelernt. Vgl. dazu auch Brown (2012 : 103), die recherchierte, dass erst in der 2. Ausgabe der *English miscellanies* (1746), Auszüge aus dem *Freethinker* erschienen, was möglicherweise auf eine längerfristige Zusammenarbeit zwischen den beiden schließen lässt. Willenberg (2008 : 83) ergänzt, dass Tompson von 1734 bis

sich in ihrem Bibliotheksbestand, der *Freydencker* jedoch nicht. Letzterer wurde anonym publiziert und mit einem Titel, der das weibliche Publikum explizit adressiert, versehen :

> Der Freydencker ; oder Versuche von der Unwissenheit, dem Aberglauben, der Gleisnerey, Schwärmerey und Betrügerey etc. nebst vielen witzigen und aufgeweckten Stücken wodurch man den hintergangenen Theil des menschlichen Geschlechts zu dem Gebrauche der gesunden Vernunft und Urtheilskraft zurück zu bringen suchet. (Aus dem Englischen übersetzet. Erster Theil. Berlin zu finden by Ambrosius Haude. 1742.)

Der Briefwechsel zeugt von einer wechselvollen und schwierigen Publikationsgeschichte (Döring/Otto et al. 2015 : 8, 27–29, 44f.). Luise schrieb ein Vorwort für den *Freydencker*, das an das « deutsche Frauenzimmer » gerichtet war und mit dem es ihr gelang, besonders Frauen in die kulturelle Übersetzungsarbeit zu integrieren :

> Die Wissenschaften, welche je mehr und mehr allenthalben in Flor kommen, haben auch ihren Verstand aufgekläret. Man hält es für keine Schande mehr, in den Zimmern der Schönen auch Bücher zu finden, darinnen die Wahrheit und Vernunft vorgetragen werden[26].

Wie Katherine R. Goodman hervorgehoben hat, appelliert Luise Gottsched mit dem Vorwort prägnanter als der engli-

---

26 1737 die Universität Helmstedt besuchte. Kontakte zur dortigen *Deutschen Gesellschaft* (unter Johann Lorenz von Mosheim) sind deshalb nicht auszuschließen. Vgl. Ball (2004). Vgl. zu Tompson auch Finkenstaedt (1992), dem die Verbindungen zu Luise Kulmus in Danzig und den Gottscheds in Leipzig nicht bekannt sind. *Der Freydencker* (1742 : 6). Vgl. Goodman (2013) zur Definition eines Freidenkers (vs. eines Freigeists) bei Luise Gottsched. Vgl. zu diesem Themenkomplex auch Mulsow (2014).

sche Verfasser an die Verantwortung von Frauen als Erzieherin und Gattin, die Vernunft als Leitschnur zu gebrauchen (Goodman 2013 : 26f.). Das *Sapere aude!* Horatius' bildet die Devise, die exponiert zwischen Titelblatt und oben erwähnter Widmungsvorrede abgedruckt ist.

Das Beispiel der Moralischen Wochenschriften ist besonders geeignet, ihre Sammlung als Arbeitsbibliothek zu kennzeichnen. Man erkennt die Bibliothek als Ort der Auseinandersetzung, als Ort, der es ihr ermöglichte, Teile des *Spectator*, den *Guardian* und den *Freethinker*, insgesamt zwölf Bände, zu übertragen.

Möglichkeiten und Grenzen der Privatbibliotheksforschung

Mit der Analyse des Buchbestandes und der Kenntnis ihrer Übersetzungen aus dem Englischen wird das Bild der Gelehrten und kulturellen Übersetzerin als Mediatorin zwischen verschiedenen Welten vervollständigt und neu konturiert. Die Bibliothek macht Vorlagen für Übersetzungen sichtbar oder trägt dazu bei, die Auswahlkriterien bei der Entscheidung für eine Übersetzung zu erkennen (großer Bestand rationalistischer Literatur und viele Werke weiblicher Verfasser). Wir erhalten im Auktionskatalog darüber hinaus Hinweise auf die Literaturübermittlung, beispielsweise durch Geschenke der Schriftstellerin Charlotte Lennox.[27] Grenzen werden dort deutlich, wo wir Leerstellen entdecken oder Erwartungen nicht erfüllt werden, wie dies beim *Freydencker* ersichtlich

---

27   S. Anmerkung 22.

wurde, der sich einzig durch den Briefwechsel als Übersetzungsarbeit der Gottsched erwies.

Was bedeutet das Ergebnis der Rekonstruktionsarbeiten für die moderne Translationswissenschaft? Der englische Buchbestand im Auktionskatalog macht die kulturelle Übersetzerin erstmals in der ganzen Breite ihrer Interessen und auf verschiedenen Ebenen sichtbar. Die Büchersammlung spiegelt nicht nur das Ergebnis ihres Schaffens, sondern auch den Produktionsprozess der Übersetzungen wider – über den Besitz und die extensive Lektüre Hunderter relevanter Werke. Hinzu kommt der konkrete (Wohn-)Ort Luise Gottscheds im Hause des umtriebigen Professors und Zeitschriftenherausgebers Johann Christoph Gottsched und des befreundeten Druckers Breitkopf mitten im Buchhandelszentrum Leipzig.

Wir nähern uns in Kenntnis ihrer Lebensumstände, auf der Folie des Bücherschatzes und der gesamten Korrespondenz des Gottsched-Netzwerks der Arbeitsweise der Autor-Übersetzerin am Anfang des 18. Jahrhunderts. Offensichtlich war ihr, und das hat die Rekonstruktion ebenso gezeigt, die Rezeption weiblichen Wirkens ein großes Anliegen, das sich in der Anschaffung von Werken weiblicher Verfasser für ihre Bibliothek, in der Auswahl von Büchern weiblicher Autoren zu Übersetzungszwecken und schließlich in der Aufnahme zahlreicher weiblicher Widmungsempfänger niederschlägt.

Zum deutlich männlich geprägten Netzwerk tritt somit – möglicherweise ergänzend, vielleicht verflochten oder auch subversiv – ein weibliches hinzu. Inwiefern ihre Produktivität als Mediatorin englischer Literatur und das Selbstverständnis als Übersetzerin mit genau dieser Erfahrung als *cultural broker* zwischen männlicher und weiblicher respektive adeliger und bürgerlicher Welt zu tun hat, müssen weitere

Studien zeigen. Einerseits gilt es in sprachlich-linguistischer Hinsicht genauere Vergleichsanalysen mit Übertragungen männlicher Autoren anzufertigen, und hier böte die Übersetzung des von männlicher und weiblicher Hand gefertigten *Zuschauers* eine gute Möglichkeit. Andererseits muss der intrasubjektiven Dynamik der kulturellen Übersetzerin Luise Gottsched entsprechende Aufmerksamkeit geschenkt werden. Folgt man ihrem Lebensweg, so bewegt sie sich – qua Geburt – in der einen, der bürgerlichen, weiblichen und unsichtbaren und – qua Werdegang im Elternhaus und durch die Eheschließung – in der anderen, der männlichen, adeligen und sichtbaren Kultur. Sie trägt damit Kennzeichen einer weiblichen und (zunächst) subalternen Vermittler-Persönlichkeit, die, innerhalb von Netzwerken agierend, eine eigene Stimme gewinnt und besonders mittels ihrer Übersetzungs-Arbeit aktiv kulturelle Veränderungen bewirkte und bewirkt.

Bibliographie

Quellen

Beyträge zur Critischen Historie der deutschen Sprache, Poesie und Gelehrsamkeit. Herausgegeben von einigen Mitgliedern der Deutschen Gesellschaft in Leipzig. Begründet von Johann Christoph Gottsched und Johann Georg Lotter, fortgeführt von Johann Christoph Gottsched. 32 Stücke in acht Bänden. Hildesheim/New York, Georg Olms Verlag, 1970 (Reprografischer Nachdruck der Ausgabe Leipzig, Breitkopf, 1732–1744). Zit. als *Critische Beyträge*.

Catalogus selectae bibliothecae qvam L. A. V. Gottschedia ex gente Kvlmia [...] / Catalogue de la bibliotheque choisie de feue Madame Gottsched, née Kulmus, [...]. à Leipsic, de l'imprimerie de Breitkopf 1767. Zit. als BGK.

Der Frau Luise Adelgunde Victoria Gottschedinn, geb. Kulmus, sämmtliche Kleinere Gedichte, nebst dem, von vielen vornehmen Standespersonen, Gönnern und Freunden beyderley Geschlechtes, Jhr gestifteten Ehrenmaale, und Jhrem Leben, herausgegeben von Jhrem hinterbliebenen Ehegatten. Leipzig Breitkopf, 1763.

Der Freydencker; oder Versuche von der Unwissenheit, dem Aberglauben, der Gleisnerey, Schwärmerey und Betrügerey etc. nebst vielen witzigen und aufgeweckten Stücken wodurch man den hintergangenen Theil des menschlichen Geschlechts zu dem Gebrauche der gesunden Vernunft und Urtheilskraft zurück zu bringen suchet. Aus dem Englischen übersetzet. Erster Theil. Berlin zu finden by Ambrosius Haude 1742.

Der Engländische Guardian oder Aufseher. Jns Deutsche übersetzt von L. A. V. Gottschedinn. 2 Bde., Leipzig, Breitkopf 1749.

Die Vernünftigen Tadlerinnen (1725–1726), herausgegeben von Johann Christoph Gottsched. Im Anhang einige Stücke aus der 2. und 3. Auflage 1738 und 1748. Erster Teil 1725. Zweiter Teil 1726. Neu herausgegeben und mit einem Nachwort, einer Themenübersicht und einem Inhaltsverzeichnis versehen von Helga Brandes, Hildesheim/Zürich/New York, Georg Olms Verlag, 1993.

Der Zuschauer. Aus dem Engländischen übersetzet, Zweyte verbesserte Auflage, Leipzig, Breitkopf, 1750–1751.

Forschungsliteratur

BACHMANN-MEDICK, Doris, *Cultural Turns. Neuorientierungen in den Kulturwissenschaften*, Reinbek b. Hamburg, Rowohlt Verlag, 2006.

BALL, Gabriele, *Moralische Küsse. Gottsched als Zeitschriftenherausgeber und literarischer Vermittler*, Göttingen, Wallstein Verlag, 2000.

— « ‹ Ich suche nichts mehr als eine Gelegenheit in dem belobten Leipzig mich eine Zeitlang aufzuhalten ›. Johann Daniel Overbecks Briefe an Johann Christoph Gottsched », in *Archiv für Geschichte des Buchwesens*, 58, 2004, pp. 161–170.

— « Die Büchersammlungen der beiden Gottscheds. Annäherungen mit Blick auf die livres philosophiques L. A. V. Gottscheds, geb. Kulmus », in Gabriele Ball & Helga Brandes & Katherine R. Goodman (Hg.), *Diskurse der Aufklärung.*

Luiſe Adelgunde Victorie und Johann Chriſtoph Gottſched, Wiesbaden, Harrassowitz Verlag, 2006, pp. 213-260.

— & KOROLEV, Sergej, « Ein Bücherfund an der russischen Nationalbibliothek : Die *bibliothecae Gottſchedianae* und St. Petersburg », in *Wolfenbütteler Barock-Nachrichten*, 42, 2015, H. 1/2, pp. 131-154.

BECKER-CANTARINO, Barbara, « Leben als Text. Briefe als Ausdrucks- und Verständigungsmittel in der Briefkultur und Literatur des 18. Jahrhunderts », in Hiltrud Gnüg & Renate Möhrmann (Hg.), *Frauen Literatur Geſchichte. Schreibende Frauen vom Mittelalter biſ zur Gegenwart*, Stuttgart, J. B. Metzlersche Verlagsbuchhandlung, 1985, pp. 83-103.

BERGHAHN, Cord-Friedrich & BIEGEL, Gerd & KINZEL, Till (Hg.), *Johann Arnold Ebert : Dichtung, Überſetzung und Kulturtranſfer im Zeitalter der Aufklärung*, Heidelberg, Carl-Winter-Universitätsverlag, 2016.

BERNOFSKY, Susan, *Foreign Wordſ, Tranſlator-Authorſ in the Age of Goethe*, Detroit, Wayne State University Press, 2005.

BLINN, Hansjürgen (Hg.), *Shakeſpeare-Rezeption. Die Diſkuſſion um Shakeſpeare in Deutſchland*, 1 : Ausgewählte Texte von 1741 bis 1788, Berlin, Schmidt, 1982.

BRONISCH, Johannes, *Der Mäzen der Aufklärung. Ernſt Chriſtoph Manteuffel und daſ Netzwerk deſ Wolffianiſmuſ*, Berlin/New York, De Gruyter, 2010.

BROWN, Hilary, « ‹ Als käm Sie von der Thems und von der Seyne her ›. Luise Gottsched (1713-1762) als Übersetzerin », in Brunhilde Wehinger & Hilary Brown (Hg.), *Überſetzungskultur im 18. Jahrhundert. Überſetzerinnen in Deutſchland*,

Frankreich und der Schweiz, Hannover, Wehrhahn Verlag, 2008, pp. 37–52.

— *Luise Gottsched the Translator*, Rochester/New York, Camden House, 2012.

— (Hg.), *Luise Gottsched, Der Lockenraub. Alexander Pope. The Rape of the Lock*, London, Modern Humanities Research Association, 2014.

BURKE, Peter, *Cultural Hybridity*, Cambridge, Polity Press, 2009.

BURSCHEL, Peter, « Yuhanna al-Asad, or the Language of Exile », in Sebastian Jobs & Gesa Mackenthun (eds.), *Agents of Transculturation. Border-Crossers, Mediators, Go-Betweens*, Münster, Waxmann, 2013, pp. 39–49.

DAMRAU, Peter, « Charlotte Lennox' ‹ Don Quixote im Reifrocke › (1754) und der frühe Roman von Frauen in Deutschland », in *German Studies Review* 35, 2012, H. 2, pp. 227–248.

DÖRING, Detlef † & OTTO, Rüdiger & KÖHLER, Caroline et al. (Hg.), *Johann Christoph Gottsched, Briefwechsel unter Einschluß des Briefwechsels von Luise Adelgunde Victorie Gottsched*, Bd. 1–, Berlin/New York, De Gruyter, 2007–.

DUMICHE, Béatrice, *Shakespeare und kein Ende? Beiträge zur Shakespeare-Rezeption in Deutschland und in Frankreich vom 18. bis 20. Jahrhundert*, Bonn, Romanistischer Verlag, 2012.

FINCKENSTAEDT, Thomas, « Auf der Suche nach dem Göttinger Ordinarius des Englischen, John Tompson (1697–1768) », in Konrad Schröder (Hg.), *Fremdsprachenunterricht 1500–1800*, Wiesbaden, Harrassowitz Verlag, 1992, pp. 57–74.

GOODMAN, Katherine R., « Luise Kulmus' Danzig », in Gabriele Ball & Helga Brandes & Katherine R. Goodman (Hg.), *Diskurse der Aufklärung. Luise Adelgunde Victorie und Johann Christoph Gottsched*, Wiesbaden, Harrassowitz Verlag, 2006, pp. 13–37.

– (Hg.), *Adieu divine Comtesse : Luise Gottsched, Charlotte Sophie Gräfin Bentinck und Johann Christoph Gottsched in ihren Briefen*, Würzburg, Königshausen & Neumann, 2009.

– « Luise Gottsched, Freethinker », in John Pustejovsky & Jacqueline Vansant (Hg.), ‹ *Wenn sie das Wort Ich gebraucht* ›. *Festschrift für Barbara Becker-Cantarino von FreundInnen, SchülerInnen und KollegInnen*, Amsterdam/NewYork, Rodopi, 2013, pp. 11–39.

GUTSCHE, Victoria & NIEFANGER, Dirk (Hg.), *Louise Adelgunde Victoria Gottsched, Panthea. Ein Trauerspiel in fünf Aufzügen*. Paralleldruck der Fassungen von 1744 und 1772. Studienausgabe, Hannover, Wehrhahn Verlag, 2016.

JOBS, Sebastian & MACKENTHUN, Gesa (eds.), *Agents of Transculturation. Border-Crossers, Mediators, Go-Betweens*, Münster, Waxmann, 2013.

KEMPER, Hans-Georg & KETELSEN, Uwe-K. & ZELLE, Carsten (Hg.) unter Mitarbeit von Christine Krotzinger, *Barthold Heinrich Brockes (1680–1747) im Spiegel seiner Bibliothek und Bildergalerie. T. I u. II,* Wiesbaden, Harrassowitz Verlag, 1998.

KINZEL, Till, « Paratexte und Literaturtransfer in der Aufklärung. Johann Arnold Ebert und Friedrich Wilhelm Zachariä als kommentierende Übersetzer von Edward Young und John Milton », in Cord-Friedrich Berghahn & Gerd Biegel & Till

Kinzel (Hg.), *Johann Arnold Ebert : Dichtung, Übersetzung und Kulturtransfer im Zeitalter der Aufklärung*, Heidelberg, Carl-Winter-Universitätsverlag, 2016, pp. 255–270.

— (Hg.), *Johann Joachim Eschenburg, Von Chaucer zu Pope. Essays und Übersetzungen zur englischen Literatur des Mittelalters und der Frühen Neuzeit*, mit einem Nachwort, Hannover, Wehrhahn, 2013.

KORDING, Inka (Hg.), *Louise Gottsched – mit der Feder in der Hand. Briefe aus den Jahren 1730 bis 1762*, Darmstadt, Wissenschaftliche Buchgesellschaft, 1999.

LOH, Gerhard (Bearb.), *Verzeichnis der Kataloge von Buchauktionen und Privatbibliotheken aus dem deutschsprachigen Raum*, Teil 3, 1761–1780, Leipzig, 2002.

LÜTTEKEN, Anett, « Johann Arnold Ebert : Repräsentant, Vermittler und Erneuerer der Wissens- und Bildungskultur des 18. Jahrhunderts », in Cord-Friedrich Berghahn & Gerd Biegel & Till Kinzel (Hg.), *Johann Arnold Ebert : Dichtung, Übersetzung und Kulturtransfer im Zeitalter der Aufklärung*, Heidelberg, Carl-Winter-Universitätsverlag, 2016, pp. 19–41.

MARTINO, Alberto, *Lektüre und Leser in Norddeutschland im 18. Jahrhundert. Zu der Veröffentlichung der Ausleihbücher der Herzog-August-Bibliothek Wolfenbüttel*, Amsterdam/Atlanta, GA, Rodopi, 1993, pp. 211–248.

MAURER, Michael, « Shakespeare-Rezeption in Deutschland », in Heinz Duchhardt & Claus Scharf (Hg.), *Interdisziplinarität und Internationalität. Wege und Formen der Rezeption der französischen und der britischen Aufklärung in Deutsch-*

land und Rußland im 18. Jahrhundert, Berlin, Philipp von Zabern Verlag, 2004, pp. 219–231.

— Aufklärung und Anglophilie. Göttingen, Vandenhoeck & Ruprecht, 1987.

MULSOW, Martin (Hg.) unter Mitarbeit von Michael Multhammer, Kriminelle – Freidenker – Alchemisten. Räume des Untergrunds in der Frühen Neuzeit, Köln/Weimar/Wien, Böhlau Verlag, 2014.

PAULIN, Roger, The Critical Reception of Shakespeare in Germany 1682–1914. Native Literature and Foreign Genius, Hildesheim, Georg Olms Verlag, 2003.

SCHABERT, Ina, « Die Frau als Intellektuelle im England des späten 17. und des 18. Jahrhunderts », in Rainer Bayreuther & Meinrad von Engler & Sina Rauschenbauch et al. (Hg.), Kritik in der Frühen Neuzeit. Intellektuelle ‹ avant la lettre ›, Wiesbaden, Harrassowitz Verlag, 2011, pp. 191–216.

SCHLOBACH, Jochen (Hg.), Friedrich Melchior von Grimm, Briefe an Johann Christoph Gottsched, im Anhang : Vier Briefe an Luise Gottsched, mit Erl. und einem Nachwort, St. Ingbert, Röhrig, 1998.

STACKELBERG, Jürgen von, Übersetzungen aus zweiter Hand. Rezeptionsvorgänge in der europäischen Literatur vom 14. bis zum 18. Jahrhundert, Berlin/New York, De Gruyter, 1984

STOCKHORST, Stefanie (ed.), Cultural Transfer through Translation. The Circulation of Enlightened Thought in Europe by Means of Translation, Amsterdam, Rodopi, 2010.

— « Introduction. Cultural transfer through translation : a current perspective in Enlightenment studies », in Stefanie

Stockhorst (ed.), *Cultural Transfer through Translation. The Circulation of Enlightened Thought in Europe by Means of Translation*, Amsterdam, Rodopi, 2010, pp. 7–26.

STRUVE, Karen, *Zur Aktualität von Homi K. Bhabha. Einleitung in sein Werk*, Wiesbaden, Springer VS, 2013.

TOEPFER, Regina, «‹Feci novum!› Zur Poetik von Thomas Naogeorgs *Hamanus*-Tragödie und ihrer deutschen Übersetzung von Johannes Chryseus», in Jan-Dirk Müller & Ulrich Pfisterer & Anna Kathrin Bleuler et al. (Hg.), *Aemulatio. Kulturen des Wettstreits in Text und Bild (1450–1620)*, Berlin/New York, De Gruyter, 2011, pp. 449–485.

WILLENBERG, Jennifer, *Distribution und Übersetzen englischen Schrifttums im Deutschland des 18. Jahrhunderts*, München, Saur, 2008.

Notes sur les auteurs

Gabriele Ball is Postdoctoral Research Fellow at the Herzog August Bibliothek Wolfenbüttel in the research and editing project *Die deutsche Akademie des 17. Jahrhunderts : Fruchtbringende Gesellschaft* (project of the *Sächsische Akademie der Wissenschaften* in cooperation with the *Herzog August Bibliothek*). She has also widely published on Johann Christoph and Luise Adelgunde Victorie Gottsched.

BALL, Gabriele & KOROLEV, Sergej, « Ein Bücherfund an der russischen Nationalbibliothek : Die *bibliothecae Gottschedianae* und St. Petersburg », in *Wolfenbütteler Barock-Nachrichten* 42, 2015, H. 1/2, pp. 131–154.

– « Einführung ‹ Privatbibliotheken › », in Ulrich Johannes Schneider (Hg.), *Kulturen des Wissens im 18. Jahrhundert*, Berlin/New York, De Gruyter, 2008, pp. 191–194.

– « Die Büchersammlungen der beiden Gottscheds. Annäherungen mit Blick auf die *livres philosophiques* L. A. V. Gottscheds, geb. Kulmus », in Gabriele Ball & Helga Brandes & Katherine R. Goodman (Hg.), *Diskurse der Aufklärung. Luise Adelgunde Victorie und Johann Christoph Gottsched*, Wiesbaden, Harrassowitz Verlag, 2006, pp. 213–260.

Hilary Brown is Lecturer in Translation Studies at the University of Birmingham, UK. She has published widely on the cultural history of translation in Germany. Much of her research has focused on the role of women translators, such as her monograph *Luise Gottsched the Translator* (2012). Her new monograph project looks at women and translation in Germany c. 1600–1720 and she was recently awarded a Humboldt Fellowship which will enable her to undertake research for this project at the Herzog August Bibliothek, Wolfenbüttel. Dr Brown is co-editor of *ANGERMION : Yearbook for Anglo-German Literary Criticism, Intellectual History and Cultural Transfers / Jahrbuch für britisch-deutsche Kulturbeziehungen*.

BROWN, Hilary, « Rethinking Agency and Creativity : Translation, Collaboration and Gender in Early Modern Germany », in *Translation Studies*, 10, 2017 : http://dx.doi.org/10.1080/14781700.2017.1300103.

– *Luise Gottsched, ‹ Der Lockenraub › / Alexander Pope, ‹ The Rape of the Lock ›*, London, MHRA, 2014.

– *Luise Gottsched the Translator*, Camden House, Rochester, New York, 2012.

– & WEHINGER, Brunhilde (Hg.), *Übersetzungskultur im 18. Jahrhundert : Übersetzerinnen in Deutschland, Frankreich und der Schweiz*, Hannover, Wehrhahn, 2008.

Valérie Cossy est Professeure Associée en études genre à la Faculté des lettres de l'Université de Lausanne. Ses travaux portent sur le rapport des femmes et des hommes à la création littéraire en français et en anglais en tant qu'auteur-e-s et en tant que personnages représentés et symbolisés par la littérature. Voir https://valeriecossy.wordpress.com/. Elle est l'auteure de nombreux articles ainsi que des livres suivants :

Cossy, Valérie, *Alice Rivaz, Devenir romancière*, Genève, Suzanne Hurter, 2015.

– *Isabelle de Charrière, Écrire pour vivre autrement*, Lausanne, PPUR, 2012.

– *Jane Austen in Switzerland, A Study of the Early French Translations*, Geneva, Slatkine, 2006.

Martine Hennard Dutheil de la Rochère est Professeure Associée de Littérature Anglaise et Comparée à l'Université de Lausanne. Ses publications portent sur Dickens, Conrad, Nabokov, Rushdie et Angela Carter, l'histoire plurilingue, transculturelle et intermédiale des contes (de l'Antiquité jusqu'au XXIe siècle), et la traduction littéraire (théorie, poétique, réception). Voir https://martinehennarddutheil.wordpress.com

HENNARD DUTHEIL DE LA ROCHERE, Martine, « Comment changer une grenouille en prince ? Les métamorphoses traductives de ‹ Der Froschkönig oder der eiserne Heinrich › en anglais, d'Edgar Taylor à Philip Pullman », in *Ondina/Ondine : Revue de littérature comparée d'enfance et de jeunesse*, dir. Elvira Luengo Gascón & Christiane Connan-Pintado, décembre 2017 (online).

– « Found in (Mis)translation, or the Magic of Foreign Words », in *Colloquium Helveticum, Swiss Review of General and Comparative Literature*, Aisthesis Verlag (46/2017), ed. Thomas Hunkeler, pp. 31–44.

– « From the Bloody Chamber to the *cabinet de curiosités* : Angela Carter's Curious Alices through the Looking-Glass of Languages », in *Marvels & Tales*, Vol. 30, 2 (Fall 2016), pp. 284–308.

– & LATHEY, Gillian and WOZNIAK, Monika, *Cinderella Across Cultures : New Directions and Interdisciplinary Perspectives,* Detroit, Wayne State University Press, 2016.

– & WEBER HENKING, Irene (éds.) *La traduction comme création – Translation and Creativity*, Lausanne, Cahiers du Centre de traduction littéraire, no. 57, 2016.

– (éd.), *Angela Carter traductrice, Angela Carter en traduction*, Lausanne, Cahiers du Centre de traduction littéraire, no. 56, 2014.

– *Reading, Translating, Rewriting : Angela Carter's Translational Poetics*, Detroit, Wayne State University Press, 2013.

Gillian Lathey is Senior Honorary Research Fellow at the University of Roehampton, London, where before retirement she was Reader in Children's Literature and Director of the National Centre for Research in Children's Literature from 2004–13. Research interests include comparative children's literature and translation, and she is both co-founder and member of the judging panel of the Marsh Award for Children's Literature in Translation. Together with Vanessa Joosen, she received the 2014 Children's Literature Association's Edited Book Award Honor Title for the edited volume *Grimms' Tales around the Globe : The Dynamics of their International Reception*.

Lathey, Gillian, « Enlightening City Childhoods : Walter Benjamin's Berlin and Erich Kästner's Dresden », in *Pedagogy, Culture and Society* (24) 4, 2016, pp. 485–493.

– & Hennard Dutheil de la Rochère, Martine & Wozniak, Monika (eds.) *Cinderella Across Cultures : New Directions and Interdisciplinary Perspectives*, Detroit, Wayne State University Press, 2016.

– *Translating Children's Literature. Translation Practices Explained*, London and New York, Routledge, 2014.

– & Joosen (eds.), *Grimms' Tales around the Globe : The Dynamics of their International Reception*, Detroit, Wayne State University Press, 2014.

– *The Role of Translators in Children's Literature : Invisible Storytellers*, New York/London, Routledge, 2010.

Camille Logoz a étudié les lettres en français moderne et allemand à l'Université de Lausanne et à l'Université de Zurich. Elle termine actuellement son master en suivant un programme de spécialisation en traductologie et en traduction littéraire à l'Université de Lausanne et rédige un mémoire sur les pseudo-traductions intitulé *Pseudoübersetzungen. Zwischen Binarität und Bitextualität.* Outre son intérêt pour le recoupement des champs de la traductologie et des études genre, elle poursuit également des recherches sur Iris von Roten et son œuvre *Frauen im Laufgitter*.

Logoz, Camille, « ‹ L'éternel potage › qu'on nous ressert à chaque fois. Représentation et négociation des normes d'entraide familiale dans la pensée féministe d'Iris von Roten », in *Nouvelles Questions Féministes* 37 (1), « Les enjeux sexués des solidarités familiales », 2018 [parution en cours].

- « Iris von Rotens *Frauen im Laufgitter* neu beleben », in *RosaRot* 52, 2017, pp. 33–34.

- « Du sentiment d'infériorité féminine », traduction et présentation d'un extrait d'Iris von Roten, in *Le Courrier*, 7 mars 2016, p. 12. Disponible en ligne sous https://www.lecourrier.ch/iris_von_roten.

Ivana Lohrey est actuellement doctorante en cotutelle dans le programme franco-allemand « Les cultures européennes de la communication depuis le siècle des Lumières jusqu'à l'époque contemporaine » à l'Université d'Augsbourg (Prof. Rotraud von Kulessa) et l'Université de Lorraine (Prof. Catriona Seth). Ses domaines de recherches sont la réception et la traduction des œuvres littéraires dans les pays germanophones et italophones.

LOHREY, Ivana, « ‹ Soyons donc bien en garde contre le préjugé › – Marie Leprince de Beaumont vers une pédagogie éclairée », in Nicolas Brucker (éd.), *Lumière de la foi, lumières de la raison : l'éducation religieuse féminine en débat au 18ᵉ siècle*. [parution en cours].

- « ‹ La société des jeunes dames › – L'influence française dans l'éducation allemande au 18ᵉ siècle » [parution en cours].

- « ‹ Hâte-toi de m'éclaircir › – Les adjuvants fictionnels comme médiateurs d'une vulgarisation des savoirs », in Rotraud von Kulessa & Catriona Seth (éds.), *Fictions et savoirs dans l'œuvre de Marie Leprince de Beaumont* [parution sur internet en cours].

Alexander Nebrig ist Privatdozent am Institut für deutsche Literatur der Humboldt-Universität zu Berlin. Nach dem Studium in Freiburg, Bordeaux, FU Berlin und übersetzungsgeschichtlicher Promotion in Paris und München, Assistenz und wissensgeschichtliche Habilitation an der HU Berlin (Poesie und Philologie in der Moderne). Nach Professurvertretungen in Lausanne, Mainz und Heidelberg (2014–2017) aktuell Feodor Lynen-Forschungsstipendiat der Alexander von Humboldt-Stiftung (Paris, ENS) mit einem Thema zu den Ethographien des 19. Jahrhunderts. Weiteres Forschungsgebiet : Medialität der Weltliteratur. Theorie und Geschichte des internationalen literarischen Lizenzhandels.

NEBRIG, Alexander, « Medialität der Weltliteratur. Jurek Becker, der Lizenzhandel im Kalten Krieg und die Medienreflexion in *Jakob der Lügner* (1969) », in *Gutenberg-Jahrbuch* (2017), pp. 201–223.

- *Disziplinäre Dichtung: philologische Bildung und deutsche Literatur in der ersten Hälfte des 20. Jahrhunderts*, Berlin/New York, De Gruyter, 2013.

- & SPOERHASE, Carlos (Hg.), *Die Poesie der Zeichensetzung : Studien zur Stilistik der Interpunktion*, Bern et al., Lang, 2012.

- *Rhetorizität des hohen Stils : der deutsche Racine in französischer Tradition und romantischer Modernisierung*, Göttingen, Wallstein, 2007.

Justine Roulin est doctorante en philosophie à l'Université de Lausanne. Son projet de thèse « Famille et politique : évolution des rapports d'autorité du droit naturel moderne aux Lumières écossaises » s'inscrit dans le projet de recherche FNS « Le droit naturel en Suisse et au-delà : sociabilité, égalité naturelle et inégalités sociales », dirigé par Simone Zurbuchen.

Roulin, Justine, « Scottish Enlightenment and the World History of the Family », in *History of European Ideas* 43/5, 2017, pp. 525–530.

Angela Sanmann est Professeure Assistante en traductologie dans la Section d'allemand à l'Université de Lausanne et collaboratrice au Centre de Traduction Littéraire. Après un doctorat en cotutelle entre Berlin et Nantes sur la traduction poétique et le cas des poètes-traducteurs, elle a travaillé comme traductrice littéraire (notamment d'Aurélie Filippetti, d'Emmanuelle Bernheim et de Bernard Noël). Ses recherches actuelles portent sur l'activité des femmes traductrices aux XVIIIe et XIXe siècles.

Sanmann, Angela, « Between Emancipation and Reaction : Sophie von La Roche and her Translator Marie-Elisabeth de La Fite » [publication en cours].

- « Unendliche Vervielfachung. Raymond Queneaus *Exercices de style* und seine deutschen Übersetzer », in Larisa Cercel & Marco Agnetta & María Teresa Amido Lozano (Hg.) : *Kreativität und Hermeneutik in der Translation*, Tübingen, Narr/Francke/Attempto, 2017, pp. 95–112.

- « ‹ Rallumant sans faiblir la bougie de faim plus claire › : Paul Celan und die französische Gegenwartslyrik : zu Martine Brodas Gedichten ‹ À Paul Celan › und ‹ Tout ange est terrible › », in Natalia Blum-Barth & Christine Waldschmidt (Hg.), *Celan-Referenzen : Prozesse einer Traditionsbildung in der Moderne*, Göttingen, Vandenhoeck & Ruprecht, 2016, pp. 143–158.

- « Über die (Un-)Möglichkeit der Übertragung lyrischer Formensprache », in Vera Viehöver & Regina Nörtemann (Hg.), *Kolmar übersetzen. Studien zum Problem der Lyrikübertragung*, Göttingen, Wallstein, 2013. pp. 71–83.

- *Poetische Interaktion. Französisch-deutsche Lyrikübersetzung bei Friedhelm Kemp, Paul Celan, Ludwig Harig, Volker Braun*, Berlin/New York, De Gruyter, 2013.

Daniele Vecchiato is Marie Skłodowska-Curie Fellow at King's College London. His research interests include German Literature from the 18th century to the present day, Translation Studies, History and Literature, Law and Literature, Gender Studies, and the dialectics between High and Lowbrow Literature. He is currently working with Alexander Nebrig on an edited book about Translation and Creativity in the Age of Goethe, due out in 2018. He is also a translator of German literature into Italian and has translated Urs Widmer's *Top Dogs* (2012) as well as poetry by Barbara Köhler (2010), Eva Christina Zeller (2015) and Carl-Christian Elze (2017).

- VECCHIATO, Daniele, « Trivialliteratur als Gegenstand germanistischer Forschung. Traditionelle Perspektiven und neueste Entwicklungen », in *Zeitschrift für Germanistik*, N. F., 28.1, 2018, pp. 112–118.

- « Frauen in Männerkleidern. Zur Funktionalisierung eines hoch- und trivialliterarischen Motivs im Roman des späten 18. Jahrhunderts (Goethe, Naubert, Huber) », in Anne Feler & Raymond Heitz & Gérard Laudin (éds.), *Dynamique et dialectique des littératures ‹ noble › et ‹ triviale › dans les pays germanophones aux XVIIIe et XIXe siècles – 2. La production narrative*, Würzburg, Königshausen & Neumann, 2017, pp. 191–210.

- « ‹ Vivi con il tuo secolo, ma non essere la sua creatura ›. Schiller e Nietzsche fisiologi della cultura », in Francesco Rossi (ed.), *Estetica, antropologia, ricezione. Studi su Friedrich Schiller*, Pisa, ETS, 2016, pp. 181–197.

- *Verhandlungen mit Schiller. Historische Reflexion und literarische Verarbeitung des Dreißigjährigen Kriegs im ausgehenden 18. Jahrhundert*, Hannover, Wehrhahn, 2015.

- « Eine ‹ lächerliche Fratze › ? Zur Bedeutung und Funktion des astrologischen Motivs in literarischen Wallenstein-Darstellungen des späten achtzehnten Jahrhunderts », in *Jahrbuch der deutschen Schillergesellschaft*, 59, 2015, pp. 87–107.

Agnès Whitfield is Professor of English and French at York University (Toronto, Canada). She has published over 80 peer-reviewed articles and 12 books on Québec literature, narratology, and translation. Her current research focuses on reciprocal literary exchange, voice in translation and translators' agency. She is a certified member of the Literary Translators' Association of Canada (French-English). President, for two mandates, of the Canadian Association of Translation Studies, she is a member of the international research groups *Voice in Translation* (University of Oslo) and TRACT (Sorbonne Nouvelle – Paris 3), and founding director of Vita Traductiva, an international, peer-reviewed publication series in Translation Studies http://vitatraductiva.blog.yorku.ca/.

WHITFIELD, Agnès, « Action Research in Translation Studies : Building Relationships with Education Science, Library Science and Literary Translator Communities », in Kristiina Taivalkoski-Shilov & Liisa Tiittula & Maarit

Koponen (eds.), *Communities in Translation and Interpreting*. Montréal : Éditions québécoises de l'œuvre, collection Vita Traductiva, 2017.

– « Translations/Traductions », in *University of Toronto Quarterly*, LXXXV/3 (summer 2016), pp. 268–299.

– « Retranslation in a postcolonial context : Extra-textual and intra-textual voices in Hubert Aquin's novel of Québec independence *Prochain episode* », in *Target* XXVII/1 (February 2015), pp. 75–93.

– « Suggestive Sonorities : Representing and Translating Silence in Works by Québécois Poets Saint-Denys Garneau and Anne Hébert », in *Palimpsestes* 28 (2015), pp. 75–96.

– « Translating Voices Theorizing Translation in Canada : Which Voices, When, and Why », in Isabelle Génin & Ida Klitgård (éds.), *La traduction des voix de la théorie / Translating the Voices of Theory*, Montréal, Éditions québécoises de l'œuvre, collection Vita Traductiva, 2015, pp. 253–283.

Simone Zurbuchen est Professeure de philosophie moderne et contemporaine à l'Université de Lausanne. Ses recherches portent d'une part sur l'histoire de la philosophie morale et politique des 17e et 18e siècles, notamment sur la tradition du droit naturel moderne, et d'autre part sur la philosophie politique contemporaine. Elle dirige le projet de recherche FNS « Le droit naturel en Suisse et au-delà : sociabilité, égalité naturelle et inégalités sociales », qui s'inscrit dans le réseau international *Natural Law 1625–1850* : https://www.uni-erfurt.de/projekte/natural-law-project/.

ZURBUCHEN, Simone, « Emer de Vattel on the Society of Nations and the Political System of Europe », in Stefan Kadelbach & Thomas Kleinlein & David Roth-Isigkeit (eds.), *System, Order, and International Law*, Oxford, Oxford University Press, 2017, pp. 263–282.

– « Le droit naturel et la théorie de la propriété : propriété privée ou communauté des biens ? » in Séverine Huguenin & Timothée Léchot (éds.), *Lectures du Journal Helvétique 1732–1782. Actes du colloque de Neuchâtel 6–8 mars 2014*, Genève, Slatkine, 2016, pp. 329–340.

– « Die Theorie der Institutionen im *Contrat social* und das Modell der Genfer Verfassung », in Konstanze Baron & Harald Bluhm (Hg.), *Jean-Jacques Rousseau : Im Bann der Institutionen*, Berlin, De Gruyter, 2016, pp. 147–167.

– « Menschenrechte, Menschenwürde und Gleichheit », in Daniel Bogner & Cornelia Mügge (Hg.), *Natur des Menschen : Brauchen die Menschenrechte ein Menschenbild ?*, Fribourg, Academic Press, 2015, pp. 45–66.

- « Zur Wirkungsgeschichte der beiden Diskurse », in Johannes Rohbeck & Lieselotte Steinbrügge (Hg.), *Jean-Jacques Rousseau : die beiden Diskurse zur Zivilisationskritik*, Berlin/New York, De Gruyter, 2015, pp. 195–220.

Remerciements

Les organisatrices du colloque et éditrices du volume remercient chaleureusement les participant-e-s au colloque pour leurs contributions et les échanges stimulants qu'elles ont suscités.

Sans le soutien généreux de différents partenaires, ni le colloque ni les actes n'auraient pu être réalisés. Nous souhaitons exprimer nos vifs remerciements à nos collègues de l'Université de Lausanne, à Irene Weber Henking et à Camille Luscher du Centre de Traduction Littéraire (CTL), à la Section d'allemand, à la Section d'anglais, ainsi qu'à la Plateforme en Études Genre (PlaGe). Nous remercions la directrice du Centre de Traduction Littéraire de l'occasion qui nous est donnée de pouvoir publier les actes dans les Cahiers du CTL.

Nos remerciements vont également à Florence Parmelin et aux étudiant-e-s des différentes sections qui nous ont aidées à assurer le bon déroulement du colloque.

Last but not least un grand merci à Mathilde Meyer pour avoir participé à la relecture et à l'harmonisation des articles dans le cadre du programme de spécialisation en traduction littéraire du Master ès Lettres de l'Université de Lausanne.

Angela Sanmann, Martine Hennard Dutheil de la Rochère et Valérie Cossy

Publications du CTL

N° 2 :   Traugott König :
Traduire Sartre en allemand.
1989, 26 p.
Prix : Fr. 5.–

N° 3 :   Franz Josef Hausmann :
Les Dictionnaires en France et en Allemagne. Comparaison de deux paysages lexicographiques dans l'optique du traducteur.
1989, 52 p.
Prix : Fr. 5.–

N° 4 :   Alexander Schwarz :
Comics übersetzen – besonders ins Deutsche und besonders in der Schweiz.
1989, 48 p.
Prix : Fr. 5.–

N° 5 :
Georges Haldas et ses traducteurs.
Recueil des exposés du Colloque tenu à l'Université de Lausanne en juin 1989, reproduction intégrale des conférences des traducteurs et théoriciens
(W. Lenschen, D. Jakubec, J.-L. Seylaz, F. Deblüe, P. Mudry, G. P. Sozzi, E. Dütsch, M. Schwander, T. Parisis, M. Paquié et M. Gonçalves).
Ed. Walter Lenschen,
1989, 102 p.
Prix : Fr. 5.–

N° 6 :
Journées littéraires de Soleure 1990. Cinq auteurs contemporains en version bilingue. François Conod, François Deblüe, Claude Delarue, Anne-Lise Grobéty et Sylviane Roche.
Lausanne et Soleure,
1990, 70 p.
Prix : Fr. 5.–

N° 7 :
Le Miroir aux traducteurs oder wie würden SIE das übersetzen? Robert Walser Der Spiegel *et Corinna Bille* Parabole.
Eine Übersetzungswerkstatt am CTL, un atelier de traduction au CTL.
Ed. Yla Margrit von Dach,
1992, 54 p.
Prix : Fr. 5.–

N° spécial :
Deuxième remise du Prix lémanique de la traduction littéraire 1988. Philippe Jaccottet et Elmar Tophoven.
Ed. Walter Lenschen.
Prix : Fr. 5.–

N° 8 :   Walter Lenschen :
Übersetzung und Wissenschaft im Dialog.
Zur Übertragung von zwei Romanen aus der französischen Schweiz.
1991, 80 p.
Prix : Fr. 5.–

N° 9 :   Etienne Barilier :
Les Belles Fidèles.
Petit essai sur la traduction.
1990, 56 p.
Prix : Fr. 5.–

N° 10 :   Barbara Tscharner :
Bibliographie zur Uebersetzung Schweizerischer Literatur.
1991, 84 p.
Prix : Fr. 5.–

N° 11 :   Thomas Lahusen :
Le Retour de Tintin en Chine. Culture populaire et réalisme socialiste.
1991, 28 p.
Prix : Fr. 5.–

N° 12 :   Guy Jucquois :
Pour une typologie de la traductibilité.
1991, 62 p.
Prix : Fr. 5.–

N° 13 :
Keller übersetzen / Traduire Keller.
Actes du colloque 1990 à Lausanne, Lausanner-Kolloquium 1990.
J. Cornuz, J.-J. Lagrange, O. Lorenz, M. Plümer, B. Reifenberg, H. Turk, Ch. Uldry-Piccard.
Ed. Walter Lenschen,
1991, 96 p.
Prix : Fr. 5.–

N° 14 :
Traduire les classiques italiens.
Dante, Boccaccio, Tasso, Buzzati.
J.-M. Gaedaiir, C. Guimbard, F. Livi et
R. Dragonetti. Préface : A. Stäuble.
1992, 56 p.
Prix : Fr. 5.–

N° 15 :   Monique Laederach :
Traduire la poésie.
Notes sur un séminaire au CTL.
1992, 52 p.
Prix : Fr. 5.–

N° 16 :
Traduire le théâtre. Je perce l'énigme,
mais je garde le mystère.
Colloque CTL 1991 organisé par Brigitte
Burger.
Ed. Walter Lenschen,
1993, 68 p.
Prix : Fr. 5.–

N° 17 :   Käthe Henschelmann :
Zur Beschreibung und Klassifizierung
von Uebersetzungsverfahren.
1993, 80 p.
Prix : Fr. 5.–

N° 18 :   Gui Qianyuan :
Uebersetzen in China.
1992, 32 p.
Prix : Fr. 5.–

N° spécial :
Troisième remise du Prix lémanique de
la traduction littéraire 1991.
Helmut Kossodo et Gilbert Musy.
Ed. Walter Lenschen,
1993, 76 p.
Prix : Fr. 5.–

N° 19 :   Hartmut Köhler :
Was aber bleibet ... nach dem Übersetzen?
1994, 28 p.
Prix : Fr. 5.–

N° 20 :   Christiaan Hart Nibbrig :
Metapher : Übersetzung.
1993, 44 p.
Prix : Fr. 5.–

N° 21 :   Johann Wolfgang Goethe –
Jean Malaplate :
Le Roman de Reineke.
Ed. Alexander Schwarz.
1994, 56 p.
Prix : Fr. 5.–

N° 22 :
Différée, ignorée, altérée – les mé-
comptes de la traduction par quatre tra-
ducteurs. Verspätet, verkannt, verzeich-
net – vier Übersetzer plädieren.
E. Barilier, M. Hediger, Ch. Langemann,
R. Van Leeuwen.
Ed. Walter Lenschen,
1995, 96 p.
Prix : Fr. 5.–

N° 23 :
Traduire le théâtre II. Les séminaires du
CTL, hiver 1993/1994, avec Th. Hürli-
mann, A. Markowicz, H. Meier, G. Musy,
D. Pitoiset.
Ed. Brigitte Burger,
1995, 72 p.
Prix : Fr. 5.–

N° 24 :   Alena Vacek :
Approche historique de la traduction lit-
téraire en Suisse.
Réception d'auteurs suisses aléma-
niques en français : 1900-1945.
1995, 100 p.
Prix : Fr. 5.–

N° 25 :
Wärmende Fremde. Robert Walser und
seine Übersetzer im Gespräch.
Actes du colloque, Université de Lau-
sanne, février 1994.
Berne, 1994, 231 p.
Commandes : Verlag Peter Lang,
Jupiterstr. 15, 3015 Berne.
Prix : Fr. 47.–

N° 26 :
Traduire les classiques italiens 2.
Leopardi, Alberti, Dante.
Théorie de la traduction.
M. Castro, J. Gayraud, F. Mégroz,
M. Fantuzzi.
Ed. Antonio Stäuble et
Walter Lenschen,
1995, 78 p.
Prix : Fr. 5.–

N° spécial :
Quatrième remise du Prix lémanique de
la traduction littéraire 1994.
Brigitte Weidmann et Georges-Arthur
Goldschmidt.
P. Handke, C. Ruey, H. M. Speier.
Ed. Walter Lenschen,
1996, 64 p.
Prix : Fr. 5.–

N° 27 :   Verena Rutschmann,
          Denise von Stockar :
*Zum Übersetzen von Kinder-
und Jugendliteratur.*
    Ed. Walter Lenschen,
    1996, 72 p.
    Prix : Fr. 5.–

N° 28 :
*Traduire le théâtre III.
Hugo von Hofmannsthal –
Der Schwierige – L'Homme difficile.
Französische Uraufführung –
Création française.*
J. Lassalle, J.-Y. Masson, M. Stern, P. Utz.
    Ed. Walter Lenschen,
    1997, 64 p.
    Prix : Fr. 5.–

N° 29 :
Literatur übersetzen in der DDR. La traduction littéraire en RDA.
G. Badia, R. Charbon, W. Creutziger,
E. Erb, C. Gersch, Y. Hoffmann, A. Lance,
R. Links, M. Litaize, K. Pezold.
    Ed. Walter Lenschen,
    1997, 180 p.
    Commandes: Verlag Peter Lang,
    Jupiterstr. 15, 3015 Berne.
    Prix : Fr. 39.–

N° spécial :
Cinquième remise du Prix lémanique de la traduction littéraire 1997.
 Hanno Helbling et Etienne Barilier.
P. Schnyder, R. Francillon, M. Delon.
    Ed. Walter Lenschen,
    1998, 116 p.
    Prix : Fr. 5.–

N° 30 :
*Journée Jacques Chessex.
Actes du colloque.*
M. Agostinho-de La Torre, U. Dubois,
W. Lenschen, M. Michaud, S. Molla, V.
Pérez Gil, M. Schwander, D. von Stockar.
    Ed. Francesco Biamonte et
    Alena Vacek,
    1997, 72 p.
    Prix : Fr. 5.–

N° 31 :   Laure Abplanalp :
La Pertinence *et la traduction ou comment* La Pertinence *peut être mise au service de la traduction.*
Avant-propos de Jacques Moeschler.
    1998, 98 p.
    Prix : Fr. 5.–

N° 32 :
*Traduire le théâtre IV.
Du texte allemand à la création française. Friedrich Dürrenmatt,* Dichterdämmerung, *eine Komödie,*
Le Crépuscule des poètes, *comédie.*
Texte original et traduction de
Gilbert Musy.
    Ed. Elena Vuille-Mondada,
    1999, 122 p.
    Prix : Fr. 5.–

N° 33 :   Alain Boillat :
Deux traductions de La Chevelure de Bérénice *de Claude Simon.
Paramètres pour l'analyse de traductions littéraires.*
    1999, 80 p.
    Prix : Fr. 5.–

N° 34 :
Texte, Solothurner Literaturtage, Journées littéraires de Soleure, Giornate letterarie di Soletta, Sentupada litterara a Soloturn, 14.–16. Mai 1999.
    Lausanne et Soleure,
    1999, 118 p.
    Prix: Fr. 10.–

N° 35 :
*Die Sprachen der Liebe.
Langues de l'amour.*
    Ed. Walter Lenschen,
    Berne, 2000, 252 p.
    Commandes : Verlag Peter Lang,
    Jupiterstr. 15, 3015 Berne.
    Prix : Fr. 41.30

N° 36 :   Zsuzsanna Gahse :
Übersetzt. Eine Entzweiung.
    Ed. Irene Weber Henking,
    série : Texte, 2000, 70 p.
    Prix : Fr. 10.–

N° 37 :
Texte, Solothurner Literaturtage, Journées littéraires de Soleure, Giornate letterarie di Soletta, Sentupada litterara a Soloturn, 2.–4. Juni 2000.
    Ed. Irene Weber Henking,
    série : Texte,
    Lausanne et Soleure,
    2000, 108 p.
    Prix : Fr. 10.–

N° 38 :
Réinventer Cendrars : Blaise Cendrars et la traduction.
Ed. Irene Weber Henking et
Christine Le Quellec Cottier,
série : Théorie, 2000, 124 p.
Prix : Fr. 10.–

N° 39 :
Texte, Solothurner Literaturtage, Journées littéraires de Soleure, Giornate letterarie di Soletta, Sentupada litterara a Soloturn, 25.–27. Mai 2001.
Ed. Irene Weber Henking,
série : Texte,
Lausanne et Soleure,
2001, 112 p.
Prix : Fr. 10.–

N° 40 :
Translating/Traduire/Tradurre Shakespeare.
J.-M. Déprats, N. Forsyth, M. Hennard Dutheil de la Rochère, S. Gorga, J.E. Jackson.
Ed. Irene Weber Henking,
série : Théorie, 2001, 140 p.
Prix : Fr. 10.–

Hors série : Fabio Pusterla :
Une voix pour le noir.
Poésies 1985-1999.
Anthologie bilingue, traduit de l'italien par Mathilde Vischer. Editions d'En bas, 2001, 144 p., publié en collaboration avec la revue *Feuxcroisés* et le Service de Presse Suisse.
Prix : Fr. 26.–

N° spécial :
Sixième remise du Prix lémanique de la traduction littéraire 2000.
Colette Kowalski et Yla M. von Dach.
Ed. Walter Lenschen,
série: Prix, 2001, 104 p.
Prix : Fr. 5.–

Hors série :
Texte, Solothurner Literaturtage, Journées littéraires de Soleure, Giornate letterarie di Soletta, Sentupada litterara a Soloturn, 10.-12. Mai 2002.
Ed. Irene Weber Henking,
série : Texte,
Lausanne et Soleure,
2002, 80 p.
Gratuit

N° 41 : Martin Forst :
La Traduction automatique dans le cadre formel de la LFG. Un système de traduction entre l'allemand et le zurichois.
Ed. Irene Weber Henking,
série : Théorie, 2002, 144 p.
Prix : Fr. 10.–

N° 42 : Arno Renken :
La Représentation de l'étranger.
Une réflexion herméneutique sur la notion de traduction.
Ed. Irene Weber Henking,
série : Théorie, 2002, 112 p.
Prix : Fr. 10.–

N° 43 : Mathilde Vischer :
Philippe Jaccottet traducteur et poète: une esthétique de l'effacement.
Ed. Irene Weber Henking,
série : Théorie, 2003, 136 p.
Prix : Fr. 10.–

N° 44 :
Ici, l'ailleurs ; Textes de Freddy Téllez, Luiz-Manuel et Lina Lietti.
Ed. Irene Weber Henking,
série : Texte, 2003, 160 p.
Prix : Fr. 10.-

Hors série : Beat Christen :
Leer réel.
Edition bilingue, écrit en allemand et en français par l'auteur. Editions d'En bas, 2003, 95 p., publié en collaboration avec la revue *Feuxcroisés* et le Service de Presse Suisse.
Prix : Fr. 21.–

Hors série : Rut Plouda :
Sco scha nüglia nu füss/Comme si de rien n'était
Edition bilingue, traduit du vallader par Gunhild Hoyer. Editions d'En bas, 2004, 128 p., publié en collaboration avec la revue *Feuxcroisés* et le Service de Presse Suisse.
Prix : Fr. 26.–

Hors série : Américo Ferrari :
Figura para abolirse/Figure pour s'abolir.
Edition bilingue, traduit de l'espagnol par Norberto Gimelfarb. Editions d'En bas, 2004, 80 p., publié en collaboration avec la revue *Feuxcroisés* et le Service de Presse Suisse.
Prix : Fr. 21.–

N° spécial :
Septième remise du Prix lémanique de la traduction littéraire 2003.
Hans Stilett et Claude Porcell.
　　　Ed. Walter Lenschen,
　　　série : Prix, 2004, 79 p.
　　　Prix : Fr. 5.–

N° 45 :
La quadrature du cercle Bakhtine. Traductions, influences et remises en contexte.
　　　Ed. Irene Weber Henking
　　　et Karine Zbinden,
　　　série : Théorie, 2005, 235 p.
　　　Prix : Fr. 10.–

Hors série :
Leonardo Zanier : Libers... di scugnî lâ/Libres ... de devoir partir/Liberi ... di dover partire.
Edition bilingue, traduit de l'italien par Daniel Colomar. Editions d'En bas, 2005, 152 p., publié en collaboration avec la revue Feuxcroisés et le Service de Presse Suisse.
　　　Prix : Fr. 27.–

N° 46 : Rocco D'Onghia :
Le voci umane / Les Voix humaines.
Traduction de Ginette Herry.
　　　Ed. Irene Weber Henking,
　　　série : Texte, 2003, 160 p.
　　　Prix : Fr. 10.-

N° 47 :
Translatio litterarum ad penates. Das Mittelalter übersetzen. Traduire le Moyen Age.
　　　Ed. A. Corbellari et
　　　André Schnyder,
　　　série : Théorie, 2005, 445 p.
　　　Prix : Fr. 20.–

N° spécial :
Huitième remise du Prix lémanique de la traduction littéraire 2006. Marion Graf et Josef Winiger.
　　　Ed. Irene Weber Henking,
　　　2007, 63 p.
　　　Prix : Fr. 5.–

Hors série : Zsuzsanna Gahse :
Logbuch/Livre de bord.
Traduit de l'allemand par Patricia Zurcher. Editions d'En bas, 2007, 104 p., publié en collaboration avec le Service de Presse Suisse.
　　　Prix : Fr. 27.–

N° 48 : Händl Klaus :
Ich ersehne die Alpen ; So entstehen die Seen / J'aspire aux Alpes ; Ainsi naissent les lacs.
Traduction de Simon Koch.
　　　Ed. Irene Weber Henking,
　　　série : Texte, 2007, 50 p.
　　　Prix : Fr. 10.–

N° 49 :
Traduire – retraduire
　　　Ed. Bernard Banoun et
　　　Irene Weber Henking,
　　　série : Théorie, 2007, 166 p.
　　　Prix : Fr. 10.–

N° 50 :
Fripon, bouffon, sot : pour une relecture de M. Bakhtine.
　　　Ed. Ekaterina Velmezova et
　　　Alexander Schwarz,
　　　série : Théorie, 2008, 282 p.
　　　Prix : Fr. 10.–

Hors série : Erika Burkhart :
Langsamer Satz / Mouvement lent.
Traduit de l'allemand par Marion Graf. Editions d'En bas, 2008, 167 p., publié en collaboration avec le Service de Presse Suisse.
　　　Prix : Fr. 28.–

Hors série :
Cinq femmes poètes d'Amerique latine aujourd'hui.
Poèmes choisis et présentés par Adélaïde de Chatellus, traduits de l'espagnol par des étudiants des universités de Rouen, La Sorbonne et Lausanne, avec la participation de Claude Couffon. Editions Le Temps des cerises, 2009, 123 p.
　　　Prix : Fr. 20.–

N° 51 :
«Salut Socrate!». Le Symposion de Platon adapté pour la scène.
　　　Ed. Michael Groneberg,
　　　série: Théorie, 2010, 360 p.
　　　Prix: Fr. 10.–

N° 52:   Heinrich Heine
*Lyrisches Intermezzo /
Intermezzo lyrique*
Traduction d'Étienne Barilier
série: Texte, 2010, 178 p.
Prix: Fr. 20.–

Hors série : Arno Camenisch :
Sez Ner.
Traduit de l'allemand par Camille
Luscher. Editions d'En bas, 2010, 279 p.,
publié en collaboration avec le Service de
Presse Suisse.
Prix : Fr. 34.–

Hors série : Pierre Lepori :
Qualunque sia il nome / Quel que soit le nom.
Traduit de l'italien par Mathilde Vischer.
Editions d'En bas, 2010, 197 p., publié en
collaboration avec le Service de Presse
Suisse.
Prix : Fr. 28.–

N° 53 :
*Schweizer Opern en voyage –
von Bäteli zu Betly*
Ed. Claudio Bacciagaluppi,
Marie Caffari et
Annette Kappeler
série: Théorie, 2011, 364 p.
Prix: Fr. 20.–

Hors série : Francesco Micieli :
*Ich weiss nur, dass mein Vater grosse
Hände hat / Je sais juste que mon père a
de grosses mains.*
Traduit de l'allemand par
Christian Viredaz. Editions d'En bas,
2011, 195 p., publié en collaboration avec
le Service de Presse Suisse.
Prix : Fr. 28.–

N° 54 :
*Nueva Narrativa Española –
Anthologie bilingue
préfacée par Juan Goytisolo*
Ed. Sonia Gómez
série: Texte, 2011, 298 p.
Prix: Fr. 20.–

Hors série : Nora Gomringer :
Klimaforschung / Recherche climatique.
Traduit de l'allemand par
Vincent Barras. Editions d'En bas, 2011,
173 p., publié en collaboration avec le
Service de Presse Suisse.
Prix : Fr. 28.–

Hors série : Fabiano Alborghetti :
*Registro dei fragili 43 canti / Registre
des faibles 43 chants.*
Traduit de l'allemand par
Thierry Gillyboeuf. Editions d'En bas,
2012, 139 p., publié en collaboration avec
le Service de Presse Suisse.
Prix : Fr. 28.–

N° 55 :
*Till Eulenspiegel –
Traduire l'original
Zurück zum Original*
Ed. Alexander Schwarz
série: Théorie, 2013, 245 p.
Prix: Fr. 20.–

N° spécial :
*Dixième remise du Prix lémanique de la
traduction littéraire 2012.
Andrea Spingler et Jacques Legrand.*
Ed. Irene Weber Henking,
2013, 81 p.
Prix : Fr. 5.–

Hors série : Leopoldo Lonati :
Le parole che so / Les paroles que je sais.
Traduit de l'italien par Mathilde Vischer
et Pierre Lepori. Éditions d'En Bas, 2014,
144 p., publié en collaboration avec le
Service de Presse Suisse.
Prix : Fr. 28.–

N° 56 :
*Angela Carter traductrice –
Angela Carter en traduction*
Ed. Martine Hennard Dutheil
de la Rochère
série: Théorie, 2014, 184 p.
Prix: Fr. 20.–

Hors série :
*Dubbing. Die Übersetzung im Kino /
La traduction audiovisuelle*
Eds. Alain Boillat
& Irene Weber Henking,
Marburg, Schüren, bilingue al-
lemand français,
2014, 320 p.
Prix : 24.90 euros

N° spécial :
Désirs de traducteur :
Le CTL fête ses 25 ans.
Avec des traductions inédites d'Etienne Barilier, Jean-Louis Besson, Adélaïde de Chatellus, Claro, Jean-Yves Erhel, André Gabastou, Ursula Gaillard, Thierry Gillyboeuf, Marion Graf, Johannes Honigmann, Pedro Jiménez Morrás, Simon Koch, Bernard Kreiss, Bernard Lortholary, Daniel Mangano, Olivier Mannoni, André Markowicz, François Mathieu, Diane Meur, Annie Montaut, Walter Rosselli, Heinz Schwarzinger, Christian Viredaz, Mathilde Vischer et Patricia Zurcher.
  Ed. Irene Weber Henking, 2014, 146 p.

Hors série : Thilo Krause :
Und das ist alles genug /
Et c'est tout ce qu'il faut
Traduit de l'allemand par Eva Antonnikov. Éditions d'en bas, 2015, 176 p., publié en collaboration avec le Service de Presse Suisse.
  Prix : Fr. 28.–

Hors série : Andri Snaer Magnason :
Bónusljóð / Poèmes de supermarché
Traduit de l'islandais par Walter Rosselli, avec la collaboration et une postface d'Éric Boury. Éditions d'en bas, 2016, 96 p., publié en collaboration avec le Service de Presse Suisse.
  Prix : Fr. 24.–

N° 57 :
La traduction comme création /
Translation and Creativity
  Ed. Martine Hennard Dutheil de la Rochère & Irene Weber Henking,
  série : Théorie, 2016, 257 p.
  Prix : Fr. 20.–

Hors série : Pierre Chappuis :
Pleines marges / Margini pregni /
Sün üna pagina alba / Erfüllte Ränder
Marisa Keller-Ottaviano pour la traduction en italien ; Rut Plouda pour la traduction en vallader (ladin) et Luzius Keller pour la traduction en allemand.
Éditions d'en bas, 2017, 160 p.
  Prix : Fr. 28.–

Hors série : Klaus Merz :
Hart am Wind / Tout près du vent
Traduit de l'allemand par Marion Graf. Éditions d'en bas, 2018, 256 p., publié en collaboration avec le Service de Presse Suisse.
  Prix : Fr. 28.–

Hors série : Yari Bernasconi :
Nuovi giorni di polvere /
Nouveaux jours de poussière
Traduit de l'italien par Anita Rochedy. Éditions d'en bas, 2018, 176 p., publié en collaboration avec le Service de Presse Suisse.
  Prix : Fr. 28.–

Publications du Prix lémanique de la traduction sur www.prixlemanique.ch